"中原农谷"
创新资源集聚模式与建设路径研究

张忠迪　赵会莉　著

郑州大学出版社

图书在版编目(CIP)数据

"中原农谷"创新资源集聚模式与建设路径研究／张忠迪，赵会莉著. — 郑州：
郑州大学出版社，2023．8
ISBN 978-7-5645-3523-0

Ⅰ.①中…　Ⅱ.①张…②赵…　Ⅲ.①农业技术－技术革新－研究－河南
Ⅳ.①F327.61

中国国家版本馆 CIP 数据核字(2023)第 139262 号

"中原农谷"创新资源集聚模式与建设路径研究
"ZHONGYUAN NONGGU" CHUANGXIN ZIYUAN JIJU MOSHI YU JIANSHE LUJING YANJIU

策划编辑	王卫疆	封面设计	苏永生
责任编辑	吴 静	版式设计	苏永生
责任校对	胥丽光	责任监制	李瑞卿
出版发行	郑州大学出版社	地 址	郑州市大学路40号(450052)
出 版 人	孙保营	网 址	http://www.zzup.cn
经 销	全国新华书店	发行电话	0371-66966070
印 刷	郑州市今日文教印制有限公司		
开 本	787 mm×1 092 mm 1 / 16		
印 张	14.75	字 数	281 千字
版 次	2023 年 8 月第 1 版	印 次	2023 年 8 月第 1 次印刷
书 号	ISBN 978-7-5645-3523-0	定 价	58.00 元

本书如有印装质量问题,请与本社联系调换。

前 言 PREFACE

　　党的十八大以来，以习近平同志为核心的党中央着眼全局、面向未来，作出"必须把创新作为引领发展的第一动力"的重大战略抉择，实施创新驱动发展战略，加快建设创新型国家。河南是全国粮食生产核心区、全国小麦主产区，在国家粮食安全中扮演着重要角色，"中国粮仓"地位举足轻重，已然形成"中原熟，天下足"的粮食供给体系。种子是农业的芯片，是多打粮、打好粮的基础，种业对于确保国家粮食安全和农业高质量发展至关重要。为深入贯彻落实习近平总书记重要指示精神，扛牢国家粮食安全战略责任，推动河南省由农业大省向农业强省转变，河南省出台了《关于加快建设现代种业强省的若干意见》，实施种业振兴六大行动，加快建设国家生物育种产业创新中心，组建神农种业实验室的基础上，2022 年 4 月 13 日河南省政府正式发布"中原农谷"建设方案，举全省之力打造中原农谷，创建种业科技创新高地，从更高水平上筑牢国家粮食安全根基。

　　"中原农谷"建设是促进河南省尽快发展成为世界一流农业科技创新高地的重要举措，是河南省委、省政府打好种业翻身仗、推进种业创新发展的重大战略项目。为了加快"中原农谷"建设，河南省成立了由省长王凯为组长的"中原农谷"建设领导小组；省科技创新委员会第五次会议上，省委提出要"整合全省种业科研资源，集中布局至中原农谷"，加快推动"中原农谷"建设成为国家区域性农业创新的核心力量。2022 年 12 月，省政府《关于加快建设"中原农谷"种业基地的意见》出台，提出了把"中原农谷建设成为汇聚全球一流种业人才、掌握全球一流育种技术、具备全球一流科研条件、培育全球一流农业生物品种、拥有全球一流种业企业的种业基地"的建设目标。目前，"中原农谷"汇聚了河南省全省种业科研力量,包括六大国家级科研平台、六大部级科研平台、十四个省级科研平台;集聚了包括中国工程院院士张新友、喻树迅、许为钢,欧亚科学院院士李付广,河南省小麦抗病虫育种首席专家茹振钢等知名专家学者。省委、省政府制定规划和方案,通过科学调配优势资源,力争到2035年,把"中原农谷"建成世界一流的农业科技基础设施集群、国家区域性农业创新核心力量和全球粮食科技创新高地,促进河南省由农业大省向农业强省转变,推动河南乡村振兴走在全国前列。

目前"中原农谷"建设刚刚起步,针对河南创新资源区域集聚和优化配置的研究非常少,大多是从创新资源统筹与优化配置、产业集聚的投入产出效率等宏观方面进行研究。对于农谷建设、创新资源集聚路径与融合路径、创新要素集聚对创新效率的影响、创新资源集聚模式等方面研究非常匮乏。针对国际科技创新新趋势和育种领域的新特点,根据国家粮食安全战略和育种领域的需求,聚集全球顶尖农业创新人才,组建科企创新联合体,打造从原始创新、应用研究到成果转化产业化的区域战略科技力量体系,实现习近平总书记提出的"种业科技自立自强、种源自主可控、把种源安全提升到关系国家安全的战略高度"目标,支撑国家粮食安全战略,确保当今世界正处于百年未有之大变局时我国的粮食安全,让河南粮食生产这张王牌更加闪亮,更具有重大的战略意义。

"中原农谷"建设无先例可遵循,目前优质创新资源齐聚"中原农谷",围绕"中原农谷"建设当前面临的新使命,探索构建"中原农谷"建设的管理体制和运行机制,完善"中原农谷"功能定位,优化创新资源配置、推动创新要素集聚,尽快把"中原农谷"建成世界一流的农业科技基础设施集群和科研试验示范基地集群是我省的首要任务。本书在厘清创新资源集聚机理的基础上,结合河南省一流创新生态打造和创新资源集聚现状与问题,对"中原农谷"资源集聚模式和运行体制机制进行深入研究,在借鉴全球科创中心建设经验的基础上,探索"中原农谷"建设路径及运行模式,提出"中原农谷"打造一流创新生态的路径和政策优化建议,为种业领域国家重大创新平台建设走出河南路径提供借鉴,为解决种业种源"卡脖子"技术难题,打赢种业翻身仗探索经验,为打造河南省创新活力充分涌流、创业潜力有效激发、创造动力竞相迸发的一流创新生态充当"试验田"。

本书从创新资源集聚的角度来研究"中原农谷"建设,不够综合全面,难以从整体去把握全局,由于以往的研究较少,可供参考的资料有限,因此本书存在一些不足之处。希望在接下来的研究中,能有更多的专家、学者对"中原农谷"建设进行研究,形成系统的研究体系,为"中原农谷"建设增加动力。

目 录 CONTENTS

第一章

绪 论

一、研究背景

习近平总书记高度重视农业科技创新,2021 年 5 月,习近平总书记在河南考察时指出:"保证粮食安全必须把种子牢牢攥在自己手中"。2022 年 9 月 6 日,中央召开全面深化改革委员会第二十七次会议,习近平在主持会议时强调:"要发挥我国社会主义制度能够集中力量办大事的显著优势,充分发挥市场机制作用,围绕国家战略需求,优化配置创新资源,强化国家战略科技力量,大幅提升科技攻关体系化能力,在若干重要领域形成竞争优势、赢得战略主动。"党的二十大报告中强调,加快实施创新驱动发展战略。坚持面向世界科技前沿、面向经济主战场、面向国家重大需求、面向人民生命健康,加快实现高水平科技自立自强。以国家战略需求为导向,积聚力量进行原创性引领性科技攻关,坚决打赢关键核心技术攻坚战。2022 年 12 月 23 日至 24 日,2022 年中央农村工作会议在北京召开,习近平总书记在会上指出:"要紧盯世界农业科技前沿,大力提升我国农业科技水平,加快实现高水平农业科技自立自强。要着力提升创新体系整体效能,解决好各自为战、低水平重复、转化率不高等突出问题。要以农业关键核心技术攻关为引领,以产业急需为导向,聚焦底盘技术、核心种源、关键农机装备等领域,发挥新型举国体制优势,整合各级各类优势科研资源,强化企业科技创新主体地位,构建梯次分明、分工协作、适度竞争的农业科技创新体系。"

作者所在的河南科技学院是"中原农谷"建设领导小组成员单位,也是"中原农谷"建设的核心力量,目前正在全力以赴对接融入"中原农谷"建设。河南科技学院智慧农业高等研究院建设项目已进入实质性洽谈对接阶段,项目负责人作为学校在"中原农谷"建设智慧农业高等研究院的对接人员,对"中原农谷"建设的政策和发展比较了解,也为本研究项目的顺利实施打下了良好的基础。

二、研究的目的意义

1. 为我国粮食自给自足打牢基础

2022年,北京大学黄季焜教授科研团队的《全球农业发展趋势及2050年中国农业发展展望》一文,在回顾中国农业发展历史的基础上,结合全球农业发展趋势对中国农业发展的启示,展望了2050年我国农业发展趋势、战略发展重点及发展建议。黄季焜教授的研究表明,2050年,农业GDP占总体GDP的比例与农业就业占总体就业的比例将逐渐趋同,我国食物自给率将从现在的95%下降到2035年的90%左右,未来还将会缓慢下降;高附加值农产品和多功能农业的发展是未来农业增长和农民农业增收的主要增长来源。从全球范围看,主要发达国家对农业支持的政策已向市场化和提高农业竞争力转变,面对新的农业科技发展正逐渐步入信息化、智慧农业主导、生物工程引领、智能化生产阶段的新情况,我们必须迎头赶上。通过"中原农谷"建设,加快科技创新步伐,不断提升我国农业科技竞争力,为我国粮食自足自给、中国人的饭碗牢牢端在自己手中打牢基础。

2. 为建设现代农业强省探索路径

河南是农业大省,也是粮食大省,保障国家粮食安全和重要农产品有效供给是河南省义不容辞的政治责任。近年来,河南省粮食总产量连续5年超过1300亿斤,占全国的1/10,小麦产量占全国的1/4,每年农业供种能力约占全国1/10,其中小麦、花生种子生产量分别占全国的38%和30%,保持全国领先地位。当前我国粮食生产资源环境要素趋紧,粮食安全外部环境严峻。通过"中原农谷"建设,聚焦国家种业、粮食安全重大需求,实施创新驱动、优势再造战略,建立更高层次、更高质量、更有效率、更可持续的粮食安全保障体系,以产业链、价值链、供应链三链同构提升农业效益和竞争力,这是贯彻落实习近平总书记视察河南重要讲话、重要指示的战略部署,也是为实现更高水平的农业科技自立自强,为建设现代农业强省、实现农业农村现代化奠定坚实基础。

3. 为推进"中原农谷"建设提供决策咨询

"中原农谷"建设是引领现代农业发展,打造国家现代农业示范区的有效载体。建设一个以创新驱动、转型升级为核心,吸引力、创新力和竞争力较强的现代农业样板区、示范区,既符合中央加快农业现代化的要求,又对引领示范、辐射带动全省现代农业发展具有十分重要的意义。"中原农谷"建设无先例可遵循,目前优质创新资源齐聚"中原农谷"，围绕"中原农谷"建设当前面临的新使命，探索构建"中原农谷"建设的管理体制和运行机制，完善"中原农谷"功能定位，优化创新资源配置、推动创新要素集聚，尽快把"中原农谷"建成世界一流的农业科技基础设施集群和科研试验示范基地集群，为"中原农谷"建设过程中政府决策提供决策咨询。

4. 为构建现代化农业产业体系探索河南模式

河南作为传统农业大省，正处于向现代农业强省转变期。按照省委、省政府部署，近年来，先后制定《关于加快推进农业高质量发展建设现代农业强省的意见》和《关于坚持三链同构加快推进粮食产业高质量发展的意见》《关于加快畜牧业高质量发展的意见》《关于加快发展农业机械化的意见》《关于加快推进农业信息化和数字乡村建设的实施意见》《关于加强高标准农田建设打造全国重要粮食生产核心区的实施意见》等政策文件，构建推动农业高质量发展"1+N"政策体系，加快建设现代农业强省。"中原农谷"建设不仅是破解河南省现代农业发展难题，也是积极构建现代农业新体系，实现乡村振兴战略的重要抓手。通过借鉴国内外研究经验，尤其是借鉴国内外成熟的创新资源集聚模式，在为"中原农谷"提供决策建议的基础上，总结建设经验，为构建河南省现代化农业产业体系、生产体系、经营体系提供参考和建设经验。

5. 为种业领域国家重大创新平台建设提供借鉴

与世界种业发达国家相比，我国种业科技创新能力普遍较弱，种质资源挖掘能力不强、农业生物技术创新不足，发达国家已进入"生物技术+人工智能+大数据信息技术"的育种4.0时代，而我国大多还处于杂交选育传统育种2.0时代。前沿育种技术创新落后，部分种源严重依赖进口，完善的国家种业科技创新体系尚未建成，生物育种创新体系有待完善，化育种机制尚未真正建立。通过较为系统地研究"中原农谷"建设中农业科技创新机制问题，从理论层面理清"中原农谷"建设中科技创新生态系统的构成要素及互动机制，梳理"中原农谷"建设中农业科技创新机制中存在的问题，并对问题的成因进行了较为详尽的分析，并以此为基础提出了发展的对策建议，为种业领域国家重大创新平台建设走出河南路径提供借鉴，为解决种业种源"卡脖子"技术难题、打赢种业翻身仗探索经验。

6. 为打造一流创新生态充当"试验田"

2022年3月，河南省人民政府印发《河南省"十四五"科技创新和一流创新生态建设规划》，提出要深入实施创新驱动、科教兴省、人才强省战略，完善科技创新体系，打造一流创新生态，提升自主创新能力。通过"中原农谷"体制机制设计和运行模式的探索和先行先试，探索创新链条、创新平台、创新制度、创新文化如何构建，人才、金融、土地、数据、技术等创新要素如何汇聚等课题,构建政、产、学、研、金、服、用深度融合的创新平台体系,实现政策链、产业链、人才链、创新链和资本链同频共振、高效协同配置,形成市场化、法制化的可持续创新生态,为打造我省创新活力充分涌流、创业潜力有效激发、创造动力竞相迸发的一流创新生态充当"试验田"。

7. 为黄河流域高质量发展探索经验

2019年9月18日,习近平总书记在郑州主持召开黄河流域生态保护和高质量发展座谈会并发表重要讲话,站在中华民族伟大复兴和永续发展的战略高度,将黄河流域生态保护和高质量发展上升为重大国家战略。近年来,平原示范区作为新乡市沿黄生态带建设的主阵地、先行区、标杆地,以乡村振兴为总抓手,立足滩区区位、生态两大优势,不断探索黄河流域生态保护和高质量发展新路径。建设"中原农谷",有利于发挥平原示范区以现代种业为主导的农业高新技术的引领示范带动作用;有利于充分发挥其科技优势,打破地区行政分割,整合沿黄区域各城市的创新资源;有利于加快推进滩区农业基础设施建设,调整种植结构,推动挖掘黄河文化,打造农文旅融合精品工程,助力把沿黄区域打造成生态带、产业带、旅游带,做好黄河流域生态保护和高质量发展的试验示范工作。

三、国内外研究进展

近年来,区域创新资源集聚、创新资源优化配置等一直是学界关注的热点课题,现有的文献中研究热点主要有以下几个方面:

1. 对创新资源集聚的价值研究

对于创新资源集聚价值的研究,已有文献中多表明创新资源集聚能发挥出较大的外部经济性特征。黄昌富(2015)认为创新资源的集聚不仅有利于特定地区内的经济发展,还可以产生规模报酬递增效应。李正风和张成岗(2005)认为人为地干预区域间创新资源的整合可以促进区域内不同要素间的结合和协同,从而提高该区域的创新能力。王晋剑(2016)则认为创新要素的聚集能有效发挥其集聚优势,产生"1+1>2"的效应,但也有研究表明资源的过度集聚会造成效率损失现象。毛艳华(2018)指出,粤港澳大湾区建设核心是推动科技创新,主要抓手则是促进科技要素自由流动,形成资源集聚与科技创新协调发展,科技资源集聚就是构成科技资源的各类要素通过人类活动集聚在一起,在特定地区内产生集聚效应。

2. 对创新资源优化配置与经济增长关系研究

已有研究认为:创新资源配置对经济发展具有明显的促进作用。陈亮、李琼(2022)通过构建科技人才集聚与科研经费支出对科技创新与经济增长影响的回归模型,对广东省21个地市的面板数据实证分析表明:广东省科技人才集聚规模与数量以及科研经费支出,都对科技创新与经济增长具有明显正向作用。郭宝洁(2014)对人均创新资源集聚水平为一级指标,测度分析了28个省市创新资源集聚的现状及其差异性,并借助脉冲响应函数分别实证分析了长三角、环渤海以及珠三角地区创新资源集聚对经济增长的直接和间接作用,发现创新资源的集聚与本地区和周边地区的经济增长具有非必然性的关系。谢波(2013)研究我国资源型产业集聚和技术创新对经济增长的影响表明:技术创新能力在全国范围内具有较强的空间溢出效应和空间依赖性,在东部、中部和西部表现依次减弱。

3. 对创新资源集聚配置模式影响创新绩效的研究

在查阅国内外近几年相关文献可以发现,区域创新效率的研究成为国内外学者们广泛探讨的话题,已有研究主要将创新资源集聚划分为专业化集聚和多样化集聚,且认为两种集聚模式均会对区域创新产生较明显的影响。马歇尔认为创新资源在地理上的集中有利于信息在专业化劳动者间的交换,更容易推动知识的传播和溢出。齐豫认为外部知识溢出与产业聚集之间存在正相关关系;曲晨瑶认为创新资源在高新技术产业领域的集聚对创新的影响程度存在较明显的区域差异。王淑英等(2020)运用空间计量模型实证考察创新资源流动对区域创新绩效的影响结果表明创新资源流动对区域创新绩效具有显著促进作用并能产生正向的空间溢出效应。李兴江和赵光德(2019)则认为政府、市场和社会是促进创新要素集聚的重要影响因素。解学梅(2010)认为包含知识交流、技术外溢以及创新资源共享的研发和创新活动是创新资源集聚的重要推动力。

4. 对创新资源集聚路径与评价机制研究

吴价宝等(2021)对江苏省国家高新区创新资源集聚路径与融合机制进行研究,提出了创新资源集聚与融合发展的原则和路径。郭庆宾(2019)以湖北省为研究对象,运用修正的引力模型对湖北科技创新资源集聚能力的空间关联进行分析,认为科技创新资源集聚能力的空间关联特征明显,网络密度呈现下降的趋势。王萌萌等(2015)运用区位商方法测算了创新人力资源和创新财力资源的集聚水平,研究发现,创新人力资源及财力资源集聚水平对创新绩效有非线性影响,创新人力资源与财力资源的交互作用对创新绩效有着显著的正向影响。胡海鹏(2019)用区位嫡对长江经济带科技资源集聚水平进行了测度;胡海鹏等对珠三角九市创新资源集聚能力进行了测度,评价结果表明,珠三角九市中,深圳、广州集聚能力最强,属第一层级。

5.创新资源集聚模式研究

严建援(2016)提出,创新资源集聚过程存在两种模式,一是以知识链为发展路径的创新资源集聚模式,二是以价值链为发展路径的创新资源集聚模式。李福、赵放(2019)认为,创新资源的集聚模式主要有三种,一是以美国西部硅谷为代表的资本导向的创新资源集聚模式;二是以我国台湾新竹为代表的技术导向的创新资源集聚模式;三是以北京为代表的人才导向的创新资源集聚模式。蒋敏、陈昭锋(2019)认为,企业创新资源集聚模式的影响因素主要有文化素、财政资助的规模结构能力与绩效、国内市场的有效保护水平、制度创新、政府创新、国际科技合作机遇与需求、产学研合作。黄梦影(2018)认为,创新要素的集聚主要受制度、经济、时代等方面的影响,也是各项要素相互结合的结果。

综上所述,学者目前对创新资源集聚和优化配置研究已取得了一定的进展,在领导体制、统筹管理、协调配置、创新资源集聚模式等方面均进行了创新探索,并正呈现出蓬勃发展的态势,但现有相关研究主要集中于区域创新资源集聚对创新效益的影响、创新资源配置集聚能力测度等方面,还存在着以下缺憾:一是缺少对创新资源集聚、优化配置机理方面的分析,对创新资源集聚和优化配置模式的研究也主要是从专业化和多样化角度进行的,没有从资源集聚质与量之间关系进行考量,且具体到不同区域。二是缺乏对创新资源的集聚路径研究,在路径设计上,如何选择创新资源的集聚模式、路径应该如何设计、资源如何科学配置等方面,目前缺乏深入系统的研究。三是在研究内容上,学者们对于区域创新绩效的研究较多,而对于科技资源集聚的研究较少。四是目前国内外鲜有创新资源集聚与区域科技资源优化配置的交叉研究,随着国家、区域创新系统的逐步形成与完善,区域自主创新系统和区域科技资源配置系统的整合与统一必将成为大趋势。在厘清创新资源集聚的机理的基础上,结合河南省一流创新生态打造和创新资源集聚现状与问题,对"中原农谷"资源集聚模式和运行体制机制进行深入研究,探索"中原农谷"建设路径及运行模式,提出"中原农谷"打造一流创新生态的路径和政策优化建议,推动"中原农谷"建设的快速发展。

四、中国农业发展阶段分析

粮食稳则天下安,特别是在当前复杂特殊的国际形势下,农业是中国现代化进程中的关键问题,只有把饭碗牢牢端在中国人自己的手中,才能从根本上把握主动权,有效应对各种风险挑战,确保中国经济社会大局稳定。因此,如何研判中国农业的发展现状,形成农业发展的社会共识,决定着中国处于全面现代化爬坡过坎关键阶段的战略方向。对于中国是不是农业强国,我们一定要有清晰的认识和研判。2022 年 2 月,魏后凯、崔凯在《中国农村经济》上发表《建设农业强国的中国道路:基本逻辑、进程研判与战略支撑》文章,提出农业强国的基本特征为"四强一高",即农业供给保障能力强、农业科技创新能力强、农业可持续发展能力强、农业竞争力强和农业发展水平高。其中"四强"决定"一高","一高"代表"四强",其本质是农业现代化水平全面提升。2022 年 8 月,姜长云、李俊茹、巩慧臻三人在《学术界》发表《全球农业强国的共同特征和经验启示》文章,提出全球农业强国的六大特征:一是经济发展水平和城市化率高,保障粮食和重要农产品有效供给的基础支撑强;二是农业劳动生产率或比较劳动生产率水平高,现代农业发展的物质技术装备基础强;三是农业优质化、安全化、绿色化、品牌化水平高,农业及其关联产业优势特色领域的国际竞争力和品牌影响力强;四是农业专业化、规模化、特色化水平高,农业产业化、产业融合化、产业链一体化发展的全球领先地位强;五是涉农产业分工协作、网络联动、优势互补水平高,农业合作社、涉农行业组织和跨国农业企业对现代农业发展引领支撑作用强;六是农业科技创新和产业创新水平高,创新创业生态健全、发达且可持续发展能力强。

根据两位作者分析,全球农业强国不仅表现出现代经营观念,现代生产方式也贯穿于农业生产的全过程,不仅意味着有很高的劳动生产率、土地产出率和资源配置效率,更表现出其生产的农产品在全球具有充分的竞争力。我国农业生产的自然条件、安全保障能力、资源控制能力、国际竞争能力、科技创新能力与全球农业强国相比,还有比较大的差距。按照全球通用的农业投入产出比计算,中国的农业投入与产出比远远低于农业发达国家。实际上,我国农业大而不强、多而不优,农业科技含量不高,土地产出率、劳动生产率和资源利用率低,国际竞争力较弱,与美国、加拿大、澳大利亚、法国、德国、荷兰、丹麦、以色列、日本等农业强国相比仍有较大差距。

习近平总书记在党的二十大报告中强调:"加快建设农业强国",这是党中央立足全面建设社会主义现代化国家、着眼统筹"两个大局"作出的重大决策部署,明确了新时代新征程农业农村现代化的主攻方向,提出了全面推进乡村振兴的重大任务。加快建设农业强国,是农业发展方式的创新,也是农业发展进程的提速,既体现农业发展量的突破和质的跃升,又彰显打破常规的后发优势和赶超态势。美国对华发起的贸易战、科技战和新冠肺炎疫情叠加影响,对全球化造成了史无前例的冲击,也对全球经济、政治、文化及经贸、外交、军事、教育、科技等造成了震荡与冲击。为了应对美国的挑战,我国必须加快推进工业化进程。在这个过程中,农业现代化必须加速,在农业现代化进程中,是以千方百计保护农民利益为中心、城乡一体化与共同富裕相协调、实现人与自然和谐共生为目标的现代化,是推动乡村产业振兴,实现产业兴旺,推动乡村生活富裕的现代化,是与西方国家不同的农业化道路。农业现代化建设要求我们既要立足自我、防止受制于人，又要充分利用国际市场、国际资源，提高发展效率。通过"中原农谷"建设，先行先试，有利于积累经验，为传统农业区破解"三农"难题、转变农业发展方式、实现农业现代化探索出一条新路。

五、河南省种业领域研究水平和趋势

河南作为全国农业大省，为保障国家粮食安全作出了重要贡献。作为国家粮食生产核心区，肩负着国家粮食安全重任，经过近十年的努力，河南省小麦、玉米、花生等作物新品种选育水平全国领先，其中，小麦品种郑麦9023、矮抗58、郑麦366、百农207和玉米品种郑单958等是我国种植面积较大的农作物品种。据河南省农业农村厅相关负责人介绍，除了少量的高端设施蔬菜和耐热香菇、工厂化金针菇等品种食用菌存在种源对外依赖度高以外，河南省小麦、玉米、花生等主要粮油作物种子不存在"卡脖子"问题。河南省种业的"卡脖子"难题，主要集中在生物育种技术应用水平不高、缺少自主知识产权等方面。

2022年，《河南省政府工作报告》明确提出，要扛稳粮食安全重任，加强种质资源保护利用，加快国家生物育种产业创新中心建设，做大做强省农科院，开展种源等关键核心技术攻关和良种推广应用，整合组建种业集团。保障国家粮食安全，打赢种业"翻身仗"，河南有底气，更有实力。河南省的种业领军人才灿若繁星，大家耳熟能详的有张新友、许为钢、茹振钢、堵纯信、程相文、陈伟程、康相涛、张海洋、汤继华、雷振生、陈彦惠、李玉玲、郑天存、王力荣、张晓伟等一批国内知名专家，以及沈天民、吕平安等一批农民育种家。同时，为了适应建设全国创新高地的目标，全省种业创新平台集群重塑正在进行中。2019年4月16日，国家生物育种产业创新中心正式启动建设以来，作为全国首家生物育种产业创新中心，由国家发改委批复，河南省农科院牵头组建，旨在培育和打造未来引领我国种子产业发展的战略科技力量。2021年9月23日，河南省农业科学院、河南农业大学牵头成立了河南省第二家省实验室——神农种业实验室，致力于打造国际种业科技创新高地。2022年12月，省政府《关于加快建设"中原农谷"种业基地的意见》出台，提出了"把中原农谷建设成为汇聚全球一流种业人才、掌握全球一流育种技术、具备全球一流科研条件、培育全球一流农业生物品种、拥有全球一流种业企业的种业基地"的建设目标。同月，河南省人民政府办公厅《关于印发支持生物经济发展若干政策的通知》出台，明确提出支持国家生物育种产业创新中心建设，将符合条件的科研成果转化项目纳入财政科技资金和有关涉农资金扶持范围。2023年1月，河南省人民政府与中国农业科学院就共建中原研究中心举行签约仪式,中原研究中心选址河南省新乡市平原示范区,旨在通过搭平台、组队伍、聚资源、建基地,初步建成集农业科研、成果转化、产业孵化、人才培养于一体的现代农业科技创新中心和农业科技成果转移转化中心。按照协议要求,中原研究中心的建设将与河南"中原农谷"、神农种业实验室、国家生物育种产业创新中心深度融合。目前,平原示范区拥有国家生物育种产业创新中心、神农种业实验室、国家小麦工程技术研究中心等多个国家和省级农业科技创新平台,建设中国农科院、河南省农科院、中国科学院南京土壤研究所等多家国家、省、市农业科技创新示范基地,中国农业科学院郑州果树所、先正达(中国)、中农发种业等优势科研院所和种业企业相继入驻,生物种业创新高地雏形初显。积极推广优良品种和农业新技术新成果,加快农业科技成果的转化与推广应用,年引进推广经费支出达8000万元,良种化率达98%。

河南省通过举全省之力,依托国家生物育种产业创新中心打造"中原农谷",目前已先后落地了10余个重点种业项目,4150亩科研用地已投入使用。建设"中原农谷",其主要目标是吸引全球创新力量,集中优质创新资源,解决种源"卡脖子"技术攻关,确保国家粮食生产安全。但目前"中原农谷"建设刚刚起步,针对河南创新资源区域集聚和优化配置研究非常少,大多是从创新资源统筹与优化配置、产业集聚的投入产出效率等宏观方面进行研究。对于农谷建设、创新资源集聚路径与融合路径、创新要素集聚对创新效率的影响、创新资源集聚模式等方面研究非常匮乏。针对国际科技创新新趋势和育种领域的新特点,根据国家粮食安全战略和育种领域的急需,聚集全球顶尖农业创新人才,组建科企创新联合体,打造从原始创新、应用研究到成果转化产业化的区域战略科技力量体系,牢记习近平总书记提出的"农业现代化,种子是基础""种源安全关系到国家安全,必须下决心把我国种业搞上去,实现种业科技自立自强、种源自主可控""从源头上保障国家粮食安全",支撑国家粮食安全战略,确保我国的粮食种子安全,让河南粮食生产这张王牌更加闪亮,具有重大的战略意义。

六、研究的技术路线图

本书研究的技术路线如图1-1所示。

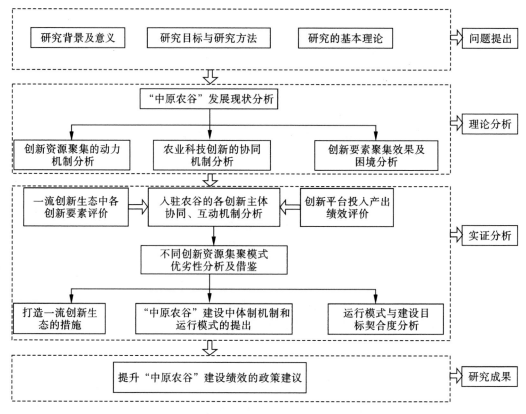

图1-1　研究的技术路线图

七、研究方法

1. 规范分析与实证分析相结合

在大量查阅国内外创新资源集聚及科技园区建设相关文献,以及国家、河南省关于"中原农谷"政策性文件、研究报告、统计年鉴等的基础上,归纳和整理出本书的理论基础,为"中原农谷"建设研究提供理论借鉴。同时,对于协同创新中心投入产出、创新要素对创新产出的影响等,进行了实证分析,保证了研究结论的科学性和合理性。

2. 系统分析法与实地考察法相结合

"中原农谷"建设是一个由政府、高校及科研机构、企业、市场、农民、中介组织等不同主体构成的复杂生态系统,研究过程中,从整体上了解到"中原农谷"发展现状以及存在的问题的基础上,作为河南科技学院与"中原农谷"融合、合作的第一负责人,多次亲自深入平原新区,深入农谷建设中,通过对农谷、集群的考察和调研,资料的整合,为本书提供实证依据。

3. 宏观分析与微观分析相结合

在研究方法上,坚持从我国国家创新体系建设的大局出发,宏观分析与微观分析相结合,对现有研究成果进行吸收、分析、整合,努力从大到小、从上到下、由表及里地研究"中原农谷"建设过程中存在的问题、解决的路径等,力求避免就事论事的局限性和片面性。在研究过程中本书采用定性研究的方法来分析一些不易量化的问题,而对具体微观发展问题以定量的方法进行处理和分析,有利于深入透彻地剖析相关研究对象的发生和作用机理。

第二章
区域创新资源集聚的机理分析

创新资源是创新系统的基本构成要素,是保证科技创新活动、创造科技成果的客观基础,是一个国家或地区综合竞争能力和可持续发展能力的重要体现。创新资源集聚就是通过创新活动,把各种有形和无形的创新要素集聚在一起,实现关键核心技术的突破,促进区域整体科技实力的提升,最终体现在推动经济发展和生产力进步,共同增强科技实力与经济实力。当前,我国正处于创新资源加速流动,多个主要创新集聚地并存的区域格局可能会保持较长时间,区域间对创新资源的竞争将更加激烈。通过对区域创新资源集聚的机理分析,有助于研究我省在创新资源、创新要素集聚方面与发达地区的差距,在创新资源集聚方面为"中原农谷"建设提供理论基础。

第一节　创新资源集聚基本概念界定

随着新一轮科技革命与产业变革以及以知识创新、技术创新和高新技术产业化为特征的知识经济时代的到来,创新驱动逐步成为推动地区和国家经济持久增长的主要驱动力,创新活动过程中的各类资源要素和创新资源成为创新主体竞争的焦点。各类要素资源的空间集聚会通过集聚效应来推动区域经济增长,进而带动区域产业的发展,从而能够提高整体效率和优势。

一、创新集群理论

创新集群是以创新为目标的产业集群,它由企业、研究机构、大学、风险投资机构、中介服务组织等构成,通过产业链、价值链和知识链形成战略联盟或各种合作。创新理论的创始人熊彼特发现并提出了集群创新现象,熊彼特认为:创新并不是孤立的,它们总是趋于集群成簇地发生,成功的创新首先是一些企业接着是更多灵敏的企业加入其中,创新也不是均匀分布的,它总是集中于某些部门及相邻部门。创新主体并不仅仅只包括研究类组织,还包括营利组织,如企业、投资机构,它们可以以直接或间接的方式参与到创新这一活动中。而所谓的纽带,可以是有形的,也可以是无形的,若它可以是贯穿于产业上下游的价值链条,也可以是约束参与各方的战略性联盟。20世纪90年代,美国产业经济学家迈克尔·波特(Michael E. Porter)在考察了华盛顿州的西雅图、密歇根州的底特律和旧金山地区的硅谷等地区企业集聚现象基础上,在《国家竞争优势》一书中首先提出用产业集群(Industrial Cluster)一词,认为区域的竞争力对企业的竞争力有很大的影响,是"国家竞争优势"的源泉。波特认为,所谓"产业集群",就是集中于一定区域内特定产业,具有竞争与合作关系,且在地理上集中,有交互关联性的企业、专业化供应商、服务供应商、金融机构、相关产业的厂商、高校和研究单位及其他相关机构,通过纵横交错的网络关系紧密联系在一起的空间积聚体。2001年,DECD出版的研究报告《创新集群:国家创新系统的推动力》中第一次从官方层面提出了创新集群的理念,学术界也由此掀起了创新集群理论和实践研究的热潮。创新集群作为政策工具最早由经济合作与发展组织(OECD)于1999年提出,目前已广泛受到各国政府的重视与实践,成为继"国家创新系统"之后又一重要的政策重点。虽然目前从全球范围内对创新集群的研究层出不穷,但现阶段还尚未形成一个为国际所普遍接受的概念。

严格来说,创新集群思想大致经历两个阶段:一是其萌芽及不断演变阶段,二是当代关于创新集群的思想发展研究。自马歇尔起,西方学者利用各种技术手段对集群思想进行发展,如韦伯的工业区位理论提出创新集群应从集群和创新两个方面考虑。熊彼特提出,从空间角度而言,创新不应是彼此各自分离的个体所单独从事的活动,它应当呈现出以某个点为中心而进行聚集的特点。传统的创新集群理念基本是在熊彼特提出的框架下不断发展,这些思想大致都强调某一方面,即要么是从创新角度看待集群,要么以集群为出发点研究创新。20世纪90年代之后,创新集群思想迎来重大转变,学界将创新同集群置于同等的地位进行研究,而非片面强调某一方面,以更为宽广的角度进行集群研究,将其同科技、经济社会进步联系在一起,形成具有时代特色的集群思想。江苏省委常委、苏州市委书记曹路宝2022年在"苏州市数字经济时代产业创新集群发展大会"上提出:创新集群的优势,是通过产业集聚、知识外溢和集体行动,把创新链上的创新资源不断植入产业中,或者把企业里的创新资源拿出来共享,寻求更多的产业合作机会,创造更多的价值。从实践看,既可围绕产业链部署完善创新链,也可围绕创新链布局赋能产业链。

通过创新集群建设,推动创新在各个领域往"专"里走、往"深"里走。

从产业发展来看,创新集群成为传统产业集群升级的目标,创新集群是产业集群发展的高级阶段,集聚创新的产业(创新集群)是产业集群高级化发展的结果,创新集群与产业集群在外延上属于种属关系,两者的复合程度能反映出创新集群存在范围的大小。从区域经济发展来看,创新集群已经上升为地方政府建设区域创新系统和推动经济发展的战略;从国家层面来看,创新集群成为建设创新型国家和利用创新驱动发展的载体和政策。世界范围内已经形成若干成功的创新集群,如美国"硅谷"、日本九州"硅岛"、印度"班加罗尔"等,国际经验充分证明,创新集群是一种有效的经济组织形式。我国目前正面临低端产业升级和经济转型的巨大压力,研究国外创新集群理论发展历程和总结实践经验显得尤为迫切。目前我国的创新集群建设和研究刚刚起步,产业集群虽然数量比较多,但均属于初期发展阶段,尚未形成影响力巨大的产业集群。因此对于不同的产业集群应根据实际情况采取不同的创新引导模式,鼓励创新行为,保护创新成果。特别是在当前我国市场机制还不健全,法律体系还正在完善,创新基础与发达国家相比有较大差距的情况下,决定了必须以扎实的理论基础为指导,结合我国创新集群的发展现状,探索具有中国特色的创新集群建设之路。

二、科技创新资源要素构成

"科学"和"技术"是互为作用力与反作用力的两个方面,这符合人类从实践到认识、再运用实践检验认识的过程,社会的发展进步使科学和技术的联系越来越紧密,二者已经成为难以割裂开来的有机整体。"创新"是把理论付诸实践的尝试,是理论知识与实践手段的有机统一,主要包括科学知识的创新和技术的创新这两方面。"资源"是指客观存在的、能被人们用于生产生活建设的客观条件,包括有形的资源和无形的资源。科技创新资源是指为了实现科学技术的不断进步而进行的人力、财力、物力、信息等科技要素投入的总和,是产生科技创新成果,推动经济社会发展的重要前提和保障。科技资源是支撑科技进步和创新的重要物质基础,也是引领前沿科技创新、吸引顶尖人才的重要手段,其规模、质量和利用效率直接关系国家科技创新实力和竞争力。进入新时代后,我国开始从世界科技大国向世界科技强国迈进的新征程,要通过机制创新,优化资源配置,提升利用效率,切实增强科技创新资源对经济社会发展的支撑能力。按照不同的存在性质、形态及方式,创新资源可分为创新人力资源、创新财力资源、创新物力资源及创新知识资源等四类。

1. 创新人力资源

科技创新人力资源是指"实际从事或有潜力从事系统性科学和技术知识的生产、促进、传播和应用活动的创造性人力资源"。从概念上讲，科技创新人才是科学技术与创新人才的结合，从普遍意义上来说，科技创新人才是指具有专门的知识和技能、从事科学和技术工作、具有较高创造力、对科学技术进步和人力进步作出较大贡献的人。习近平总书记在二十大报告中强调："必须坚持科技是第一生产力、人才是第一资源、创新是第一动力，深入实施科教兴国战略、人才强国战略、创新驱动发展战略，开辟发展新领域新赛道，不断塑造发展新动能新优势。"人才是创新驱动的核心要素，创新驱动实质是人才驱动。创新主体的运行、创新活动的实施、创新成果的产生、创新主体间交流互动等都离不开创新人才的作用。其他各类创新资源作用的发挥，都离不开创新人才。

2. 创新财力资源

创新财力资源主要是用于支持研究开发活动的经费，一般通过研究开发经费及其占国内生产总值（企业内部一般是指销售收入）的比重这个指标来衡量，可以转化为其他科技资源，是其他科技资源产生和应用的基础。创新财力资源主要包括企业或科研单位自有资金、金融机构贷款、风险投资和政府拨款等。广义的创新资金资源涵盖了创新过程中所有的资金来源，狭义的创新资金则具体指向用于创新活动的资金投入，例如企业用于研发投入的 R&D 资金，等等。

3. 创新物力资源

创新物力资源指各类研发平台（国家实验室、工程技术中心），各种科研仪器和设备，各类研究机构（大学、科研院所、企业研发机构），科技服务机构，中试基地，等等。创新物力资源是发挥科技资源功能与效用的重要条件，可以加速科学技术产出的进程，同时又能提高人力、财力的使用效率。

4. 创新知识资源

创新知识资源指各类科技文献资源、专利、数据库和以其他载体形式出现的信息；创新知识资源的产生和使用是创新活动不断发生、创新成果不断产出的前提和源泉。创新知识的产生过程是指通过科学研究获得新的知识和技术的过程，也是人类社会在发展中不断总结实践经验的过程。一个知识元素能连接的其他知识元素越多，则它的组合能力越强。研发组织的知识资源组合能力情况，可以看作该组织所具有的知识元素组合能力之和。

同时，科技创新过程涉及政府、企业、科研院所、高等院校、国际组织、中介服务机构等多个创新主体和包括人才、资金、知识产权、制度建设、创新氛围等多个要素，是各创新主体、创新要素交互复杂作用下的产物。创新资源主要包括人力、财力、物力、知识、信息、制度、精神资源。在实践过程中,对创新资源的分类主要有以下几种:一是按照形态可划分为有形创新资源和无形创新资源两类,有形创新资源指具有物质形态的创新资源,包括仪器设备、科技文献资源、数据库等,也包括了特殊的知识与技能载体——人才,无形创新资源指非物质形态的创新资源,包括专利、智力、制度、精神资源等;按照存在形式,创新资源可划分为存量创新资源和增量创新资源两类,存量创新资源指某一时点之前已经积累的资源禀赋,反映过去一段时期内创新投入的物质凝结,增量创新资源是指某时点之后新投入的创新资源,反映当前创新投入的总体能力状况。随着区域创新的进一步发展,科技创新资源概念的内涵越来越丰富,许多参与到科技创新过程的资源要素都可以称为科技创新资源。

三、创新资源集聚的网络构架

1. 创新资源集聚的网络节点

创新资源网络节点即创新资源主体,主要包括以下组织机构:一是大学特别是研究型大学和科研院所是创新的源头所在,也是基础应用研究的主力军,是创新驱动发展的重要策源地,不断为创新网络输出最新创新理念、创新成果和各类创新要素。二是企业既是创新决策的主体、创新投入的主体、创新行为的主体,同时也是创新风险承担的主体和创新收益的主体。经济发展的核心就是有更多的企业,更好的企业,更多想创新、能创新、能够持续实现成功创新的企业。三是政府、金融机构、中介机构等。政府在经济全球化的今天,对于创新资源集聚的作用越来越大,除了通过制度安排创造有利于创新的政策环境,为产业经济的发展开辟道路之外,还在于对科技创新的各种资源进行有效合理的配置,营造良好创新发展运行环境。金融机构是包括银行、基金、保险等在内的资金融通机构,为企业创新活动的进行提供资金支持。中介机构则包括咨询公司、事务所、行业协会等,可利用其专业知识及信息协助企业进行投资选择和战略决策,降低企业创新成本,提高创新效率。随着知识经济时代的到来,大学与企业之间的知识融合、资源共享和技术互偿,必将超越目前创新系统各个组织的原有"知识—技术"水平极限,提供了一种催生新的业态、壮大新经济的生机和活力。

2. 创新资源集聚的网络链接

创新资源集聚各节点之间正式与非正式的联系构成了创新资源集聚的关系链接。弗里曼(1991)认为,企业间的创新合作关系行为构成网络构架的主要连结机制,集群内各行为主体相互间的正式、非正式关系也形成了各种关系链层次,构成了纵横交错的创新网络。企业是科技创新与人才开发的主体,处于两链对接的最前沿,具备联结科技与人才的内在需求,是实现创新链与人才链融合的主要阵地。企业通过知识、信息、资本的转移与其他创新主体建立关系链接。核心企业通过产品、技术、人员等推动政府、人才、产业及金融机构、第三方专业机构等各方信息共享,交互流动,形成产业集群;与大学及科研院所进行产学研合作,利用各自优势资源共同进行创新研究,建立知识链接。强化企业在技术创新中的主体地位,并不是让企业抢大学和科研机构的饭碗,而是从创新体系全局出发,让不同性质、不同职能的机构在创新价值链中更好地归类、定位、互补,从而形成一种产学研协同创新机制。政府通过科技创新顶层设计、完善基础设施、制定优惠政策、提供创新引导资金等措施支持企业创新。企业与金融机构进行产融合作,畅通融资渠道,建立资金链接;与中介机构就其所在领域进行专业化服务合作,建立服务链接。由以上关系链接构成了知识创新系统、技术研发系统、创新服务支持系统,最终形成创新网络结构体系。企业、高校和科研机构等创新主体之间的合作,能够满足各方对异质性资源的需求,这也是合作研发联结关系能够产生的原因,如果有一方不能从合作研发关系中获利,那么这一方就可能退出该合作关系。

四、创新资源集聚的运行机制

1. 组织运行机制

创新资源集聚是指包括各创新主体和创新要素(企业、高校、科研机构、政府、金融机构、中介机构)等在内的复杂空间组织形态集群,在各创新主体中,企业是最重要节点。企业的组织运行机制、运行模式对创新资源集聚具有重要影响。各个创新主体以合作、协同关系为基础,根据创新目标分工进行合作,维持整个创新网络的高效运行。在把科技自立自强作为国家发展的战略支撑的大背景下,专业化的创新分工使企业对其他的创新主体合作需求增加,各个创新主体之间的协同合作也日趋紧密。创新资源集聚、科学合理分工摒弃了传统的科技创新组织形式,具有更大的灵活性,能够更好地适应环境变化。目前,世界经济进入新旧经济长波的交汇期,传统产业面临转型升级换代,新一轮技术革命与产业变革正在兴起,全球产业分工格局面临重塑,国际经济格局加速调整变化,面对种种国内外不确定因素,我们能够通过网状组织结构快速予以解决,不断提升创新效率,也必须完善和强化全球多边合作机制,加速全球创新治理体系和能力现代化,才能在复杂多变的国际环境中立于不败之地。

2. 学习交流机制

在科技创新过程中,各个创新主体间相互学习、交流是创新资源集聚并产生原始创新的源泉,同时也是创新资源集聚行为形成的主要驱动力。随着经济全球化的深入,企业间竞争日益剧烈,企业要想保持自身的竞争优势,必须培育并提升核心竞争力。企业通过主动学习和被动学习,不断与集群内其他创新主体进行互动,并通过向其他创新主体学习来获取知识,推动企业不断创新进步,从而在竞争激烈的市场中占据更有利的地位。在创新资源集聚过程中,其灵活的网络结构更加有利于企业间、企业与其他创新主体间顺畅而又低成本的互动学习,在学习的过程中实现知识的转移、知识的溢出及资源共享,从而推动创新资源集聚的创新。

3. 竞争合作机制

通过竞争机制,能够有效地驱动企业自身增强科技创新的主动性和科技创新能力,大大缩短科技创新周期,降低科技创新成本,获取竞争的优势。合作机制则可以促进集群内各个创新主体资源共享,通过优势互补或强强联合等方式实现合作共赢。未来产业是代表科技和产业发展的最新方向且具有先导性的产业,其具有市场潜力大、带动作用强的特点,前瞻谋划未来产业已是大势所趋。目前世界上主要国家均加速研究与布局未来产业。作为科技创新主力军的企业,要注重创建未来产业先导区,打造未来经济增长极、培育竞争新优势。科技创新的网络组织结构决定了企业科技创新竞争力不仅仅是一个企业竞争力的简单相加,而是集群内所有创新主体竞争力的有机结合。集群内创新主体通过开展基于合作的竞争,在提升整体竞争力的同时,获得个体更大程度的优势,从而推动产业集群内各创新主体的可持续发展。

4. 传播扩散机制

随着全球各主要国家间科技创新的加剧,提高创新能力、加快创新资源集聚已成为产业集群获得竞争优势的源泉,是产业集群不断升级的动力。创新资源集聚背景下各个创新主体之间,通过各种途径相互交流、合作,不断进行人才、知识、技术、资金等资源的传播,同时,集群内部各主体之间交流过程也是知识传播和技术扩散的过程。高等院校及科研机构将最新的创新成果、急需的人才源源不断地向企业输送,企业则根据生产实际中遇到的技术难题,有针对性地反馈给高校及科研院(所),实现校(所)企合作联动,促进创新链、产业链、资金链、人才链深度融合,教育链、人才链的有机衔接,使校企间联系更加密切,创新资源流动也更为顺畅,加速了创新知识技术扩散,促进产业集群整体竞争力持续提升。

第二节　区域创新资源集聚的演化内涵

一、创新资源集聚理论基础

创新资源集聚是催生区域集群竞争力的有效途径。它是指在特定区域内通过汇集基础型要素、服务型要素、流动型要素、产业型要素,促成企业间非市场关系的建立,加速产业有效聚集,打造区域集群竞争力。目前对创新要素聚集的理论研究多集中于产业集聚理论、增长极理论、生产系统论以及协同创新理论等。

1. 产业集聚理论

产业集聚是指同一产业在特定区域内高度集中,产业资本各要素在一定空间范围内不断汇聚的过程。马歇尔在 1890 年出版的《经济学原理》中提出了产业集聚的概念,他认为:企业集聚在"产业区"内,可以显著降低劳动力和生产成本,产业的集聚使区域内的企业生产效率高于分散的企业,同时,协同创新的环境也促进了企业集群的发展。马歇尔之后,产业集聚理论有了较大的发展,出现了许多流派。比较有影响的有:韦伯的区位集聚论、熊彼特的创新产业集聚论、胡佛的产业集聚最佳规模论、波特的企业竞争优势与钻石模型等。早在古典政治经济学时期,亚当·斯密(1776)在其著名的《国民财富的性质和原因的研究》中,根据绝对利益理论(Absolute Advantage),从分工协作的角度,通过产业聚集对聚集经济做了一定的描述,他认为产业聚集是由一群具有分工性质的企业为了完成某种产品的生产联合而组成的群体;大卫·李嘉图(1817)根据比较利益学说,研究了生产特定产品的区位问题,也指出了产业聚集所形成的聚集经济问题。诺贝尔经济学奖得主克鲁格曼研究认为:产业的空间集聚最终的结果是实现了规模收益递增,产业集聚带来成本的下降,而本地化的产业集聚则是由于劳动力集中,知识、信息交流频繁造成的。哈佛大学波特教授发展了马歇尔、克鲁格曼等人关于区域集聚效应的理论,形成了关于区域创新的产业集群理论研究范式。

产业集聚主要有以下几个特点:一是产业的地理位置相临近,同一种产业在同一区域集聚;二是产业集聚的形成是动态的,是在经济社会发展过程中形成的;三是产业集聚的形式是多元化的,由于经济环境、市场资源等各种要素间互相联系、互相补充产生,没有固定形式,形态多样。产业集聚理论认为,外部创新资源要素的融入可以有效促进企业通过获取外部创新资源,增强企业的创新发展能力以及带动产业的变革与持续发展。在产业和市场分工日渐明确的趋势下,产业价值链的可分割性持续增强,因此建立在价值链分割基础之上的产业转移现象越来越普遍,其中包括原产业集群中的环节转移到新的区域之后,通过与高附加值环节的协作完成产业的集聚和升级。由此可见,产业集聚理论视角下的协同发展、创新驱动、知识共享、产业转移以及价值链的分割等众多环节是相互交融与促进的,需要对众多环节和众多要素进行有效整合。

2. 增长极理论

增长极理论最初由法国经济学家佩鲁在1950年提出,用来解释和预测区域经济的结构和布局。佩鲁把经济空间定义为一个包含着多种作用力的场,如果把发生支配效应的经济空间看作力场,那么位于这个力场中的推进性单元就可以描述为增长极,它不仅能迅速增长,而且能通过乘数效应推动其他部门的增长。佩鲁认为,增长极的形成应具有企业主体、规模经济效益和经济发展环境三个方面的条件:一是区域内存在具有创新能力的企业群体和企业家群体。因为经济发展的主要动力是具有冒险精神、勇于创新的企业家的创新活动。二是必须具有规模经济效益。增长极区域除创新能力及其主体外,还需有相当规模的资本、技术和人才,通过不断投资扩大经济规模,提高技术水平和经济效益,形成规模经济效益。三是要有良好经济发展的外部环境。外部环境主要包括完善的基础设施条件、良好的市场环境和适当的政策引导。只有良好的投资和生产环境,才能集聚资本、人才和技术,在此基础上形成生产要素的合理配置,使经济得到快速增长进而成为起带动作用的增长极。该理论打破了经济均衡分析的新古典传统,为区域经济发展理论提供了新思路。

20世纪80年代增长极理论传入我国,我国正进入改革开放阶段。国内一批学者借鉴和吸收增长极理论的合理成分,并结合我国的实际情况,提出了"梯度转移理论""点轴系统理论""层级增长极网络"等。这些理论是对增长极理论的进一步发展,并对我国区域经济发展战略调整从均衡发展向非均衡发展产生了积极影响。特别是在改革开放的大背景下,转变传统的均衡发展思路,让发展基础和对外开放条件较好的沿海地区率先发展起来,率先成为区域增长极,通过他们的发展辐射带动全国发展,作为我国新的区域发展战略的一种必然选择。

3. 生产系统论

生产系统论是从生产链条的角度对区域生产系统进行分析,在生产系统论看来,由于产业类型不同和各种复杂情况下形成的条件不同,各种生产系统之间存在着一定的差异,决定这种差异的因素包括企业规模、企业战略、区域政策、社会文化、心理因素和技术等。其中,技术的因素除了一般性的生产技术之外更主要的是那些能够降低生产成本的交通、通讯、信息传播等技术因素,这些技术能够使全球化的资源得到充分的流动,通过知识的生产与扩散实现集聚性的发展。虽然各地的发展并不平衡,但是并不影响集聚的形成,世界上仍然不断出现各种地方生产系统。在生产系统论看来,生产系统是为生产某种最终产品的一系列活动所组成的系统,生产这种产品的活动可能是由一个企业来完成,也可能由多个互动的企业完成。处在相近空间的企业之间由于生产链条的相互联系或者产业之间的相互补充,从而组成完整的生产系统。由于具体情况的不同,各种生产系统中的活动可以在一个企业内完成也可以分散为不同企业的活动,企业在生产系统中的位置是由交易费用决定的。随着全球化浪潮的到来,这一理论越来越受到人们的重视,全球生产系统和区域生产系统两种不同的生产系统开始并行不悖地存在于世界中。对于区域而言,其发展呈现出更多的地域化色彩,即经济活动完全依赖于所在地域,发展过程中的区位成为不可替代的因素;此外,区域发展也呈现出国际流的形态,即其发展完全依赖于国际市场,依靠国际供应链条和市场进行生产活动。区域发展不可能是其中的某一个极端,只能是二者的中间过渡,同时随着全球化的加剧和区域生产系统越来越多地融到全球化生产链条中去,全球经济正在形成一种由二者组成的互动系统。

4.协同创新理论

协同创新是以知识增值为核心,企业、政府、知识生产机构和中介机构等为了实现重大科技创新而开展的大跨度整合的创新模式。协同创新是通过国家意志的引导和机制安排,促进企业、大学、研究机构发挥各自的能力优势,整合互补性资源,实现各方的优势互补,加速技术推广应用和产业化,协作开展产业技术创新和科技成果产业化活动,是当今科技创新的新范式。协同创新是一项复杂的创新组织方式,其关键是形成以大学企业研究机构为核心要素,以政府金融机构中介组织创新平台非营利性组织等为辅助要素的多元主体协同互动的网络创新模式,通过知识创造主体和技术创新主体间的深入合作和资源整合,产生系统叠加的非线性效用。协同创新是各个创新主体要素内实现创新互惠、知识共享、资源优化配置、行动最优同步、高水平的系统匹配度。而协同创新的有效执行关键在于协同创新平台的搭建,可以从两方面对协同创新平台进行宏观布局:一是面向科技重大专项或重大工程的组织实施,建设一批可实现科技重点突破的协同创新平台,通过重大专项和重大工程的部署实施,集成各类科技资源,加强各类承担主体的联合,建设支撑科技重大专项和重大工程的组织实施;二是面向产业技术创新,建设国家层面支撑产业技术研发及产业化的综合性创新平台,加快科技成果转化、产业化,促进战略性新兴产业的形成、崛起,形成具有国际竞争力的主导产业,带动产业结构调整。

在我国,协同创新理论应用到实践的是教育部于 2011 年提出的"高等学校创新能力提升计划"(简称"2011 计划"),"2011 计划"提出了面向科学前沿、面向行业产业、面向区域发展以及文化传承创新,建设四大类型的协同创新模式,通过建设协同创新中心、构建协同创新机制体制作为"2011 计划"的两项重点任务。通过建立协同创新中心这一载体,突破高校内部以及与外部的体制机制壁垒,促进创新组织从个体、封闭方式向流动、开放的方向转变;促进创新要素从孤立、分散的状态向汇聚、融合的方向转变;促进知识创新、技术创新、产品创新的分割状态向科技工作的上游、中游、下游联合、贯通的方向转变。其建设目标是:紧密围绕国家或地方重大战略需求,按照"国家急需、国内一流、制度先进、贡献突出"的总体要求,以体制机制改革为重点,通过政策和资金引导,充分发挥高校学科、人才优势,统筹学科建设、人才培养和科学研究三位一体发展,构建制度先进、特色鲜明、形式多样、运转高效的政产学研用协同创新模式,使之成为具有重要影响的学术高地、行业产业共性技术的研发基地、转型发展的咨询智库和文化传承创新的引领阵地,为经济社会发展提供强力支撑。主要有四项建设任务:一是全面深化体制机制改革;二是加快提升学科建设水平;三是显著提高人才培养质量;四是持续增强科技创新能力。自 2012 年启动实施,四年为一个周期,2020 年教育部将"高等学校创新能力提升计划"等重点建设项目统筹纳入"双一流"建设。

二、区域创新资源集聚的影响因素

创新资源是推动区域经济社会发展、促进产业结构转型升级的战略性资源。影响区域创新资源集聚的因素很多,概括起来可以分为内部因素和外部因素。外部因素主要受创新投入、区域经济社会发展水平、科技创新政策、创新环境、创新文化影响。内部因素则主要受区域内创新主体影响,包括企业、高等院校、科研院所、中介等。影响区域创新资源集聚的各个要素与创新系统之间相互影响、共同作用,从而优化了创新环境,提升了创新效率、增强了创新能力,实现了区域创新水平和创新能力的提升。

1.影响区域创新资源集聚的外因

区域创新资源集聚受到外部环境的影响很大,特别是区域经济社会发展水平、城市环境和创新文化、创新政策和创新环境等。

(1)区域经济社会发展水平。进入新世纪后,科技创新在引领经济社会发展、助推新兴产业发展和传统产业升级、支撑创新型国家建设方面的作用越来越重要。当今世界发展的一个重要特点是科技创新在经济发展中的作用变得越来越重要。随着以人工智能、大数据为代表的第四次科技革命的到来,一个国家或地区的经济发展更加依靠科技创新的推动。从经济社会发展规律看,经济发展水平越高,经济越发达,科技创新对经济社会发展的支撑度就越高,对科技创新资源的需求就会更加强烈,从而导致创新资源集聚度升高,形成马太效应。从我国的具体情况来看,东部、南部沿海地区经济发展水平高,其积累了较为丰富的科技创新资源和雄厚的研发基础,为区域经济社会发展提供了持续的驱动力,推动科技创新水平和能力的提升,创新水平和能力提升又源源不断地助推经济高质量发展的良性循环。与此同时,东部、南部沿海发达地区良好的创新氛围和创新环境,又吸引了中、西部欠发达地区创新资源的不断流入,进一步推动东部、南部沿海地区创新发展向着更高层次迈进。

（2）城市环境和创新文化。作为城市精神的重要呈现,一个城市的文明以其内在的浸润力和外在的辐射力,已经成为城市竞争力和可持续发展的关键。随着知识经济时代的到来,国与国之间的竞争越来越体现为以文化为代表的软实力的竞争。城市作为国家发展的载体,文化软实力也越来越成为一个国家、一个地区、一座城市综合实力的重要标识,文化软实力的提升事关国家、地区、城市的可持续发展,事关创新资源、创新要素的汇聚。从区域城市层面来看,社会和文化发展状况直接影响着区域、城市的文明和自由程度,文化发展水平越高,文明、自由及包容程度就越高,创新环境、创新生态就越好,对创新要素、创新人才的吸引力会越强,创新资源汇聚能力也会越强。通过对旧金山、伦敦、东京等地区建设全球科技创新中心过程进行研究,大部分人都将全球科技创新中心的成功归结于浓厚的创新文化与强烈的创新精神。特别是硅谷的成功,强大的创新资源集聚能力和虹吸效应功不可没,正是其良好的创新文化和创新环境,使其成为全球拔尖创新人才的聚集地,吸引大量来自全球的高端人才。

（3）创新政策和创新环境。科技创新政策和创新环境是科技创新能力提升的重要保障,创新政策对区域创新资源的集聚有着非常重要的影响。一是各个层级的创新政策对区域创新资源的汇聚和区域创新体系内各主体的发展起着重要的推动作用。二是科技创新政策为区域创新资源的集聚提供保障与支撑。例如长期以来,美国加州地区的综合创新能力在美国各州中名列前茅,旧金山湾区的科技创新做出了巨大的贡献,同时,旧金山湾区的科技创新能力一直位于全美前列,在加州创新政策的支持下得到了快速发展。我国在政府的主导下建立了大量的产业园区、创新示范区等,并专门配套优惠政策和基础设施,必然会吸引大量的企业集聚,促进区域和产业集群的发展,从而促进科技创新资源向区域集聚。作为实力远不如北京、上海等大城市的深圳,竟能成为我国的一个科技重镇,与深圳不断转换政府职能,创造良好的创新环境,制定并落实一系列有利于创新创业的政策,形成良好的创业环境,并调动了创新创业者的积极性高度相关。

2. 影响区域创新资源集聚的内因

影响区域创新资源集聚的内部因素很多,但核心要素主要包括企业、大学、科研机构和中介等。创新资源聚集还具有马太效应,一旦形成创新资源集聚,就会产生良性竞争的创业创新氛围。创新企业的需求会刺激对创新活动的风险投资、管理咨询、中介服务等专业科技创新服务业务的发展,使技术交易更加活跃,科技创新的效率和成功率就会提高。

(1)高新技术企业。高新技术产业的快速发展离不开创新投入的支撑,而创新投入的主体是企业,通过企业的投入,创新要素进行有序的流动和聚集,创新要素通过集聚效应产生知识的溢出,企业将异质性知识进行再造,转化为企业所需的发展动能和竞争力,进而提升企业的创新水平。进入新世纪后,企业的竞争能力越来越多地依靠创新能力的提升,企业为了提升产品的竞争能力,不断地集聚创新资源和创新要素,进行自主创新。同时,企业自身资源有限,它们会联合高等院校、研究院所等创新主体进行协同或合作,或者购买创新成果以减少研发的时间。可以说,企业是将创新资源进行整合的主要力量,通过企业自身的需求将创新要素整合,快速将创新成果转化并推向市场。综上所述,企业对区域创新资源和创新要素集聚的能力,对于整个创新资源汇聚有特别重要的影响。从另外一个视角看,改变创新环境的主要任务在政府,但企业可以选择不同的创新地点。因此,区域创新资源和创新要素的集聚,中心工作是创造有利于创新资源聚集的区域创新环境,通过政策引导、激励等措施调动企业家的创新精神。

(2)高水平大学。党的二十大报告指出,"深入实施科教兴国战略、人才强国战略、创新驱动发展战略""加快建设教育强国、科技强国、人才强国"。这充分表明了当前和今后一段时期是全面提升创新人才培养质量的重要战略机遇期。大学是创新资源和创新人才资源的重要载体。一个国家、一个地区的大学的数量和质量已经成为区域创新资源集聚的重要因素。硅谷成为美国的科技圣地,每年吸引全球大量的科学家集聚,一个重要的原因就是硅谷地区集聚大量高水平大学。硅谷地区的斯坦福大学、圣塔克拉拉大学、加利福尼亚大学伯克利分校、西北理工大学、圣何塞州立大学等一批全球顶尖大学,为区域集聚高水平的创新人才打下了良好的基础。波士顿是美国东北部高等教育中心,哈佛大学、波士顿大学、麻省理工学院等全美高校排名前50的顶尖院校有7所,如今已经发展为全球新兴的科技创新中心之一。同时,大学通过教学与研究相结合的方式,成为区域创新系统内部重要的知识生产者和人才培养者,并通过产学研合作等方式,加快了创新成果的扩散。2022年7月,教育部披露,近十年来,教育系统瞄准世界科技前沿和国家的重大需求,实施了"2011计划",在高校中建设了25个前沿科学中心、组建了38个国家级协同创新中心,建设的重点实验室、工程研究中心、省部共建协同创新中心等创新平台超过了1500个,高校已成为我国汇聚创新人才和创新资源的主力军。

(3)新型研发机构。新型研发机构是实施创新驱动发展战略的新生力量,也是汇聚高层次科技创新资源、贯通创新开发体系与产业应用体系、培育高质量发展动能的重要抓手。新型研发机构是聚焦科技创新新需求,提升科学研究、技术创新和开发服务能力的独立法人机构。新型研发机构发展程度越高,其科技创新能力就越强,对区域创新资源和创新要素的集聚能力就越强。新型研究机构最大的特点就是能够吸收和集聚区域外的创新知识、创新技术,转化为区域内部创新主体资源,显著加快创新过程,提升区域的创新能力。自 2018 年开始,国家首次明确新型研发机构地位,正式将新型研发机构纳入到国家创新体系。当前各地都在进行探索新型研发机构的建设和机制创新,深圳清华研究院作为国内最成功的新型研发平台,突出特点是形成了一整套技术股权投资体系来孕育孵化技术项目。目前,一批国家级、省级科学中心、重点实验室和工程技术研究中心,均采用新型研发机构的运行模式,对创新资源的集聚产生了良好的推动作用和放大效应。以北京为例,北京拥有一大批优秀的研究机构,这些研究机构促进了北京高技术集群的发展,从而使得北京成为我国创新资源最为丰富的地区之一。如深圳清华大学研究院是深圳市政府和清华大学共建、以企业化方式运作的新型研发机构。近年来,研究院面向战略性新兴产业,成立了 80 多个实验室和研发中心,汇聚了国内外院士 7 名、"973"首席科学家 5 名,累计孵化企业 2600 多家,培养上市公司 25 家。

(4)科技中介机构。在国家创新体系中,企业是技术创新的主体,高校和研究机构是知识创新的主体,而科技中介机构则是联系企业和高校之间的桥梁,提升科技创新能力,三者缺一不可。目前,创新中介已渗透和参与到整个区域创新资源集聚的方方面面,在区域科技创新体系中扮演经纪人、协调者、传递者等重要角色。从理论上讲,科技中介比企业了解创新信息,比科研机构了解企业需求和市场发展趋势,能够在政府、企业、研究机构间架起沟通信息的桥梁,从而成为集聚创新资源的平台。科技中介作为知识智力密集的行业,在促进区域内创新资源的优化配置,为相关创新主体的发展提供服务和支持方面发挥着越来越大的作用。目前我国的科技中介处于发展的初级阶段,整体服务体系与经济社会发展水平不相适应。宏观层面上,政府主导的科技创新模式破坏了市场竞争,使科技中介的市场独立地位不能发挥;微观层面上,科技中介模糊定位导致运作机制不灵活,信息反馈机制不到位,难以满足市场和科技创新主体的需求,一定程度上限制了中介服务的发展。随着第四次科技革命的到来,世界发达国家都在增加科技创新投入,面对创新能力效率提高、经济发展方式转变、环境保护等诸多重大问题,科技创新的任务更加繁重。这意味着科技中介也必须发挥更大的作用,更快形成产业化、规模化,让科研成果更快地转变为现实生产力。

三、创新资源集聚过程

创新资源集聚是一个漫长而复杂的过程,一般包括三个阶段:

第一个阶段是创新资源点状集聚阶段。主要是区域内部高校、研发机构、企业等基于自身发展需求主动对外吸纳创新资源,各创新主体具有较强的自发性,与区域创新目标契合程度不高。

第二个阶段是科技资源线状集聚阶段。经过第一个阶段的发展,区域内部形成了若干节点,各节点不断交流、互动、协作,联系不断密切,但跨时空、跨行业的知识溢出能力薄弱。

第三个阶段是创新资源网状集聚阶段。创新资源聚集程度有了较大幅度的提升,创新活动对区域经济的影响力进一步提升,跨空间、跨行业的知识溢出能力得到显著增强,形成了基于全球价值网络的创新集群,区域创新能力的国际竞争力得到了较大提升。

四、创新集群的基本特征

创新集群是特定地理范围内,集聚型的行业企业与研究机构的研究人员相互靠近,依靠基于产业的创新形成的具有竞争优势、规模优势和品牌优势的集群。纵观成功的产业创新集群,在建设伊始均是先有大学和研究机构等创新资源聚集,这是形成创新集群的基础。创新集群本质上是知识的跨界融合,建设创新集群,就要让创新资源更加集聚、产学研更好融合、知识叠加交换更有速度、关键核心技术攻关更有力度。随着我国进入新发展阶段,创新集群已经上升为地方政府建设区域创新系统和推动经济发展的战略和治理手段,从国家层面而来看,创新集群成为建设创新型国家和利用创新驱动发展的载体和政策依据。2011年11月,李北伟、董微微、富金鑫三人在前人研究的基础上,在《中国软科学》上发表《中国情境下创新集群建设模式探析》一文,提出了创新集群具有以下四个基本特征。

1. 多主体参与的网络结构

产业集群是一个柔性专业化的生产系统,企业将其一部分业务进行分包,形成基于本地供应商的网络,企业通过与供应商协同交流,获取各种最新科技创新信息,并整合到产品创新中去。在创新集群内部,其创新活动的参与者是多元化的,创新的主体包括企业、高校、科研机构、政府及相关的中介服务机构,创新参与者之间的内部联系是动态的、多样的,是根据不同的科技创新任务和目标组成不同的创新网络,从而形成一个多层级、复杂的科技创新网络结构。作为一个复杂的创新网络系统,其内部创新主体、创新要素与创新环境之间的相互作用交织在一起,构成了一个复杂的非线性系统。多主体参与的网络结构必然导致其运动规律是混沌的,存在多渠道之间的多重相互反馈,易受初始条件影响,创新结果难以定量预测。同时,产业集群通过创新网络向外延伸,构成全球创新网络一部分,并通过内外部网络互动,获得全球范围内的各种创新资源、创新技术,从而在更大范围实现创新资源的高效配置。

2. 多种集聚效应的非线性叠加

在创新集群的形成和发展过程中,存在科技创新在时间、空间、领域和资源等四个层面的集聚。

(1)在时间层面的集聚。每一个科技创新的出现均不是静态存在,其在时间上并不是均匀分布,而是更加倾向于群集分布。根据科技创新的规律,科技创新存在某一时间段集中出现或爆发出现的现象。尽管研究者普遍认为创新活动倾向于在时间上聚集,但随着时间的推移,创新集群出现、繁荣和衰落的机制仍有待研究。

(2)在空间层面集聚。科技创新产出随空间的变化呈现出多样性,在某一区域呈现出集群现象,同时也会随着时间的推移,创新中心从一个区域和国家向另一个区域和国家转移。日本著名学者汤浅光朝研究发现:如果一个国家的创新成果超过全球总数的25%,则这个国家就称为世界科学中心,一个国家的创新成果超过25%所持续的时间,称之为科学兴隆期。从现代世界科学中心转移情况来看,依次为意大利—英国—法国—德国—美国,科学兴隆期为80年左右。目前世界科技中心仍然主要集中在欧美发达国家,但呈现出加速向亚洲和太平洋地区转移的趋势。中国已经成为科技创新的高度活跃地区,并对世界科技创新作出越来越大的贡献。

(3)在创新领域集中。熊彼特认为:创新并不是孤立的,总是趋于成簇地发生,创新成功首先是个别企业,接着是更多信息灵敏的企业参与进来,创新也不是均匀分布的,总是集中于某些部门及相邻部门,通过产业集聚、知识外溢,把创新资源源源不断地植入产业,从而产生创新突破。比如电子计算机出现后,相关的软件、硬件技术创新随之发生,产业出现了集中的现象。

(4)创新资源集聚,随着科技创新要素在创新领域集聚情况的出现,通过政府对新兴产业的政策导向,必然促进创新资源投入出现集聚、创新产出也呈现集聚的现象。如为了抢占未来科技创新制高点,世界主要国家均将电动汽车产业作为重要的战略性新兴产业布局,出台一系列优惠政策进行扶持。导致资本、技术、人才在新能源和电动汽车产业出现集聚,当创新资源的投入超过一定阈值时,创新产出也将呈爆发性出现。创新集群的形成与发展有其自身发展规律,是多种集聚效应的非线性叠加过程。

3. 产业链、知识链和价值链的有机耦合

创新集群的形成不是单一链的作用,而是产业链、知识链和价值链的相互交互、相互影响,从而形成了复杂的非线性系统。创新集群的形成必须具备三个条件:规模、产业链、空间集聚。创新集群也不是简单的创新主体和创新要素的集中,而是基于产业链的有机整合,集群的真正生命力在于产业链,同时还需要结合区域创新机制、相关产业、创新生态等有机耦合。在耦合过程中,创新集群各个链条存在着复杂的正向反馈和负向反馈关系。从实际情况来看,创新集群的形成过程是技术、市场、经济过程的耦合,即知识链、产业链和价值链的相互作用、激励相容,而不是要素的简单叠加。在耦合的过程中,应采取措施对耦合关系进行引导,促使良性的、正向的相互作用,从而激发创新集群的创新潜能,实现其创新与发展。

4. 创新成本与风险分担和创新边际效益递增

从总体上看,创新集群一个主要的特征就是把创新网络结构作为基础,不同层次、不同区域、不同网络结构下的各创新主体联系更加密切,互动更加频繁。同时,创新主体根据其特定的创新目标组织和创新资源,各创新主体间的联系并不是唯一的,而是根据创新目标不断地进行动态调整。从创新层面来说,动态调整的过程更加有利于创新主体在更大范围内有效整合与聚集创新资源,更加有利于实现创新成本分担和创新风险的分散。在知识经济背景下,由于资源禀赋的内涵发生了变化,知识成了重要的创新资源,资源利用方式也发生了重大变化,由原来的对知识的利用转变为对知识的创造型利用。在传统的经济发展模式下,随着生产规模的扩大,出现边际收益递减的情况。而在现代经济背景下,创新集群的资源禀赋中,知识份额所占的比重不断增大,知识的传授、知识扩散、技术溢出等均可能实现创新边际效益的递增。

我国不同区域经济水平、创新体系建设、产业基础和布局等具有显著的地区差异,而且创新集群建设的生命周期相对较长,我国的创新集群建设才刚刚起步,再加上市场机制不健全,法律体系不完善,创新基础较差等问题的存在以及创新集群建设的复杂性,决定了必须以扎实的理论基础为指导,结合我国创新集群的发展现状,探索具有中国特色的创新集群建设之路。以上三位作者的研究成果,对"中原农谷"建设过程中的创新资源集聚、创新集群的形成、创新集群三链的有机耦合、创新集群的生命周期等有重要的指导作用。

第三节　区域创新资源的集聚模式

纵观人类发展历史,创新始终是一个国家、一个民族发展的重要力量,也始终是推动人类社会进步的重要力量。当前,区域科技创新优势的形成在世界范围内同时呈现出多个城市之间的竞争与合作格局。从产业集聚形成的主导主体来说,产业集聚模式包括政府主导型、市场主导型和协同合作型三种模式。其中,政府主导型以新加坡、挪威、东欧以及拉丁美洲的一些国家和地区为代表,主要通过行政指令来约束和规范企业、大学、科研机构等主体行为,形成了"上传下达"的资源配置体系;市场主导型以美国硅谷、印度班加罗尔为代表,市场在创新资源配置中发挥主导作用,创新资源在自由流动中实现优化配置;协同合作型以芬兰的赫尔辛基较为典型。政府与市场的协调互动,促进政府不断完善制度体系,为创新主体提供法规政策方面的保障措施,形成联动开放的创新资源集聚体系。

一、政府主导模式

政府主导的创新资源集聚模式是指政府通过政策、行政指令计划干预和促进创新资源配置和集聚。这种集聚方式以政府为主体,通过相关政策和行政指令来约束和要求区域创新系统中的创新主体,从而形成创新资源配置体系。在这种模式下,政府主要侧重于公共品的提供,其主要表现为:一是基础设施提供,政府负责对本地区的基础设施建设资金投入,包括所在区域的道路、生活、港口设施等;二是生活设施提供,政府需要为本地区提供便利的公共交通、通信、网络、供水、供电等生活设施;三是发挥组织者作用。在产业集聚未形成前,政府需要制定产业发展规划和政策,进行招商引资,通过吸引性质相近的企业进驻投资形成聚集,为产业集聚创造条件。通过这样的方式,能够避免单纯市场机制可能出现的盲目、无序的竞争,充分发挥制度优势。

新加坡虽是面积很小的城市国家,经济高度依赖中、美、日、欧和周边市场,但却发展成为亚太乃至全球具有重要影响力的科技创新中心之一。新加坡科技创新方面的成功,得益于新加坡政府为主导的创新资源集聚模式。20 世纪 90 年代,新加坡政府成立了国家科技局、制定多个国家科技发展规划、发展支持性科研基础设施、制定优惠政策,有效地吸引了一大批跨国公司在新加坡设立研发中心。通过跨国公司研发中心,大量的创新人才、资本、技术及设备不断地向新加坡汇聚,为新加坡自主创新能力的提升奠定了坚实基础。1999 年,由政府主导启动了"21 世纪科技企业家创业计划",并通过设立投资基金、建设科技园、出台知识产权保护法律法规等一系列措施,打造良好的创新创业环境。同时,新加坡对高新技术行业予以大量的资金支持促进其发展。外部创新资源集聚为新加坡自主创新能力的发展奠定了基础,自主创新能力的提升,又促进了新加坡数量更大、质量更高的创新资源的集聚。

我国高铁装备产业,在过去十几年的后发追赶中取得了较大突破,政府主导推动高铁发展的模式取得的成就证明了政府主导模式的有效性。总体来讲,政府主导模式适用于技术路线比较确定的行业,政府集中力量办大事的风险相对较小,可以发挥政府集中力量、协调等方面的优势,吸引和聚集体现国家战略的大科学装置、国家实验室等国家重大科技基础设施和创新平台,实现技术的突破和创新的引领,有效促进行业的后发追赶。

二、市场主导模式

市场主导型的产业集聚模式是指依托资源优势,在一定因素的刺激下,通过专业的分工协作而形成的产业集聚。以市场为导向的创新资源集聚模式是充分吸引和利用全球资本力量,促进国际资本流向本区域或创新载体,进而加大对本区域的投资规模,带动区域技术创新和社会经济发展。市场主导型产业集聚模式,美国的硅谷、意大利和北欧的一些国家和地区比较具有代表性。欧美等市场经济发达国家,其产业集聚成长、演化完全是一个市场过程,产业集聚的成长完全以竞争为动力,政府在产业集聚上认识十分有限。如:意大利中部和东北部传统产业区、美国硅谷高科技产业区和加利福尼亚多媒体产业等,这类产业集聚都是企业出于自身发展的需要,为获得专业化经济优势、人力资本优势以及特定区域社会文化优势和持续创新的氛围等而聚集到一起的,而政府仅仅通过一些调节和激励措施,防止集聚外部性的发生,引导并促进集聚区的良性发展。硅谷的崛起离不开风险投资资本的支持,年均风险投资额高达 70 亿美元左右。硅谷内部的企业大多数拥有自己的研发实验室,有些企业甚至是以创新技术的中间实验室而发展起步的。企业为了追求利益的最大化,迎合市场需要而开展创新活动,使得硅谷在通信器材、软件和科学研发服务业等方面彰显出巨大的企业科技强度,带动了其所在地区的创新资源集聚和创新能力的发展。在创新人才集聚方面,截至 2018 年,硅谷汇聚的国外创新人才比例达到了 37.4%,远远高于全美 13.3% 的整体水平。受硅谷影响,旧金山地区非本国出生居民比例高达 34.4%。从居民整体受教育程度来看,硅谷地区本科及以上学历的居民的比例达到 48%,旧金山地区和加州的本科学历比例达到了 54% 和 32%,远远高于美国平均水平的30%。硅谷地区通过健全的知识产权保护制度,强化了人才聚集的激励和创新效应,使市场先入者凭借科技创新能够获得高额利润,有效地保护了创新人才创新积极性;同时,发达的风险投资制度为硅谷创新人才的创新创造活动提供了强有力支持,在多样化的分配机制下,极大地增加了创新人才创新的积极性与责任心,进一步增强了人才聚集的规模效应。

三、协同合作模式

协同合作模式是指在充分发挥市场导向作用的同时,通过政府有效的制度安排,引导各创新主体根据自身情况和创新目标,采取一系列行为政策,实现科技创新资源的快速聚集。通过政府和市场的相互协调互动,促进政府不断完善创新制度体系,为各类创新主体提供保障措施,从而形成合作开放的科技创新资源集聚体系。协同合作的资源集聚通常有两种形式:一种是高校和地方政府协同主导,另一种是企业与地方政府协同主导。协同合作的模式在激发各类创新资源集聚的同时,经过政府的制度安排,引导创新资源的高效集聚。在协同合作模式主导的创新资源集聚模式中,各类创新主体受政府激励和监管的同时,充分发挥自身主动参与的积极性,从而更加有利于资源配置的高效性和动态性。大学和政府协同主导的创新资源集聚模式的典型案例是美国的波士顿,20世纪70年代,128号公路发展成为微型计算机革命的中心,分布着计算机、软件、人工智能及生物技术等高新技术产业,被称为美国东海岸新"硅谷"。128号公路区大学的科研能力不断地吸引着新的产业和创业者、投资者来到128号公路区。风险投资、大学和政府创新推动了128号公路区产学研深度融合,进而带动企业创新成长。20世纪40年代到60年代间,政府在国防科技方面对大学投入了大量资金,吸引大批企业向这些地区靠拢,与此同时,政府给予这些企业充分的军品订单支持,促进了相关产业的发展和崛起。高校和企业的发展,促进了创新人才的集聚,同时政府给予的资金支持,为创新活动的开展提供了保障。高校在进行研发的同时还协助完善地区创新环境,通过产学研合作构建地区创新网络,促进新知识新技术的扩散和向市场的转化,从而进一步促进创新资源向该区域的集聚。

企业与政府协同主导的创新资源集聚模式的典型代表是芬兰。芬兰的教育、科技水平始终居于世界前列,一个只有500多万人的小国,却在20项关键科技领域,有17项排名世界前十,多次被世界经济论坛评为世界上最具竞争力的国家,企业与政府协同主导的创新功不可没。通过Tekes(芬兰国家技术创新局)、Sitra(芬兰科技创新基金会)、VTT(芬兰国家技术研究中心),汇聚了大量的创新资源。芬兰政府通过制定和实施科技政策、项目规划、开发应用计划等措施,将企业、大学、科研机构及政府各个部门联系在一起,形成一个创新系统。在创新资源集聚过程中,芬兰政府起着主导作用,但政府并不过度干预产业发展,而是为企业提供外部良好的条件,为创新产业的发展提供相关的辅助。一系列的措施使得赫尔辛基成为一个开放、自由、包容的区域创新系统,创新环境优良,各个创新主体积极性高,对创新资源的吸引力不断增强,使芬兰的各项经济指标不仅跃居发达国家前列,且多次登上世界竞争力排行榜的首位,创造了世界经济发展史上的奇迹。这些成就无不透露出芬兰这个北欧小国拥有的庞大的创新资源集聚能力和科技创新能力。

当前,我国经济发展正处于新旧动能转换、经济转型升级的关键时期。国家和地方政府都密集出台了大量支持科技创新、创新创业的政策,推动了创新资源向新产业、新业态、新动能集聚,创新资源的集聚在各地新旧动能转换中的支撑作用日益凸显。通过对几种创新资源集聚模式的分析比较可以看出,市场主导型模式的关键因素是市场,因此在市场经济较为发达,高新技术企业较多的区域适宜采用市场主导型模式;政府引导型模式的关键因素是政府,因此在市场经济相对不发达的区域适宜采用政府主导型模式,通过政府引导促进创新资源集聚。协同主导模式则介于二者之间。

三种创新资源集聚模式并非互相排斥,也无孰优孰劣之分,而是相互补充的。我国多数地区创新资源集聚可按一种模式为主导、其他几种模式为补充的方式进行。同时,创新资源集聚和模式的选择是一个长期而复杂的培育与积累过程,应充分依靠当地各种要素的合理配置和长期不懈的努力。

第三章
协同创新中心对创新资源集聚的影响研究

2012 年,教育部启动了《高等学校创新能力提升计划》(以下简称"2011 计划"),"2011 计划"是针对新时期中国高等学校已进入内涵式发展的新形势制定的一项从国家层面实施的重大战略举措。该计划是以人才、学科、科研三位一体创新能力提升为核心任务,通过构建面向科学前沿、文化传承创新、行业产业以及区域发展重大需求的四类协同创新模式,深化高校的机制体制改革,有效聚集创新要素和资源,建设协同创新中心这个创新载体,构建协同创新的新模式,建立起能冲击世界一流的创新优势。"2011 计划"实施十余年来,在聚集创新要素和创新资源,提升高校创新能力方面作用显著。通过研究协同创新中心对创新资源集聚的影响,为"中原农谷"建设过程中创新资源的集聚打下良好的基础。

第一节　河南省协同创新中心建设情况及成效

一、河南省协同创新中心建设基本情况

自 2012 年 3 月教育部、财政部启动实施了"2011 计划"以来,河南省委、省政府高度重视,将落实高校协同创新计划写入《河南省人民政府关于全面提高高等教育质量的若干意见》,成立由主管副省长任组长,教育厅、财政厅等相关部门共同参加的河南省协同创新领导小组,统筹管理协同创新中心的运行。教育厅、财政厅出台了《河南省关于实施高等学校协同创新计划的通知》及实施方案,制定了协同创新中心管理办法,为"2011 计划"在我省的实施提供了坚实政策保障。按照"唯一性、协同性、整体性、先进性、开放性、竞争性"的标准,分别于 2012 年 7 月、2013 年 6 月、2014 年 6 月开展了三轮省级协同

创新中心认定工作，认定了 33 个河南省协同创新中心。特别是河南农业大学牵头建设的"河南粮食作物协同创新中心"入选首批国家"2011 协同创新中心"，实现了河南省高校科技创新工作历史性突破。在此基础上，于 2015 年、2016 年直接认定了 4 个省级中心。目前，我省已建设了 1 个国家级中心、6 个省部共建协同创新中心、37 个省级中心、150 个校级中心。通过三个层次协同创新中心的建设，汇聚了大量创新资源，行业企业、科研院所参与的积极性持续高涨，高校人才、学科、科研三位一体的体制机制创新步伐逐步加快，科技创新中的很多难点、重点问题得以有效解决，强力推进了高等教育与经济社会发展的紧密融合，成为我省科技创新驱动发展的靓丽风景线。

二、河南省协同创新中心建设成效

河南省协同创新中心自建设以来牵头高校高度重视协同创新中心建设，体制机制改革稳步推进，学科建设卓有成效，创新资源有效汇聚，人才培养成效凸显，相关领域理论研究和关键技术实现突破，高校与其他主体协同创新、服务河南经济社会发展的能力水平进一步提升，较好地完成了建设目标任务。

1. 成为高校综合改革的先行区

河南省教育厅、河南省财政厅高度重视协同创新中心机制体制改革，积极探索管理模式创新，持续推进协同创新中心建设，有效地促进了政产学研用深度融合。河南省教育厅、河南省财政厅组建了"2011 计划"专门研究管理团队，制定了"培育认定、年度考核、中期评估、期末验收"的绩效评价考核指标体系，建立了以"产业贡献为主导、行业引领为核心、区域发展为目标"的第三方评价制度，实行了"目标规划、任务牵引、跟踪研判、全面支持、动态调整"的运行管理模式。先后组织 10 个调研组，分赴全国所有 37 个国家级协同创新中心进行考察学习，组织所有省级中心分 5 个批次赴美国、德国、英国交流培训，组织了 6 次全省经验交流会，接待了 20 余省份教育主管部门和 500 多所高校来河南进行考察学习。各协同创新中心积极开展机制体制的改革探索，在运行模式上，构建了"管理委员会/理事会+中心主任+分中心主任+创新团队带头人"的四级组织管理模式、"科学咨询委员会+中心主任+创新团队带头人+团队骨干成员"的科研运行模式。实行了"按需设岗、以岗聘人、合约管理、优劳优酬"的"五定"全员聘用制（既定岗位—按需设岗，定条件—竞争上岗，定任务—目标管理，定考核—绩效考核，定奖励—优劳优酬）以及"责权统一、成果共享、效益共赢"的产权归属模式，实现了非法人独立运行，初步形成了改革的特区。

2. 成为激发创新活力的主阵地

各协同创新中心紧紧围绕目标任务，坚持需求导向，在任务牵引、资源共享、人才汇聚、激励驱动、管理创新、绩效考核、人才培养等方面，进行了持续探索与创新。协同国内外著名高校、科研院所、大中型企业274家开展联合攻关，取得了一批标志性成果。主持国家级重大、重点项目1348项，省部级项目1407项，获取科研经费32.1亿元。新增国家级创新平台30个，省部级创新平台114个，研制新产品391个，开发新工艺213个，制定新标准287个，咨询报告被各级政府采纳及省以上领导批示127件，授权专利1797件（发明专利1561件）。主持获得国家三大奖12项、省部级奖励548项。发表学术论文4825篇，影响因子超过10.0的有65篇。

3. 成为创新资源汇聚的主战场

我省协同创新中心按照"河南急需、国内一流、制度先进、贡献重大"的建设目标，与科研机构、行业企业等各类创新力量开展深度合作协同，吸引和聚集了大量的国内外优秀创新团队与知识创新资源，实现全球创新资源的流入、落地和聚集，从而弥补自身创新资源的短板，实现创新资源优势互补，增强区域的创新资源投入强度，形成集聚和集群效应。从目前情况来看，协同创新中心集聚创新资源的能力不断提升，大量的创新资源开始向协同创新中心聚集，创新资源和创新要素互动、互补的格局正在形成，显示了比较强的改革活力和成效，行业产业部门和骨干企业、科研院所积极参与，高校围绕人才、学科、科研三位一体的目标开展的体制机制创新步伐加快，科技创新中的难点、深层次问题开始得以解决，协同创新中心形成的创新优势正在显现，协同创新中心已成为我省创新资源汇聚的主战场。

4. 成为高校学科建设的新引擎

各协同创新中心以学科建设为龙头，围绕"三区一群"战略目标，不断凝练方向，整合资源，营造环境，提升内涵，形成了多学科协同、深度融合发展的新格局，有力支撑了我省优势特色学科与高校"双一流"建设。全省新增省级重点学科37个，新增新兴交叉学科40个，新增博士学位授权一级学科点34个、硕士学位授权一级学科点47个。截至2022年11月，全省17所学校64个学科进入ESI全球排名前1%，而在五年前，河南省只有16个学科进入ESI全球排名前1%。在河南省优势特色学科建设中，依托协同创新中心建设的有29个，占全省的82.8%，其中9个进入优势学科，占90%；18个进入特色学科，占72%。彰显了协同创新中心对我省学科建设的支撑作用。

5. 成为服务我省经济社会发展的新平台

各协同创新中心紧盯国家和河南省重大战略需求，紧紧围绕"四个着力"、发挥优势打好"四张牌"、打好三大攻坚战、加快"三区一群"建设、实施乡村振兴战略等中心工作，积极投身服务河南经济社会发展主战场，攻克了一批行业共性技术难题，形成了与区域经济社会发展的良性互动，从新产品、新品种、新技术、新工艺、新标准等多方面服务经济社会发展，制定新标准 287 个，研制新产品 391 个，授权发明专利 1561 件，专利转让费共 2 亿余元；创造直接经济效益 572 亿元。为河南省经济社会发展提供了坚实的支撑。

第二节　创新资源对协同创新中心绩效的影响研究

协同创新是一个复杂的系统，各个创新要素间存在相互依赖、互为促进或制约的关系，单一创新要素必须按整体的目的发挥各自的作用，否则，创新绩效就会受到影响。对协同创新中心各个创新要素进行分析，研究各组成要素之间的关系，对提高协同创新中心的创新绩效、促进协同创新中心健康发展、加速创新资源向协同创新中心集聚，具有重要的理论和现实意义。

一、创新资源与协同创新中心绩效关系的研究进展

自"2011 计划"实施以来，中国学者开始在协同创新绩效方面进行研究，第一个开始关注协同创新中心并对协同创新中心绩效研究的是清华大学的林健，他于 2013 年在《中国高校科技》上发表了《协同创新中心卓越绩效运行机制研究》一文，提出了构建协同创新中心卓越绩效的运行机制整合模型，概括了协同创新中心从筹备、组建、运行到产出各个阶段的关键影响因素。随后，一批专家学者紧随其后，对"协同创新中心绩效"进行了开拓性的研究。赵德武认为，要从创新力和协同力两个维度对协同创新中心进行绩效评价，并设置人才培养、学科发展、创新团队、科研成果、社会效益、组织制度等六大类型指标。王洁方认为，对协同创新中心绩效评价，不仅要评价其显性绩效，同时也要关注其隐性绩效。罗党等借鉴波士顿矩阵模型，建立了"关键科学技术突破——建设指标完成率""体制机制改革与创新成效——协同创新水平"两个二维矩阵，用于河南省高校协同创新中心的绩效评价。李爱彬等以行业产业类协同创新中心为研究对象，从协同创新产出绩效、创新行为协同绩效、协同创新环境三个维度构建了协同创新中心绩效评价指标体系，并通过云模型对协同创新中心绩效进行评价。林健提出了利用平衡计分卡的理念和方法，为协同创新中心构建了绩效评价体系。李永周从创新人才的异质性需求特征和创新

网络嵌入视角,构建了协同创新中心规模和结构、机制体制创新、创新环境和文化氛围多维度的协同创新中心绩效评价指标体系。王发银提出了面向行业的协同创新中心创新绩效评价指标体系,构建了创新绩效评价模型,并进行实例验证分析。孔祥浩运用三螺旋协同创新发展模型研究了面向行业的协同创新中心的创新绩效。纵观国内关于协同创新绩效评价已有文献,研究者从不同角度对协同创新中心创新绩效评价指标和评价方法进行了探讨,但仍然处于初始的阶段,研究方法上主要局限于探讨和经验的总结;在协同创新中心绩效指标体系设计方面基本上沿用产学研协同创新的设计思路,缺少根据"2011 计划"的综合使命和重大目标来设计评价指标体系;在绩效评价方面,定性分析较多、定量评价少,定量评价模型为普遍适应型模型。鲜见将协同创新中心资源汇聚能力、创新要素相互间的影响、创新要素与创新绩效间逻辑关系的实证研究联系在一起进行研究,故难以对协同创新中心的实施和配套政策的制定提供借鉴和指导。

二、创新资源与协同创新中心绩效研究方法

1. 样本来源

本书所采用的数据来源于河南省协同创新管理办公室于 2016—2018 年对河南省认定的郑州大学 6 个协同创新中心期末验收数据,该数据由各中心统计,经验收组实地检查核实,能够真实地反映出协同创新中心真实的产出绩效。选择郑州大学 6 个省级协同创新中心为研究对象,主要基于以下几点考虑:一是在"2011 计划"推进过程中,河南省在协同创新中心培育、遴选认定、中期考核、期末验收等均处于全国领先地位,同时,在河南省已经认定的 37 个省级协同创新中心中,郑州大学数量最多,占全部中心的 19%,是研究协同创新中心建设成效校本研究的最佳样本;二是研究样本的 6 个协同创新中心均已完成了第一个四年建设周期,所有的创新绩效均经过教育厅组织的验收组核定,样本研究的可靠性高;三是郑州大学建立了比较完善的三级协同创新中心体系,其协同创新中心建设经验有较强的推广和借鉴意义,研究结果具有代表性。

2. 研究方法

根据协同创新中心的综合使命,其绩效考核指标可分为三大类,一是对学科建设的支撑,二是人才队伍建设情况,三是创新成果。由于河南省制订的协同创新中心期末验收评价指标体系包含 6 个一级指标、12 个二级指标、26 个三级指标,在进行协同创新中心各创新要素对绩效影响分析前,要对指标进行取舍,避免各指标间的信息重叠,尽可能选择与"三位一体"高度相关和独立性比较强的指标,从而增加评价的准确性和科学性。

本书选取了四年建设期内新增的省部级以上创新平台数、获得的发明专利数、牵头单位获得的省部级以上成果奖数、发表文章数（SCI、SSCI、CSSCI）、获取省部级以上科研经费总额、学科建设成效、国家级人才计划数、硕士研究生培养数、投入创新经费总额为研究对象，涵盖了三类绩效考核指标，具有较好的代表性。首先以协同创新中心投入、承担省部级以上重大创新任务、新增国家级创新人才计划数量、学科建设四个创新要素的产出数据与其他绩效指标进行互相比较，通过计算创新产出间的散点图特征，找出创新要素产出绩效间的相关性；其次运用逐步线性回归分析筛选出对某一创新绩效影响最显著的创新要素；最后运用灰色关联度分析对各个创新要素重要性进行排序，三种研究方法互相印证，确保结果的可靠性。

三、协同创新中心创新资源投入和产出的相关性分析

为了便于研究，我们对部分指标进行了明确的定义，所有数据指标均为协同创新中心第一个建设周期内的绩效。其中经费投入包含省拨经费、中期检查奖励经费、学校和协同单位投入经费总和；承担省部级以上重大创新任务以获得经费表示指中心获得的国家级、省部级科研经费总额；新增国家级创新人才计划数量以领军人才表示，包括四年建设期内新增的万人计划、杰青、优青、国家百千万人才工程、科技部创新人才推进计划人数总和；学科建设成效指新增省优势特色学科、重点学科、交叉学科、学位点数总和。

1.模型1：协同创新中心经费投入与产出的相关性分析

创新投入效益衡量指标是创新产出，选取每个中心在四年建设周期内获取的省部级以上创新平台、省部级以上科研奖励、发明专利、培养的硕士生人数、获得省部级科研经费、领军人才、发表文章、学科建设情况等产出绩效与四年来的投入情况，利用散点图回归分析，求出回归方程，计算出相关系数（r），查出 r 值在5%和1%水平上的显著值（P）。见表3-1。

表3-1　协同创新中心经费投入与产出的相关性分析

项目	相关系数 r	项目	相关系数 r
创新平台	$r = 0.7613^*$	学科建设	$r = 0.2289$
发明专利	$r = 0.9101^{**}$	领军人才	$r = 0.9176^{**}$
硕士生培养	$r = 0.9682^{**}$	发表文章	$r = 0.9712^{**}$
获得经费	$r = 0.9763^{**}$	成果奖励	$r = 0.0812$

注：*代表0.05水平上显著，**代表0.01水平上显著。

从表3-1可知,发明专利、硕士生培养、获得经费、领军人才、发表文章都与协同创新经费投入呈极显著相关($P<0.01$),创新平台与协同创新投入呈显著相关($P<0.05$),学科建设、成果奖励与协同创新投入相关性不显著相关($P>0.05$)。采用逐步线性回归分析方法,分析创新平台、发明专利、硕士生培养、获得经费、领军人才、发表文章等与协同创新中心投入关系。逐步线性回归分析能从大量可供选择的变量中选出对建立回归方程重要的变量,逐步剔除对协同创新中心投入影响不显著的变量,最终获得最优方程;逐步线性回归结果表明,对协同创新中心投入影响最显著的因素为发表文章,其回归方程为:$y_1 = -623.40 + 0.5842x_1$,$P=0.00$,$P<0.01$,相关系数$r=0.9715$,$x_1$为发表文章数,$y_1$为创新中心投入。

2. 模型 2:承担省部级以上重大创新任务与创新绩效相关性分析

承担国家和区域重大科技创新任务,解决区域经济社会发展急需,是协同创新中心重要使命,获取省部级以上科研项目经费总额是衡量承担国家和区域重大科技创新任务的核心指标。对中心四年建设周期承担省部级以上科研经费总额与其他创新绩效的相关性分析,找出影响承担重大创新任务与其他创新产出的关系,见表3-2。

表3-2　承担省部级以上科研项目经费总额与创新绩效相关性分析

项目	相关系数 r	项目	相关系数 r
创新平台	$r=0.7400$	学科建设	$r=0.2804$
发明专利	$r=0.8865^*$	领军人才	$r=0.9024^{**}$
硕士生培养	$r=0.9407^{**}$	发表文章	$r=0.9688^{**}$
成果奖励	$r=0.1014$	经费投入	$r=0.9763^{**}$

注:＊代表0.05水平上显著,未来代表0.01水平上显著。

从表3-2分析可知,承担省部级以上科研经费总额与硕士生培养、领军人才数量、发表文章、经费投入在呈极显著相关($P<0.01$),与发明专利数呈显著相关($P<0.05$),与创新平台数、成果奖励数、学科建设相关关系不明显($P>0.05$)。逐步相关性分析结果表明,对承担省部级以上科研项目经费总额影响最显著的因素为经费投入,其回归方程为:$y_2 = 1645.1683 + 1.6317x_2$,$P=0.001$,$P<0.01$,相关系数$r=0.9763$,$x_2$为经费投入,$y_2$为承担省部级以上科研经费总额。

3. 模型 3:协同创新中心对人力资源汇聚能力与创新绩效相关性分析

协同创新中心建设作为由政府引导推动、高校牵头组建、国际国内创新力量参与的协同创新体,一个重要的目标就是统筹学科建设、人才培养和科学研究三位一体协同发展。

为了研究协同创新中心对人力资源汇聚能力与创新绩效的关系,选取新增国家级创新人才计划数量与创新绩效进行相关性分析,找出影响人才培养与创新产出的关系,见表3-3。

表3-3　新增国家级创新人才计划数量与创新绩效相关性分析

项目	相关系数 r	项目	相关系数 r
创新平台	$r=0.6749$	学科建设	$r=0.0557$
发明专利	$r=0.9434**$	科研经费	$r=0.9024**$
硕士生培养	$r=0.8310*$	发表文章	$r=0.8561*$
成果奖励	$r=0.2802$	经费投入	$r=0.8021*$

注:∗代表0.05水平上显著,∗∗代表0.01水平上显著。

表3-3分析可知:新增国家级创新人才计划数量与发明专利数、省部级以上科研经费总额呈极显著相关($P<0.01$),与硕士生培养、发表文章、经费投入呈显著相关($P<0.05$),与创新平台数、省部级以上科研成果奖励数量、学科建设相关关系不明显($P>0.05$)。通过逐步相关性分析结果表明,发明专利对新增国家级创新人才计划数量影响最显著,其回归方程为:$y_3=0.2180+0.0077x_3$,$P=0.0148$,$P<0.05$,相关系数 $r=0.7968$,x_3 为发明专利,y_3 为新增国家级创新人才计划数量。

4. 模型 4:学科建设成效与创新绩效相关性分析

学科建设是高校建设的核心,随着国家"双一流"建设战略和河南省优势特色学科建设工程的实施,标志着中国学科建设新时代的到来。作为"三位一体"协调发展的重要一环,学科建设成效是衡量协同创新中心建设成效不可或缺的指标。通过分析各个协同创新中心四年建设周期内学科建设与其他创新要素的关系,为下一步我省"2011计划"实施和支撑"双一流"建设打下良好的基础,见表3-4。

表3-4　学科建设成效与创新绩效相关性分析

项目	相关系数 r	项目	相关系数 r
创新平台	$r=0.0245$	领军人才	$r=0.0557$
发明专利	$r=0.0917$	科研经费	$r=0.2804$
硕士生培养	$r=0.4429$	发表文章	$r=0.4362$
成果奖励	$r=0.8225*$	经费投入	$r=0.2289$

注:∗代表0.05水平上显著,∗∗代表0.01水平上显著。

从表 3-4 分析可知,学科建设成效与成果奖励呈显著相关($P<0.05$),与其他参与分析的 7 个创新要素相关关系不明显($P>0.05$),通过逐步相关性分析结果表明,省部级以上成果奖励对学科建设成效影响最为显著。逐步线性回归分析:$y_4 = 2.3744 + 0.1123x_4$,$P = 0.0178$,$P<0.05$,相关系数 $r = 0.8225$,x_4 为省部级以上奖励,y_4 为学科建设成效。

5. 模型 5:协同创新中心各创新要素的灰色关联度分析

为了更好地分析协同创新中心各创新要素间的关联关系,我们把所有协同创新中心各创新要素当作一个灰色系统进行分析,用关联度表达协同创新要素之间的相互关联关系。通过分析,找出整个协同创新中心系统中各创新因子间的关系,搞清楚哪些是影响创新绩效的主导因素,哪些是影响创新绩效的优势。灰色关联分析主要包括对 7 个中心原始数据进行转化,消除量纲,然后计算出关联系数,求出关联度,进行关联度排序,最后得出关联矩阵,见表 3-5。

表 3-5　协同创新中心投入与产出各要素关联矩阵

项目	创新平台	发明专利	成果奖励	发表文章	学科建设	领军人才	硕士生培养	经费投入	获得经费
创新平台	1	0.4438	0.3688	0.4766	0.4874	0.459	0.4851	0.4353	0.4141
发明专利	0.4573	1	0.4508	0.5904	0.3767	0.5676	0.4958	0.524	0.5026
成果奖励	0.4415	0.4937	1	0.5485	0.5622	0.5403	0.4929	0.4997	0.4046
发表文章	0.4442	0.5396	0.4464	1	0.4716	0.5983	0.4852	0.4749	0.3173
学科建设	0.5245	0.4087	0.5348	0.5447	1	0.513	0.4606	0.4888	0.3798
领军人才	0.4574	0.5523	0.4775	0.6348	0.4674	1	0.5618	0.4897	0.3372
硕士生培养	0.544	0.5523	0.4929	0.583	0.4806	0.6306	1	0.7255	0.4352
经费投入	0.4752	0.554	0.4765	0.555	0.4881	0.541	0.7058	1	0.5205
获得经费	0.4305	0.5026	0.3495	0.3721	0.3473	0.353	0.3755	0.4902	1

表 3-5 分析可知:协同创新中心经费投入与 8 个创新要素中,与硕士生培养数量关

联度最大,其次是发表文章,与创新平台获得数量关联度最小。承担省部级以上科研项目经费总额与发明专利数关联度最大,其次是对中心的经费投入,对学科建设的关联度最小。新增国家级创新人才计划数量与发表文章和硕士生培养数量关联度最大,与承担省部级以上科研项目经费总额关联度最小。鉴于文章篇幅,不再将各个创新要素的关联度一一分析。将前四个表与表3-5对照,用回归分析法和灰色关联度分析,各创新要素间的相关关系是基本一致的,回归分析呈现显著和极显著关系的两个创新要素,在灰色关联度分析中总体也呈现出极高的关联度,从侧面验证了分析方法的科学性和正确性。

第三节　协同创新中心绩效评价研究

"2011计划"已实施十余年,教育部从国家层面认定了38个国家级、122个省部级协同创新中心,河南省也遴选认定了37个省级协同创新中心并完成了33个中心的二轮建设。如何对协同创新中心建设周期进行绩效评价,为"2011计划"下一步发展提供科学和有效的理论指导,是协同创新研究面临的紧迫任务。本书利用河南省已完成第一轮建设任务的省级协同创新中心投入产出数据,通过数据包络分析(DEA),对协同创新中心的综合效率、纯技术效率、规模效率等进行综合分析,为协同创新中心建设和决策部门在"2011计划"实施、在协同创新中心的集聚提供理论支持和决策依据。

一、协同创新中心绩效评价国内外研究进展

创新效率评价是研究创新投入与创新产出之间的匹配关系,随着我国科技投入的规模不断提升,提升创新效率、建立以创新贡献、绩效为导向的分类评价体系成为国内学者研究的热点。目前国内外对创新效率的研究主要运用随机参数前沿(SFA)和确定性非参数前沿(DEA)两种方法,国外查恩斯等最早提出CRS-DEA效率分析模型并进行创新效率研究,随后又有学者提出了VRS-DEA模型和非期望产出DEA模型。近年来,国内学者利用DEA对科技创新投入和产出效率研究越来越多,侯启娉利用DEA反方法对研究型高校科研绩效进行实证研究,认为DEA方法能有效衡量高校教育多种投入。胡德鑫等基于DEA模型对32所"985"高校科研竞争力进行评价,结果表明,高校之间的科研资源投入与科研成果产出分布是极不均衡的。沈能等运用两阶段共同边界DEA模型,将国家大学科技园分为招商引资和经营两个阶段,对东部和中、西部地区国家大学科技

园 2009—2012 年的创新效率进行实证分析。侯彬彬等利用数据包络分析（DEA）方法，以 2009—2013 年这 5 年的高校科技经费、人员投入、专利产出量及出售量对我国高校科研投入与专利产出分析。纵观国内学者利用 DEA 模型对高校的创新效率评价，主要集中在竞争力评价、科技资源投入产出效率、科技平台效率评价、资源配置效率等方面。对协同创新中心绩效评价，学者也进行了较多的探讨，如：林健通过引入平衡计分卡的理念和方法，从评价对象、评价主体、平衡计分卡和工作机制四个方面，构建了协同创新中心绩效评价体系。赵德武提出，对协同创新中心评价，要从协同力和创新力两个维度进行，重点体现差别评价、立体评价和全面评价。王萧萧等以国家级的协同创新中心为研究对象，研究其伙伴特性、伙伴关系对协同创新绩效的影响。李爱彬等从协同创新产出绩效、创新行为协同绩效、协同创新环境三个维度构建了协同创新中心绩效评价指标体系。刘芳等研究了协同创新中心绩效评价学术评价和政府公共项目绩效评价的双重属性，构建了协同创新中心绩效评价整体逻辑框架，目前只有陈颖在其硕士论文中，以江苏高校文化传承类协同创新中心为研究对象，构建了基于 DEA 的文化传承类协同创新中心绩效评价模型并对其绩效进行实证分析和综合评价。目前科技管理部门对协同创新中心的验收，通常采用多指标综合评价方法，从投入产出的角度去考察协同创新中心的绩效，导致一些投入产出效率相对高的协同创新中心绩效评估过低，纵观国内学者对协同创新中心创新效率的研究，还集中在理论探讨和综合评价阶段，对协同创新中心投入产出效率评价、比较分析的研究很少，重理论而轻实证，重借鉴而轻整合。鉴于此，本文根据协同创新中心"人才、学科、科研"三位一体的创新产出特征，基于 DEA 和 30 个省级协同创新中心四年建设周期的数据，对协同创新中心的创新效率进行测算和分析，为"2011 计划"深入推进提供理论依据和政策建议。

二、协同创新中心绩效评价的研究方法

1. 数据来源

2012—2014 年，河南省分三批共集中认定 33 个省级协同创新中心，经过四年建设后，两个部队院校建设的中心数据不能公开，一个没有完成周期建设任务。因此，本书选取河南省进入下一个周期建设的 30 个中心期末验收数据，该数据首先由各中心统计，经专家组实地核实，能够真实地反映协同创新中心建设周期的产出绩效。同时，从各省实施"2011 计划"情况来看，河南省在协同创新中心建设方面一直走在前列，教育部在多次全国性会议上对河南省协同创新中心建设经验进行推广，研究河南省协同创新中心投入产出绩效评价，具有较好的典型性和代表性。

2. 研究工具

数据包络分析(DEA)1978 年由著名的运筹学家 A. 查尔斯,W. W. 库珀和 E. 罗兹首先提出,广泛应用于医药卫生、科技创新、教育发展等领域,已经成为管理科学领域一种重要而有效的数学分析工具。DEA 评价方法简便,结果不受投入产出数据单位影响,不需要评价前构建体系,因此有效减少了主观因素的影响。同时,DEA 能同时处理比例数据和非比例数据,不需要指标量纲的统一,对于评价多投入、多产出的决策单元绩效具有优势,通过分析,可以进一步了解决策单元资源投入产出效率情况。本文选择 DEA-BCC 模型进行协同创新中心投入与产出变量的研究,主要原因是该方法在计算出协同创新中心投入与产出的效率的同时,能够对提高创新效率提出改进方向。通过评价,探讨绩效差异的原因,并进一步提出优化资源配置的对策,可为政策决策部门在推进"2011 计划"时提供决策参考,也可为被评价的牵头高校找出中心建设中的制约性因素,有针对性地进行创新投入,提升创新投入产出效率。

3. 评价指标选择

根据"2011 计划"对协同创新中心提出的"人才、学科、科研"三位一体协调发展的综合使命,对其绩效评价从三个维度设计:一是人才团队建设绩效;二是支撑学科建设情况;三是国家急需的原始创新成果。我们对河南省协同创新中心建设周期验收获取的指标进行取舍,选择了对"三位一体"高度相关的 5 个产出指标和 3 个投入指标,从而增加绩效评价的准确性和科学性。在投入指标上,选取了省拨财政经费实际支出、牵头高校对协同创新中心的投入、牵头高校与协同单位资源共享情况三个指标;在绩效产出方面,选取了中心在四年建设周期内获得的省部级以上奖励数、发表文章数、支撑学科发展情况、创新人才汇聚培养、培养硕士研究生数五个指标进行研究。其中发表文章指被 SSCI、SCI、EI、CSSCI 收录的文章;支撑学科发展指四年建设周期内牵头单位新增与协同创新中心相关学科进入 ESI 前1%的数量、省级优势特色学科、省级及以上重点学科、新兴交叉学科、学位授予点总和;创新人才汇聚培养指建设周期内引进了培养的万人计划、杰青、优青等国家级创新人才;资源共享指与协同单位共享的实验室、电子数据库、创新平台总数。

4. 研究方法

利用 deap 2.1 软件对数据进行处理,选择投入主导型模型对 30 个协同创新中心的科技资源配置效率进行测算,得出 30 个省级协同创新中心综合效率(crste)、纯技术效率(vrste)、规模效率(scale)和总体创新效率平均值;并对不同类型和批次的协同创新中心计算出平均综合效率(crste)、纯技术效率(vrste)和规模效率(scale);从不同维度对 30 个协同创新中心的投入、产出效率进行分析,总结协同创新中心建设的经验,找出存在的问题,为协同创新中心建设和河南省乃至全国"2011 计划"深入实施提供决策建议。

三、协同创新中心创新效率评价及分析

1. 河南省协同创新中心投入产出基本情况分析

30 所河南省协同创新中心基本投入产出数据,见表 3-6。总体来看,30 个协同创新中心在创新资源投入的分布上是极为不均衡的,ZX11 和 ZX18 两个中心在牵头高校投入指标方面位居前两名,投入经费过亿元,而投入最低的 ZX24 仅 400 万,差异巨大;在资源共享投入方面,河南科技大学牵头的两个中心 ZX16、ZX17 占据前两名;从创新产出来看,各个协同创新中心之间的分布同样是极为不均衡的。在获得省部级以上奖励数、发表文章数、学科发展、创新人才汇聚培养、硕士研究生培养五个指标中,ZX4、ZX12、ZX21、ZX26、ZX1 五个中心占据第一位。五项产出指标最高的中心分别约为产出最低中心的33.5、24.4、11、44 和 170 倍;ZX1、ZX8、ZX11、ZX19、ZX21 五个中心在不考虑投入的情况下,产出的各项指标均高于平均值,是创新产出最多的协同创新中心。

表 3-6 30 个河南省协同创新中心基本投入产出数据

中心序号	奖励(项)	论文(篇)	学科发展	创新人才培养(人)	研究生培养	牵头高校投入(万元)	财政经费支出(万元)	资源共享
ZX1	15	460	6	21	2896	9800	1200	36
ZX2	22	134	6	6	467	2070	100	19
ZX3	13	42	3	9	175	500	1000	5
ZX4	67	127	9	1	926	1050	593	49
ZX5	13	74	5	6	320	500	316	7
ZX6	5	77	2	9	280	500	972	6
ZX7	20	86	5	10	600	1698	1625	17
ZX8	38	210	3	19	563	1000	700	8
ZX9	13	345	5	2	254	1159	497	4
ZX10	5	277	2	12	246	500	450	9
ZX11	34	137	5	24	1552	14 960	800	31
ZX12	16	1024	12	11	560	4620	932	33
ZX13	4	124	1	10	217	500	1080	11

中心序号	奖励(项)	论文(篇)	学科发展	创新人才培养（人）	研究生培养	牵头高校投入（万元）	财政经费支出（万元）	资源共享
ZX14	2	100	6	9	260	1800	757	28
ZX15	9	453	7	34	298	2000	980	29
ZX16	35	120	10	17	842	1000	1000	97
ZX17	24	153	7	33	386	2840	980	88
ZX18	32	86	9	4	229	10 064	1000	10
ZX19	29	145	6	9	520	6950	904	15
ZX20	5	134	6	7	186	6730	772	8
ZX21	42	289	22	23	311	2358	608	57
ZX22	16	60	1	8	60	1000	1250	25
ZX23	25	92	15	8	363	1160	1056	6
ZX24	7	69	14	10	251	400	900	36
ZX25	12	90	4	15	131	1450	485	20
ZX26	34	164	4	44	187	1000	1049	45
ZX27	4	180	5	6	60	1000	1800	5
ZX28	7	146	5	9	150	4500	809	16
ZX29	7	72	5	17	172	3500	1100	16
ZX30	9	44	4	10	17	5600	545	32

2. 协同创新中心创新效率的差异及变动趋势

从表 3-7 可以看出：30 个协同创新中心有 16 个中心的综合效率为 1，DEA 有效，表明这 16 个中心的创新活动和技术方面较为领先，投入产出比例相对合适，协同创新中心的创新效率达到了较为理想的水平。在纯技术效率方面，共有 17 个中心的纯技术效率为 1，说明这 17 个中心的资源利用效率已经达到了最优化，没有资源浪费的现象。从综合效率和规模收益两个指标来看，除 6 个中心其他 24 个协同创新中心的规模收益处于递增或不变的状态，说明河南省大部分协同创新中心建设处于快速发展或者稳定阶段。平均规模效率为 0.966，明显高于技术效率，说明建设协同创新中心产出绩效更多的是依靠创新要素投入。河南农业大学三个中心全部处于规模收益递减状态，处于规模收益递减状态的还有 ZX16、ZX20 和 ZX29 三个中心，对于这 6 个中心，恰恰均是前期创新资源投入都比较大，但从创新效率这个维度来看并不理想。从规模报酬来看，有 6 个中心规模报酬处于递减状态,即这6个中心应该减少科技资源的投入量,以提升中心的综合效率;有8个中心处于规模报酬递增阶段,应该增加科技资源的投入量,以此来提升整个中心的综合效率。

表3-7　河南省30个省级协同创新中心第一轮建设创新效率

序号	综合效率	技术效率	规模效率	规模收益	序号	综合效率	技术效率	规模效率	规模收益
1	1.000	1.000	1.000	不变	16	0.528	0.529	0.999	递减
2	1.000	1.000	1.000	不变	17	1.000	1.000	1.000	不变
3	0.971	1.000	0.971	递增	18	1.000	1.000	1.000	不变
4	1.000	1.000	1.000	不变	19	1.000	1.000	1.000	不变
5	1.000	1.000	1.000	不变	20	0.819	0.940	0.871	递减
6	1.000	1.000	1.000	不变	21	1.000	1.000	1.000	不变
7	0.847	0.972	0.871	递增	22	0.475	0.476	0.998	递增
8	0.454	0.462	0.981	递增	23	1.000	1.000	1.000	不变
9	1.000	1.000	1.000	不变	24	0.461	0.507	0.909	递增
10	1.000	1.000	1.000	不变	25	0.834	0.885	0.942	递增
11	0.770	0.832	0.926	递减	26	1.000	1.000	1.000	不变
12	0.840	0.848	0.991	递减	27	1.000	1.000	1.000	不变
13	0.663	0.673	0.985	递减	28	1.000	1.000	1.000	不变
14	0.670	0.727	0.922	递增	29	0.600	0.674	0.890	递减
15	0.378	0.532	0.711	递增	30	1.000	1.000	1.000	不变
平均						0.844	0.869	0.966	

3.省级协同创新中心分批次创新效率差异分析

从2012年开始,河南省共进行了三轮协同创新中心集中认定工作,为了研究不同批次协同创新中心创新效率的差异,将30个中心按照认定的批次不同,分开进行比较。样本中第一轮认定的有13个中心,第二轮为11个中心,第三轮为6个。表3-8分析表明,三个批次的中心的综合效率和技术效率均是第三批大于第二批,第二批大于第一批,规模效率是第三批大于第一批,第一批大于第二批,但平均值差异并不明显。从规模收益情况来看,收益递增的中心共有8个,分别占三个批次中心比例的38.5%、37.5%和0,说明这部分中心未达到最适规模且规模收益处于递增趋势,在第二轮建设中要增加对中心的投入,从而提升规模效率,进而提高整个协同创新中心的综合效率;收益递减的中心有6个,表明投入产出未达最优水平且规模效率处于递减趋势,在下一轮建设中增加投入并不会提高规模效率和综合技术效率。对于收益递减的6个中心,注重创新资源的合理配置和体制机制改革,通过内部挖掘提升其总体效率。

表3-8 河南省30个省级协同创新中心第一轮建设分批次创新效率差异分析

序号	批次	综合效率	技术效率	规模效率	总体效率		规模收益		
					有效	非有效	递增	不变	递减
1	第一批	0.824	0.846	0.974	6	7	5	6	2
2	第二批	0.848	0.883	0.948	6	5	3	6	2
3	第三批	0.877	0.891	0.979	4	2	0	4	2

4. 协同创新中心创新分类型投入、产出效率差异分析

为了探讨不同类型中心的投入产出效率,将样本分进行分类型讨论。从表3-9可知,科学前沿类型的中心综合效率最高,说明科学前沿类型的中心依靠管理和技术提升了综合效率,而文化传承类型的中心是依靠人力、财力等增加投入提升了综合效率。从规模收益来看,科学前沿类型中心全部未达到最优规模且规模收益处于递增趋势,表明在下一步建设中要适当增加投入,不断提升中心的规模效率进而提高综合效率;其他三个类型的中心,规模收益不变的中心均占到四个类型的50%以上,没有达到最优规模且规模收益处于递增趋势的中心分别占行业产业、国计民生、文化传承三个类型中心的18.8%、12.5%、33.3%,在建设中要注重增加其投入;处于规模收益递减的中心主要存在于行业产业和国计民生两个类型,其中行业产业类型较多,究其原因,一方面这两种类型的中心在建设过程中需要较大的投入,影响了其产出绩效,另一方面也说明技术创新产出不够,存在投入要素冗余和产出不足现象。

表3-9 河南省30个省级协同创新中心第一轮建设分类型创新效率情况

序号	类型	综合效率	技术效率	规模效率	总体效率		规模收益		
					有效	非有效	递增	不变	递减
1	行业产业	0.821	0.847	0.963	8	8	3	8	5
2	国计民生	0.883	0.898	0.975	6	2	1	6	1
3	文化传承	0.818	0.821	0.994	2	1	1	2	0
4	科学前沿	0.909	0.986	0.921	0	2	2	0	0

5.结论分析

利用数据包络线分析(DEA)DEAP Version 2.1 软件对河南省协同创新中心投入产出效率进行研究,得出以下结论:一是河南省大部分协同创新中心建设处于快速发展或者稳定阶段,30 个中心有 24 个协同创新中心的规模收益处于递增或不变的状态,协同创新中心建设成效明显;二是协同创新中心总体处于低效率低增长的稳定发展阶段,16 个中心规模收益处于不变状态,虽然发展较为稳定,但是低效率发展模式不改变,随着第二轮建设,中心的创新效率会越来越低。三是 30 个中心的平均规模效率为 0.966,明显高于技术效率,协同创新中心产出绩效更多的是依靠创新要素投入,创新效率还不够理想,在后续建设中,要合理分配创新资源分配,切实提高技术效率,把握好协同创新中心研发活动的整体规模,避免规模过量导致资源的浪费。四是不同类型和不同批次认定的协同创新中心,创新总体效率有较大的差异,科学前沿类型的中心创新效率显著高于其他类型,第三批认定的中心总体效率大于第二批,第二批又大于第一批。

第四节　协同创新中心对创新资源集聚能力的提升路径

协同创新中心建设对支撑创新资源集聚作用巨大。目前,我国开启了现代化建设的新征程,正在向第二个百年奋斗目标进军。省委、省政府立足新发展阶段、贯彻新发展理念、紧抓构建新发展格局战略机遇,旗帜鲜明地提出实施创新驱动、科教兴省、人才强省战略,是顺应河南经济发展阶段性规律、解决制约现代化河南建设短板瓶颈的重大战略决策。创新资源集聚能力将是我省实现"两个确保"战略目标,奋力开启现代化河南建设新征程的保障。

一、以创新平台建设为契机,推动创新资源向协同创新中心集聚

河南省协同创新中心的汇聚作用明显,重大需求的凝练、用人制度限制的打破,人才跨单位的流动,科研评价机制的改变等正在从根本上改变高等教育管理和创新理念。科技创新平台建设是协同创新中心建设的重要内容,是科技创新体系的重要支撑,也是推动创新资源要素集聚的重要牵引。通过建设协同创新中心,集中布局一批国家级、省级重点实验室和工程技术研究中心,在优势技术领域集中突破一批关键共性技术和前沿

引领技术；围绕主导产业，加快建设多层次创新平台，不断放大资源集聚效应。同时要提升创新平台内在资源共享能力和水平，提高创新资源集聚力。各种基础研究、应用研究、科技服务平台载体间只有形成有效配套和相互融合机制，才能带动产业化水平提升，实现创新资源集聚水平的质变。要加强创新平台配套建设，聚焦战略需求和产业发展实际，加强重点实验室、新型研发机构、"双创"、科技公共服务平台等载体配套建设，打造相互支撑、富有活力的创新平台体系，推动平台间错位互补发展格局的形成。同时，鉴于科学研究探索的未知性和厚积薄发的科研规律，特别是结合目前国家正在实施的"双一流"建设战略，对于符合国家战略和区域急需的中心，在四年建设周期结束后均要给予持续支持，在建设的过程中，要注重汇聚国外本领域领军人才和学有所成的出国留学人员参加，以利于建立一支稳定的研究队伍。

二、以"2011计划"建设目标为遵循，整合各中心资源配置

针对协同创新中心评价过程中仍然把论文成果作为绩效评价的核心指标、忽视对经济发展的贡献度的现实，在建设中，要做好中心的顶层设计，在发展方向上要面向国内外科技发展前沿、面向国民经济建设主战场、面向国家和区域经济发展重大需求，加强战略研究和预先培育，开展有组织创新；在发展目标上，要密切关注河南经济社会发展的重大需求，进一步凝练中心发展方向，积极承担国家科技计划任务，不断提升解决急需问题的能力，充分发挥协同创新中心在新常态下经济发展的引擎作用。30个协同创新中心投入产出效率分析表明，协同创新中心对提升高校"三体一位"创新能力贡献巨大，但投入产出效率差异较大。因此，对于科学前沿类型中心，在下一步建设中要注重投入的增加，对于行业产业和国计民生两个类型的中心，要通过体制机制改革和内部挖潜，充分释放和激发创新活力。总体来讲，要更加重视协同创新中心创新效率的提升，从省级管理层面和高校层面赋予中心特区地位，在经费上支持、政策上倾斜，特别是对于没有达到最优规模且规模收益处于递增趋势的中心，要增加对中心的投入，以充分释放和激发创新活力，形成协同创新的长效机制。

三、以"三位一体"创新能力提升为目标，汇聚领军人物

在协同创新中心建设中，协同创新中心及牵头高校要围绕国家和区域发展重大需求为导向，凝练重大协同创新任务，把协同创新中心建设成为具有国际国内重大影响的学术高地、行业产业共性技术的研发基地、区域创新发展的引领阵地和文化传承创新的主

阵营,为国家及河南省经济转型、产业升级做支撑。要引导高校加大校级协同创新中心的培育力度,把校级协同创新中心建设纳入省里统一管理,引导校级中心和企业一起解决企业发展中的瓶颈问题,并通过企业快速转化到市场,为校级协同创新中心快速发展奠定良好的基础。要及时分析各创新要素对学科建设支撑存在的问题,多措并举,多策并施,充分发挥协同创新中心的人才汇聚作用,支撑优势特色学科、重点学科建设,并带动交叉学科的发展,实现人才培养、学科建设、科学研究"三位一体"创新能力协调发展。同时,研究表明,协同创新中心总体处于低效率、低增长的稳定发展阶段,半数以上的中心规模收益处于不变状态,平均规模效率明显高于技术效率,说明协同创新中心产出绩效更多的是依靠创新要素投入,创新效率还不够理想。因此,在协同创新中心建设中,要聚焦国家和区域经济社会发展急需,把继续凝练主攻方向作为首要任务,通过任务导向汇聚领域内的领军人物,持续在本领域重大理论问题和关键技术取得突破,充分发挥协同创新中心在"学科建设、人才培养、科学研究"三位一体协同发展中的作用,不断提升协同创新中心的原始创新能力。

四、以协同创新中心两大任务为引领,推进体制机制改革

作为"2011计划"两大任务之一,体制机制改革一直是"2011计划"深入推进的难点。目前存在的问题是从上到下都在呼吁要深入推进协同创新中心的体制机制改革,并为高校科技体制改革探索经验,但从以上分析可知,规模收益递减的中心还占较大比例,此类型的中心低效率的原因很大程度上是中心的资源投入过大或者产出严重不足造成的,因此中心应减少投入,通过体制机制改革来提升商品化效率。下一步建设中,国家各部委和省级行政管理部门在"2011计划"推进中要有"一盘棋"的思想,减少协同成本,给协同创新中心实质性的放权,保证中心"改革特区"地位真正实现。政府主管部门要与科技、财务、税务等部门形成会商机制,做好政策特区的顶层设计,避免政策打架;牵头高校要敢于担当,勇于创新,支持中心在合理、合法、合规的前提下,建立协同创新中心特区,营造有利于协同创新中心运行的政策环境。协同创新中心要依据中心特点,在引才聚才、创新人才培养、优化资源配置、绩效评价等方面大胆探索,充分释放人才、学科、科研等方面的活力,在充分借鉴国外协同创新经验的基础上,形成百花齐放、百家争鸣的协同创新建设模式;要注重特色凝练,形成中心三位一体的"硬实力"与"软实力"互为促进、共同发展的态势;要加大宣传力度,营造良好氛围,持续提升"2011计划"的知名度、美誉度和影响力,不断增强协同创新中心的软实力和可持续发展能力。

五、以机制创新为重点，把立德树人作为中心建设的重要任务

立德树人作为教育的根本任务，其全局性、时代性和系统性的特点，需要多领域、多维度、多学科的协同创新，而协同创新中心在提升高校"三位一体"创新能力的同时，终极目标是实现立德树人的教育根本任务，两者是相辅相成、相互统一的。在"2011 计划"推进过程中，教育主管部门要修订完善协同创新管理办法，出台立德树人融入协同创新中心建设全过程的指导性意见，把立德树人成效纳入协同创新中心绩效评价中去，通过完善绩效评价和目标导向机制，引导各协同创新中心注重协同育人，在建设过程中实现立德树人的根本任务；各牵头高校在制订协同创新中心发展规划时，要把立德树人这一根本任务作为协同创新中心"三位一体"的重要环节，将体制机制改革的设计、政策的倾斜、培养目标的实现等方面纳入发展规划中，并严格考核落实，确保立德树人在协同创新中心建设中落实、落细；各协同创新中心在建设过程中，要充分发挥"改革特区"和"试验田"的作用，把立德树人融入协同创新中心建设的全过程，探索通过协同创新中心建设提升立德树人成效的路径、措施和方法，在不断提升协同创新中心人才培养质量的同时，为高校立德树人宏伟目标的实现提供思路和借鉴。

附：实践案例选登

河南粮食作物协同创新中心组建于 2012 年 5 月，2012 年 9 月 25 日被认定为河南省协同创新中心，2013 年 4 月 11 日被教育部认定为 14 个国家首批"2011 协同创新中心"之一。河南粮食作物协同创新中心紧紧围绕粮食增产、农业增效、农民增收，以小麦玉米两熟作物产前、产中、产后重大科学技术需求为牵引，以小麦玉米两熟高产高效为目标，重点开展良种良法配套、农机农艺融合、资源高效利用、绿色储藏与高效加工等技术协同攻关，创新机制体制，优化整合资源，汇聚创新团体，不断提升小麦玉米的科技创新能力、综合生产能力、市场竞争能力和可持续发展能力，全力打造区域特色鲜明、开放有序、运行高效的国家级协同创新中心，建设成为现代粮食产业拔尖创新人才和卓越技术人才的培养基地、科技创新的依托基地、高新技术的孵化基地、发展战略的研究基地和区域创新发展的引领阵地。河南粮食作物协同创新中心能够首批入选国家级协同创新中心，是河南高校科技工作的重大突破，也是河南高教发展史上的里程碑。

为了大地的丰收 | 河南粮食作物协同创新中心建设纪实（节选）

（原载于《大河报》2018年11月14日）

"河南粮食作物协同创新中心"（以下简称"中心"）是按照教育部、财政部"高等学校创新能力提升计划"（即"2011计划"）文件精神，在河南省人民政府主导下，由河南农业大学作为牵头单位，河南工业大学、河南省农业科学院、河南科技学院、北京奥瑞金种业股份有限公司、河南永优种业科技有限公司、河南平安种业有限公司作为协同体单位共同组建而成。2012年9月被认定为首批河南省协同创新中心；2013年5月被教育部、财政部认定为首批国家级"2011协同创新中心"。

河南粮食作物协同创新中心获得国家授牌意义非同寻常，2013年7月28日出版的《河南日报》这样评述：这标志着河南农业大学和北京大学等其他13所牵头高校一起，作为"2011计划"首批领航员，担当起提升国家创新能力和竞争力的战略重任。河南省人民政府专门发文（豫政〔2013〕17号），将中心作为全省协同创新先行先试的特区，从人事政策、专项经费、基地建设、项目平台、社会服务五个方面给予强力支持。2014年5月9日，中共中央总书记习近平来到尉氏县张市镇小麦高产示范区视察，听取中心主任郭天财教授汇报后，赞誉并叮嘱："河南农业，特别是粮食生产是一大优势、一张王牌，这个优势、这张王牌任何时候都不能丢。"2015年9月24日，国务院总理李克强赴河南粮食作物协同创新中心设在长葛市的"三万亩现代农业试验区"视察调研，强调："农业稳，百业安。要大力发展现代农业，加快农业发展方式转变和结构调整。"2015年3月20日，国务院副总理汪洋赴河南粮食作物协同创新中心设置在漯河市郾城区的小麦高产示范田调研。中心主任郭天财教授现场汇报小麦苗情长势和春管情况，介绍小麦高产经验。

中心依据重大协同创新任务需求，创新采用"定岗位——按需设岗；定条件——竞争上岗；定任务——目标管理；定考核——绩效评价；定奖励——优劳优酬"的"五定"全员聘用管理制，面向国内外公开招聘程顺和院士、袁隆平院士和美国玉米遗传学会前主席Thomas P. Brutnel教授分别担任中心小麦、水稻和玉米首席科学家；聘请中国工程院院士赵春江、国家杰青获得者张爱民、国家"973"计划首席科学家张佳宝等粮食作物科技创新人才担任岗位专家，显著提升了中心人才队伍整体水平和协同创新能力。

中心把建设"中原特色、国内一流、易于复制"的"2011计划现代农业试验区"作为重大协同创新任务的"一号工程"，由省政府统筹，聘请国家农业信息化工程技术研究中心赵春江院士团队对试验区做出了"五区一心一环"（即农机农艺融合试验区、现代农艺技术试验区、良种良法配套试验区、农业物联网试验区和现代农业经营示范区;农业科技综合服务中心;沿主干道的现代农业科普展示环)的总体规划方案。许昌长葛市政府把该试验区列为全市十大重点建设工程的首位,投入1.15亿元,对试验区农田设施进行改造提升。农业产业化龙头企业豫粮集团负责试验区内土地流转和粮食产后收储、加工,探索"地方政府主导、中心技术支撑、企业运作、农户参与"的政产学研用产业化经营协同运作模式。依据建设规划方案,中心按照"高起点规划、高标准建设、高质量运行"的要求,组建了由农机、农艺、信息化等学科专家组成的现代农业创新平台,并与当地农业技术人员密切合作,开展试验区农机农艺信息三融合、农业物联网、小麦玉米高产高效农艺集成、地力提升、新品种繁育展示和现代农业科普长廊等建设,并已取得明显成效,试验区内小麦玉米生产全程机械化率达到100%,生产管理精准化达到100%,农业信息化覆盖率达到100%,科技进步贡献率达到68.3%。全国政协、农业部、水利部、国家林业局等先后在试验区召开现场会,将该试验区赞誉为"长葛模式",新闻媒体曾多次给予报道。

中心认定以来,岗位专家主持获国家科技进步一等奖1项、二等奖4项,中心骨干参与获得国家科技进步二等奖2项;岗位专家主持获河南省科技进步一等奖4项;中心副主任卡科教授主持修订的"ISO7970:2011 小麦-规格"获中国标准创新贡献奖一等奖。中心还汇聚国家重点研发计划、国家科技支撑计划、公益性行业科研专项和省部级重大科研项目等400多项,总经费4.8亿元。

中心首批入选国家"2011计划"在全社会引起了强烈反响,并入选为"全省经济社会发展十个重大突破性事项"受到河南省委、省政府嘉奖。中心认定以来取得的建设成效和运行管理经验,在教育部组织的全国性会议上做5次典型发言,全国先后有216所高校专程来中心考察学习。2014年4月9日,国务院原副总理刘延东、教育部副部长杜玉波等领导来中心视察调研并给予高度评价。《光明日报》《河南日报》等媒体对中心取得的成效多次给予重点宣传报道,取得了良好的社会效益。

(责任编辑:王文玉)

第四章

一流创新生态对创新资源集聚的影响

随着世界百年未有之大变局加速演变,其对全球的深度影响仍在发展,科技创新的内涵和边界不断变化,创新主体、市场、制度、客户的需求愈加多样化,创新环境也愈加动态化和复杂化。面临这样的社会背景演变,任何组织无法拥有发展所需的全部资源和技术,组织外部资源依赖性加强化。通过打造一流创新生态,加快创新资源集聚,汇聚高质量发展新动能,这也是本章需要探讨的问题。

第一节　河南省构建创新生态系统的现状

党的十八大以来,河南省委省政府坚持把创新摆在发展的逻辑起点、现代化建设的核心位置,实施以创新驱动、科教兴省、人才强省战略为首的"十大战略",加快构建一流创新生态,全力建设国家创新高地,取得了一批在全国具有重大影响的科技成果,突破了一批面向国家重大需求的关键核心技术,科技创新支撑经济社会发展的能力进一步提升。这一时期成为河南科技创新实力提升最快、创新成果产出最多、对经济社会发展贡献最大的时期。

一、河南省科技创新取得的成绩

1.科技创新制度政策持续优化

2021 年 9 月 24 日,河南省"构建一流创新生态 建设国家创新高地"新闻发布会上,省委省政府对我省的科技创新工作进行了明确的部署,明确提出下一步我省的科技创新工作重点。在领导体制上,成立了省级科技创新委员会,楼阳生书记和王凯省长同时担任主任,是加强党对科技创新工作统一领导、汇集资源整合力量、塑造科技创新优势的重大制度安排,优化了我省科技创新的决策机制,为我省建设国家创新高地提供了坚强的组织保障。在发展思路上,坚持"两头抓",一头抓国家战略科技力量部署和对接,努力成为国家战略科技力量的重要组成部分,一头抓产业技术创新和全社会创新创造,强化高质量发展的科技支撑,营造创新活力迸发的一流创新生态。在战略目标上,突出"起高峰、夯高原、补洼地",提出实现"五个突破",即国家级重大创新平台实现突破、国家大科学装置实现突破、世界一流学科实现突破、重大前沿课题研究实现突破、重大原创性成果实现突破。在培育重要战略科技力量上,提出了整合重组实验室体系、重建重振省科学院、支持郑州大学与河南大学"双一流"建设等战略部署。2021 年 12 月,省委省政府下发了《关于加快构建一流创新生态建设国家创新高地的意见》,以敢为人先的锐气和胆识,以"不进则退、慢进亦退、不创新必退"的历史使命感和责任感,以前瞻 30 年的格局和视野提出 2035 年把河南建成国家创新高地的远景目标。2022 年 11 月 26 日,河南省十三届人大常委会第三十六次会议表决通过了《河南省创新驱动高质量发展条例》,这是我省首次为创新立法。短短一年多,河南省委、省政府在我省创新驱动发展战略上实招频出,充分体现了省委省政府把创新摆在发展的逻辑起点、现代化建设的核心位置,全力建设国家创新高地的信心与决心,向全省释放出了省委省政府要下大力气狠抓创新的鲜明信号。省科创委会议审议通过的《实施"创新驱动、科教兴省、人才强省"战略工作方案》,为国家创新高地建设拿出了规划图和路线图,下一步就是要引导好、组织好、调动好全社会各方力量,将规划图和路线图变为施工图。

2. 高层次人才引进力度不断加大

围绕省科学院重建重振、实验室体系重塑、"双一流"高校建设和产业发展需求,采取"以才引才、以情引才"的方式,遵循"不求所有、但求所用"的原则,打造"老家河南"引才品牌。深入实施顶尖人才突破行动、领军人才集聚行动、青年人才倍增行动、潜力人才筑基行动等,用好"中国·河南招才引智创新发展大会"平台载体,发挥河南省人才集团市场化引才作用。坚持系统升级、全面优化、集成创新、重点突破,不断完善升级人才政策体系,制定出台以《关于加快建设全国重要人才中心的实施方案》为引领,涵盖引才措施、推进机制、服务配套等人才工作各环节、全链条的"1+20"一揽子人才引进政策措施,大力实施顶尖人才突破行动、领军人才集聚行动、青年人才倍增行动、潜力人才筑基行动等"八大行动",努力打造人才汇聚新高地、人才创新优选地、人才活力迸发地。聘请中国科学院院士李蓬、张锁江分别担任郑州大学、河南大学校长。根据需要和实际,向用人主体授权、为人才松绑,给予科研单位更多自主权,赋予科学家更大技术路线决定权和经费使用权。实行"揭榜挂帅""赛马"等制度,推行技术总师负责制、经费包干制、信用承诺制。加快建立以创新价值、能力、贡献为导向的人才评价体系,畅通高层次人才职称评聘"绿色通道",坚决破除"唯论文、唯职称、唯学历、唯奖项"现象。通过持续实施中原英才计划,我省形成了中原青年拔尖人才、中原科技创业领军人才、中原科技创新领军人才、中原学者的人才梯次培育体系,截至2021年初,全职在豫"两院"院士达到24人,先后培育中原学者73人,其中8位中原学者当选为院士,建设了12个中原学者科学家工作室和30家中原学者工作站。这些一流创新人才为我省科技创新提供了智力支持和保障。

3. 科技创新成果持续涌现

近年来,我省坚持以构建自主创新体系为主导推进创新驱动发展为根本遵循,启动实施创新驱动发展提速增效工程,以郑洛新自创区作为带动全省创新发展的核心载体,以培育引进创新引领型企业、平台、人才、机构"四个一批"作为中心任务,坚持"四个面向",前瞻部署战略性技术研发项目,整合优势资源联合攻关,努力取得迭代性、颠覆性、原创性科技成果,高质量的科技创新成果持续涌现。在超大直径硬岩盾构、燃料电池客车、光互连芯片、高性能铜合金、350公里高铁轴承等一批关键核心技术实现新突破,盾构机、新能源客车、光通信无源芯片、超硬材料等产业的技术水平和市场占有率均位居全国首位;我国第一个拥有完全自主知识产权并具有全球专利的1.1类治疗新冠肺炎小分子口服特效药——阿兹夫定获批上市;"钎料无害化与高效钎焊技术及应用"项目,解决了传统钎焊制造中长期存在的能耗高、效率低及可靠性差等技术难题;"高产优质小麦新品种郑麦7698的选育与应用"项目亩产超过700公斤,解决了我国优质强筋小麦产量普遍低于普通高产品种的难题,小麦、玉米、花生、芝麻、棉花等品种选育居全国领先水平,郑麦9023、矮抗58、郑单958先后成为我国第一大小麦、玉米种植品种;五年来获得国家奖98项,其中,国家自然奖1项、技术发明奖12项、科技进步奖85项。培育了宇通客车、中铁装备、中信重工等100家创新龙头企业。辉煌科技、华兰生物等21家企业持续做优做大,成长为省创新龙头企业,建龙微纳、仕佳光子、翔宇医疗、金冠电气等成为科创板上市企业。

4. 创新平台能级不断提升

科技创新平台是科技创新体系的核心内容,在集聚创新资源、汇聚创新资本、凝聚创新人才、孵化创新企业、促进科技成果转化等方面发挥着关键作用。省委书记楼阳生在调研科技创新工作时强调,河南建设国家创新高地,要对接国家战略科技力量体系,争取在建设国家实验室和国家重点实验室、国家大科学装置、国家工程研究中心等方面实现突破;要重新审视谋划全省创新体系建设,整合、重塑、改造、提升原有创新平台。近年来,河南省在创新平台建设方面成效显著,2021年7月17日,河南首家省实验室嵩山实验室揭牌成立,我省迈出搭建一流创新平台的第一步。随后的一年多来,神农种业、黄河、龙门、中原关键金属、龙湖现代免疫、龙子湖新能源、中原食品等省实验室相继揭牌成立。2022年11月,天健先进生物医学实验室和平原实验室获批建设,我省省实验室总数达到10家,在种业创新、新能源、食品、生物医学等领域纷纷注入创新发展的强心剂。国家超算郑州中心投入运营,国家农机装备创新中心、国家生物育种产业创新中心、食管癌防治国家重点实验室、作物逆境适应与改良国家重点实验室等"国字号"创新平台获批建设。截至2021年初,省级工程技术研究中心超2400个,省级新型研发机构超100个,重大新型研发机构16个,建设省技术创新中心14个,省野外科学观测研究站17个,省临床医学研究中心9个,省国际联合实验室251个。2021年10月16日,省高端装备中试基地、省环保与精细化工新材料中试基地、省生物医药CXO一体化中试基地、省食品加工中试基地、省轻质金属材料中试基地、省纳米材料中试基地、省新能源电池中试基地、省智能传感器中试基地等首批8家河南省中试基地挂牌,对未来我省科研成果产业化起到不可替代的重要作用。

5. 技术交易持续攀升

技术交易是实现技术创新、技术转移、技术转化和技术产业化的重要内容和重要手段,是实现"创新河南"和河南制造业高质量发展的重要支撑,有利于促进产学研政金的一体化发展、协同发展和融合发展。截至2021年初,全省18个省辖市(区)设立了技术市场管理办公室,在国家火炬中心备案设立了130家技术合同登记站,总数居全国前列,全省专业技术市场超过10家,培育了109家省级技术转移示范机构和102家省级新型研发机构。2020年,全省技术合同成交额达到384.50亿元,平均每项技术合同成交额327.20万元,技术合同成交额占全省GDP的比重达到6.99‰,科技成果转移转化在国民经济中的地位显著提升,技术转移转化实现了量质"齐升"。截至2020年底,河南省科技成果转移转化公共服务平台入库国内外技术成果信息23 293项、省内技术需求信息5656项、高层次人才信息11 759项,优化技术供需信息匹配推荐功能,开展常态化线上线下对接服务,征集梳理我省企业重点技术需求1100多项,通过平台面向省外知名高校和科研机构发布对接,征集筛选省内外知名高校和科研机构优秀技术成果5000余项,通过平台面向我省需求企业发布推介,累计促成供需信息对接1000余项,提高了技术供需对接效率与服务水平。

6. 一流创新生态建设上升到战略高度

一流创新生态是科技创新赖以存续和发展的基础、条件和环境。2021年9月7日召开的河南省委工作会议上,省委作出了锚定"两个确保"、全面实施"十大战略"的重大决策部署,并把创新驱动、科教兴省、人才强省战略作为十大战略之首,把创新摆在发展的逻辑起点、现代化建设的核心位置,明确了建设国家创新高地的定位。持续强化"建设一流创新平台,凝练一流创新课题,培育一流创新主体,集聚一流创新团队,创设一流创新制度,厚植一流创新文化,打造一流创新生态",加快政、产、学、研、金、服、用深度融合。随后出台了《关于加快构建一流创新生态建设国家创新高地的意见》,明确了2021年完成创新生态建设的顶层设计,2023年一流创新生态不断完善,国家创新高地建设加速推进,2025年一流创新生态基本形成,2035年基本建成国家创新高地的目标。在战略目标上提出实现"五个突破",即国家级重大创新平台实现突破、国家大科学装置实现突破、世界一流学科实现突破、重大前沿课题研究实现突破、重大原创性成果实现突破。工作任务上,突出"七抓",即抓创新平台、抓创新主体、抓创新项目、抓创新载体、抓创新人才、抓体制机制、抓创新布局。总体来讲,省委省政府拿出真招实招硬招,加快一流创新生态建设。并研究出台了《关于汇聚一流创新人才加快建设人才强省的若干举措》《关于加快构建一流创新生态建设国家创新高地的意见》等文件,力争通过健全政策、保障经费、激活机制等途径,把创新生态这个系统工程建设好。

二、河南科技创新驱动高质量发展存在的问题

原河南省社会科学院院长、现任河南省人民政府参事张占仓研究员在2022年第四期《区域经济评论》杂志上发文《河南经济创新驱动高质量发展的战略走势与推进举措》,对河南科技创新驱动高质量发展存在的短板进行以下总结分析:

1. 研发投入强度不足

2017年9月,河南省人民政府办公厅《河南研发投入提升专项行动计划(2017 — 2021年)》提出,到2018年,全社会研发投入达到600亿元左右,占生产总值比重达1.3%以上。到2021年,河南全社会研发投入强度力争赶上全国平均水平。实际上,2018年河南研发投入强度达1.40%,较好完成了原方案提出的年度目标。但是,当年全国研发投入强度升至2.19%,北京、上海、天津、重庆分别达到6.17%、4.16%、2.62%和2.01%,广东、江苏、浙江、山东、福建分别达到2.78%、2.70%、2.57%、2.51%和1.80%。河南与全国平均水平相比差距比较大,与先进省市相比差距更大。同是地处中部的安徽、湖北、湖南、江西等研发投入占比已分别升至2.16%、2.09%、1.81%和1.41%,连地处西部的陕西、四川已升至2.18%和1.81%。与之相比,河南GDP仍居全国第5位,与研发投入强度居全国第16位非常不匹配。2021年,全国研发投入强度达2.44%,而河南仅

为 1.68%，同年北京、上海、广东、浙江、山东则分别达到 6.0%、4.1%、3.1%、2.9% 和 2.3%，差距依然较大。因为研发投入不足，直接影响了河南创新能力提升。在《中国区域创新能力评价报告 2021》排名中，河南居第 14 位。当地创新资源最为集中的省会郑州，在 2021 年全国科技创新百强市排名中只列全国第 13 位。河南至今有三个科技领域为零的弱项，分别是国家实验室、国家技术创新中心、国家大科学装置。高层次创新平台较少，导致关键核心技术攻关能力不强。原始性创新能力薄弱，缺乏在国内外有重大影响的原始性创新。近些年，在国家实验室、大科学装置等科技创新的高端领域，不要说沿海地区，即便是中部的湖北、安徽，或是西部的四川、陕西等都已经进行了积极部署，而河南显然起步较晚。因为没有足够的研发投入，肯定没有较好的科技产出。缺乏科技进步的第一动力，经济社会高质量发展很难有正常保障。正是因为创新支撑能力不足，才导致出现河南经济发展活力明显下降的情况。2020 年，河南 GDP 增速仅 1.3%，低于全国 2.3% 的水平，增速居全国各省（区、市）倒数第 6 位。2021 年，河南 GDP 增速 6.3%，低于全国 8.1% 的平均水平，增速居全国倒数第 4 位。作为 2004 年至今的全国第 5 经济大省，连续两年出现 GDP 增速明显低于全国平均水平的现象，确实需要引起河南各界高度重视。

2. 科技创新的人才环境仍待进一步优化

伴随全国对科技创新工作的高度重视，河南在改善人才环境方面做了大量的实际工作，也取得了明显的成效。但是，目前无论是专业科研机构的科技人员，还是大学或企业的专业科技人才所实际享受的科技人才待遇仍亟待改善。

（1）现有科技人员的实际工资待遇较低。2012 年，河南省人力资源和社会保障厅制定出台的关于科技人员在完成岗位任务的基础上可享受岗位工资 100%～300% 的奖励政策，至目前真正执行的科研机构有限，主要原因是资金来源无保障，细化的执行政策也不一致。

（2）在专业科研单位或高等院校科技人员报账难的问题仍然比较普遍。前些年，各单位制定的各种报账制度在经历若干次检查后，所在单位为了减少管理上的问题，不少单位都把报销规定简单化，有票据才能够报账成为一种普遍现象，智力劳动奖励机制淡化，从而导致科技人员到处想方设法开发票报销课题经费成为一种普遍现象。

（3）针对青年人才的优惠政策力度不够。科技创新青年人才是关键，没有大批青年人忘我地投入，想在科技创新上有较大进展是不可能的。在近些年各地抢人才大战中，针对青年人才的优惠政策不断创新。就河南现有的青年人才政策来看，除了郑州大学等少数单位以外，整体上住房补贴较低、工资待遇较低、机制不灵活，直接降低对人才的吸引力。

（4）高端人才环境营造不够有力。随着国家科技创新水平的提升与创新资源的大幅度增加，全国出现出国留学归国人员数量大增的现象。但是，在河南的相关机构中这种现象基本上还没有起步。经过多次深度调研,出国留学人员反映最集中的问题除了待遇偏低外,双语幼儿园、小学、中学配备不足是一个突出短板。因为真正在国外读完博士再回国的青年人才往往都30岁左右了,很多人都已经结婚生子,回来以后直接面临孩子上学的难题。郑州现在办有少量的民办双语幼儿园和小学,不仅收费高,而且招生规模有限,接送孩子距离过远,不能满足实际需要。正是因为人才环境不优,导致高端创新人才匮乏,青年创新骨干人才团队不足。河南两院院士(24人)、国家杰出青年科学基金获得者(18人)数量分别占全国总数的1%和0.03%,高端人才严重不足。

3. 制造业亟待转型升级

河南制造业发展规模居全国第一方阵,特别是在超高压电力装备、盾构装备、大型客车、农机装备、大型矿山装备、汽车零部件、智能手机、机器人、传感器、超硬材料、新能源、生物医药等领域创新基础与发展态势均比较好,在国内外有较大的影响力,尤其是郑州、洛阳等在大国重器研发方面积累了大量技术与人才优势,初步形成了一批各具特色的制造业产业集群。但是,与沿海发达地区相比,河南制造业总体上大而不强,高端要素供给不足、中低端要素供给过剩的结构性矛盾比较突出,很多领域创新能力弱、资源消耗大、智能化水平偏低、有较大影响的龙头企业少、品牌影响力不强等短板比较明显,高端制造、智能制造虽然快速发展,但高端产品占比较低,直接影响与制约了河南制造业的高质量发展。2021年,河南战略性新兴产业占规上工业的24.0%,高新技术制造业占规上工业的12.0%,与沿海地区相比,这两种产业占比都偏低。近几年,在科技创新领域特别受到重视的瞪羚企业、独角兽企业、专精特新企业等发展不够活跃。面对全球以物联网、大数据、AI、5G、元宇宙等为代表的新产业革命浪潮,制造业高端化、智能化、绿色化、国际化、无人化势在必行,河南亟待通过全面的创新驱动实现制造业转型升级,在高质量发展方面培育和创造新的产业发展优势。

4. 对民间创新不够重视

创新在一定程度上是一种自觉行为。在广袤中原大地的百姓之中,千百年来都不乏对科技创新有浓厚兴趣的人才,而且有些人才创新的科研成果应用价值非常大。据调研,现在不少领域都蕴藏有重要的民间创新人才与创新项目。其中,有些创新成果具有重要的应用前景。但是,由于体制机制的限制,这些民间创新项目,很难在现有体制下推广应用。鹤壁创新发展研究院院长苏卫星完成的重大技术发明"两驱动一体发电设备",是他带领的团队经过持续30多年的不懈研究探索实现的一项重大技术突破。经多家机构检测,其发电效率提高3倍以上。该技术属国际首创,在风力发电技术领域达到了国际领先水平。其推广应用有可能为全社会大幅降低用电成本提供技术支撑,为国家实现

"双碳"目标做出重大贡献,为全球发电装备更新换代提供历史性机遇。然而,这样高水平的创新成果,推广应用一直处于艰难的状态。

第二节 一流创新生态形成的标志

党的二十大报告明确指出,要完善科技创新体系,优化配置创新资源,提升国家创新体系整体效能,形成具有全球竞争力的开放创新生态。创新生态是以生态学的理念来考察、审视、研究创新系统而形成的一个理论的概念体系,是具有多主体、多边关系及多层次结构的复杂开放系统,通过与外界环境进行物质、能量及信息的交换而不断地发展演化。当前,世界正面临着百年未有之大变局,我国科技创新也处于从量的积累向质的飞跃、点的突破向系统能力提升的重要时期。随着颠覆性技术打破传统科学技术的发展思维,创新生态系统的内涵和特征也正发生着深刻的变化。加快建设一流创新生态,促进科技创新内部发展与外部环境的有机整合,提升创新生态系统有机协同,优化配置创新资源是快速提升科技自主创新能力的必经之路。一流创新生态目前已广泛使用,尤其是科技管理部门的使用最多,但均采用"只使用、不解释"的做法,并且经常与"创新环境"等相关概念进行互换。目前对一流创新生态概念的理解、术语的解读存在多样化和差异化。在从"科技大国"向"科技强国"迈进过程中,构建一流创新生态已成共识,但什么是一流创新生态,一流创新生态的内涵、特征、评价标准是什么,还没有一个清晰的标准,笔者在研究国内外文献的基础上,提出了一流创新生态形成的五个主要标志,以供参考。

一、树立面向未来的创新理念,创新驱动发展战略顶层设计,顺应世界科技革命发展趋势

创新生态系统是各类创新主体利用多种创新要素,为了共同目标而逐渐发展壮大形成的组织体系,本质是通过协同合作或者竞争对各种创新要素进行聚集和整合,最终达到创新的目的。一流创新生态的各创新主体要树立做好已知、面向未知的创新理念,深刻理解我国科技水平和创新能力总体处于"跟跑者"的现状,要针对存在的短板攻坚克难,突破关键核心技术,化解重大瓶颈制约;与此同时要从基础研究入手,探索未来世界发展,攀登科学领域高峰。各创新主体要在创新生态系统中找准自身的位置,把自己放在适合自身发展的生态位上,避免出现生态位竞争和重叠。面对全球科技创新出现新的趋势,各创新主体要积极抢占未来世界科技创新发展的制高点,掌握新一轮全球科技

竞争的战略主动,进行前瞻设计和超前布局,把创新要素放在科技创新生态链合适的生态位上,明确各类创新主体在创新环节中的定位和在创新链条中的功能,构建"国家队+地方队+企业队"的全链条创新网络,通过建设一批一流的科研院所、大学和公共技术服务平台,加大长期持续投入,集中力量在基础应用研究及关键核心技术上取得实质性突破。在区域层面,要精准对接国家政策体系,将更多战略性资源向科技领军企业倾斜,把建设国际和区域科技创新中心作为战略重点,加速科技创新资源的集聚和流动,形成不同区域差异化的竞争新优势,实现科技创新推动由"高速发展阶段"向"高质量发展阶段"过渡。政府作为制度供给的主体,要根据国际形势变化和国内发展阶段演变调整优化科技结构,培养创新理念、整合创新资源、保护创新成果、改变创新考核、调整科研评价方式等,补足管理短板,进一步释放科技创新和经济发展活力。企业、高校、科研院所等作为创新主体,在创新活动中,要把自己放在合适的生态位上,针对短板攻坚克难,协同突破关键核心技术,形成相互支撑的共生、互融、共赢科技创新生态圈。企业作为技术创新的主体,要构建现代管理制度,加大研发投入,创新研发组织形式,促进创新要素向企业聚集,增强企业的创新能力。

二、构建创新链、产业链、资金链、人才链相互依存、彼此融合、共同演进的创新群落

在一流创新生态形成过程中,创新链、产业链、资金链、人才链应该是相互依存、彼此融合、共同演进,最终构建一个多主体共同参与、多要素主动协作的创新群落,这也是一流创新生态形成的基础。党的二十大报告指出,加快实施创新驱动发展战略,推动创新链、产业链、资金链、人才链深度融合。当前,全球科技革命和产业变革相互交织,新一轮科技革命和产业变革正在重构全球创新版图、重塑全球经济结构,新的技术经济模式正在酝酿和形成。通过创新链、产业链、资金链、人才链的深度融合加快培育新技术、新产品、新业态已成为发达国家促进新经济发展的主要形式。随着我国创新驱动发展战略的深入实施,四链融合在优化科技创新资源配置、构建一流创新生态系统方面发挥着越来越重要的作用。当前,我国科技领域仍然存在许多亟待解决的突出问题,特别是同党的二十大提出的要开辟发展新领域新赛道,不断塑造发展新动能新优势要求相比,科技创新在创新视野、创新政策、创新能力、资源配置等方面存在诸多不适应的地方。

从创新生态系统内部看,一流创新生态的形成过程,实质上是通过各创新链条内部与链条间不同创新主体之间的协同深化,提升创新生态系统能级,以实现创新资源高效配置和创新绩效的提升。一是要提高"四链融合"的耦合度,探索建设"四链"精准对接、

高效耦合、深度融合的区域创新共同体,构建适应新形势、符合新要求的自主创新体系新范式,解决产业发展面临的关键技术问题和"卡脖子"瓶颈约束,实现产业链关键核心技术自主可控。二是建设"四链融合"资源一体化平台,将政府、企业、高校、银行等多方优质资源进行共享,政府牵头将资源与资金向资源一体化平台倾斜,充分利用高校的科研力量和设备,联合科研机构对接行业发展的薄弱环节,实现资源互补,优势聚集。三是发挥市场对各类创新资源配置的决定性作用,促进人才、资本、技术、知识顺畅流动,推动基础学科与应用科学均衡协调发展。通过围绕产业链部署创新链、围绕创新链完善资金链、围绕产业、创新和资金三链统筹人才链,强化科技同经济对接、创新成果同产业对接、创新项目同现实生产力对接、创新链与人才链在全球范围内对接,构建全球共商共建共享的创新网络体系。充分发挥我国超大规模市场和完整产业链的独特优势,促进科技创新成果转化为现实生产力,为形成一流的创新生态打下坚实的基础。

三、形成各创新主体深度融合,创新要素顺畅流动的竞合共生局面

创新生态更多地强调创新的核心要素(企业、高校、研究机构、人才等)、支持发展机构(政府、金融机构、创新平台基地、中介组织等),以及外围环境因素(法律、政策、文化、舆论等)在一定范围内互相联系,形成了多主体协同、多要素联动、多领域互动的良好状态,这也是一流创新生态形成的核心。创新生态是以企业、大学、科研机构、政府等创新主体为要素载体的复杂网络结构。其中各主体通过组织间的网络协作,深入整合人力、技术、资本等创新要素,实现创新要素有效汇聚,促进各主体实现可持续发展的同时,实现竞合共生。创新要素是实施创新驱动发展、保障区域创新绩效提升的重要战略资源,没有创新要素自由、高效、充分地在不同地理空间流动,是无法真正统筹实现区域创新协调发展和区域创新绩效的全面提升。中央全面深化改革委员会第十八次会议强调,要围绕实现高水平自立自强深化改革,推动科技创新力量布局、要素配置与人才队伍体系化、协同化发展。一般认为创新要素是从边际贡献率低的区域向边际贡献率高的区域流动。研究表明,当某区域的创新要素处于边际收益递增阶段,将吸引其他区域的创新要素不断流入,形成创新要素在该区域空间集聚。但是单个创新要素的聚集会导致创新产出的边际递减,单一创新要素的过度集聚还会挤压其他创新要素的集聚空间,高效的创新要素和创新资源配置是各个创新要素之间交互协调的结果。创新要素顺畅流动有利于创新资源合理配置,实现创新知识、技术与经济发展间的最优匹配。长期以来,地方保护和区域壁垒已经成为制约我国发挥市场规模效应和集聚效应的重要因素,在建设全国统一

市场的大背景下,必须构建科学合理的要素流动机制,使各种资源要素能在区域间、部门间顺畅流动,从而保障创新行为的实现。一是利用数字赋能提升创新要素高效配置。在数据成为新的创新要素和基础性战略性资源的大背景下,利用数字赋能提升创新要素高效配置已成为研究的重点。要加快数字基础设施建设,打通生产、分配、流通、消费各个环节,更好实现创新资源供需的动态均衡,协同推动区域数字经济发展与创新能力提升。二是健全关键核心技术攻关新型举国体制模式。要打破行政壁垒,构建有利于各类创新要素充分自由流动和优化配置的制度环境和创新要素共享服务生态,完善关键核心技术攻关新型举国体制模式。三是构建全国性的技术交易平台。要完善产权保护制度,建立健全保护产权的法律法规,构建全国性的技术交易平台,完善科技成果转化机制,加快推进知识和技术要素市场化配置。四是在原始创新、颠覆性创新和解决国家重大战略需求时,可采用"点将配兵"模式。即在项目、资源均相对明确的条件下,由知人善任的高层领导人直接选择"将才"来发挥领军作用,配备或由其自主遴选一定数量的科技队伍和科技资源开展重大任务攻关,这是特定条件下创新要素和创新资源最高效的配置模式。

四、弘扬宽松包容、自由探索的创新文化和配套的规范与制度环境

尊重创新、尊重人才,创新潜能充分释放,创新活力充分迸发,追求卓越的创新文化和配套的规范与制度环境已形成,是一流创新生态形成的支撑。创新文化不仅是科技创新的内在动力,更是营造创新生态的重要一环,对国家科技竞争的软实力的提升和创新目标的实现具有导向和牵引作用。硅谷之所以在20世纪70年代以后超越美国东部传统高技术园区,成为全球创新的热土,主要原因就在于硅谷形成了"开拓进取、创新创业、不怕失败、改变世界、引领未来"的创新生态体系。世界很多地方特别是我国都希望模仿硅谷,人为创造一种类似硅谷的生态体系,比如我国建设的各类"创新谷",从运行和建设的情况来看,如果包容性创新文化没有形成,大的环境不改变,硅谷创新模式很难移植成功。我国已经形成了不逊于发达国家的尊重科学、尊重人才、支持创新的良好社会文化氛围,但由于科技创新的不确定性、创新评价研究的急功近利性和对创新失败的保障机制缺失,导致了在科技创新领域急功近利的价值取向横行。要营造尊重创新、尊重人才,创新潜能充分释放,创新活力迸发,追求卓越的创新文化生态,首先,在全社会形成鼓励创造、追求卓越的创新文化生态,形成百家争鸣的创新文化氛围。允许科学研究和创新活动的广泛探索和合理失败,营造良好的社会文化氛围和环境。其次,尽快建立健全保护创新的法治环境,加强知识产权保护力度,保障创新者的合法权益,通过相关法律措施

使创新者能够有尊严、有保障地开展创新活动,提高创新绩效。最后,要大力弘扬新时代科学家精神。新中国成立以来,一代又一代科学家的巨大贡献和科学精神,是新起点上我国科技创新和现代化建设的宝贵财富。要推动新时代科学家精神进校园、进课堂、进头脑,不断激发科技创新的社会潜能,缩减从科技创新到产业运用的时间进程。一流创新生态的构建,使创新驱动发展战略真正落地,使创新活力竞相迸发、创新成果得到充分保护、创新价值得到更大体现、创新资源配置效率大幅提高、创新人才合理分享创新收益,中国经济增长和就业创业必将由此形成新的引擎。

第三节 一流创新生态评价指标体系构建

随着新一轮科技革命和产业变革的加速兴起,世界创新格局正发生显著的变化,科技创新范式、技术革命、产业发展正在发生颠覆性变化和结构性变迁,创新生态环境逐渐成为创新资源配置的关键要素,科技创新的竞争已演变成创新生态的竞争。一流创新生态具有要素整合、源头创新、知识扩散、孵化培育、成果转化、跟踪前沿、优势塑造的强大功能,能够最大限度地激发创新动能、释放创新活力、挖掘创新动力,推动创新主体的高效联动、创新资源的高效配置、科技成果的迅速转化。在从"科技大国"向"科技强国"迈进过程中,构建一流创新生态已成共识,什么是一流创新生态,一流创新生态的内涵、特征、评价标准是什么,还没有一个清晰的标准,本节借鉴国内外创新生态系统评价的思路与方法,提出一流创新生态指标体系的构建原则,并以此原则为基础,构建了一流创新生态评价指标体系,为一流创新生态建设提供导向与建议。

一、创新生态指标体系构建的原则

创新生态评价指标体系是一流创新生态建设的指挥棒,构建创新生态评价指标体系最根本目的是促进一流创新生态的形成。要构建能够适应世界科技发展趋势,反映创新主体深度融合、创新要素顺畅流动、各个创新链条相互依存的创新生态评价指标体系,应遵循以下基本原则:

1. 系统性原则

创新生态的结构复杂,具有多种功能,要求选用的指标最能反映创新生态主要状态与特征。评价创新生态,应在时间尺度上能够反映出创新活动适应世界科技发展最新趋势,在空间尺度上反映创新生态各个环节的优化和均衡,在建设进度上能够反映其总体建设进度和生态化程度,在质量尺度上反映与国家总体创新目标的契合度。

2. 科学性原则

科学准确是创新生态评价的生命所在,也是对创新生态评价提出最基本要求。随着科技创新范式发生变化,必须紧紧围绕科学、准确的关键词,指标选取的物理意义明确,计算统计方法科学规范,能充分反映一流创新生态建设的内在机制,真正做到对评价对象做出实事求是的准确评价。

3. 层次性原则

即根据不同的评价需要和详尽程度分层分级,定性指标与定量指标相结合,指标设计应能够全面反映创新生态建设情况,用多个评价层次、多种评价指标从不同角度、不同侧面来反映创新生态建设的不同方面。

4. 可操作性原则

建立创新生态评价标准必须做到既科学、系统,又简便易行,不能有生涩难懂、复杂烦琐或大而化之、模糊不清的标准来实施评价。既要考虑数据的可获得性,又要注重建立的指标体系简明清晰,容易操作并易于理解;指标尽可能采用国际上通用的名称、概念与计算方法。

5. 动态性与静态性相结合原则

由于创新生态系统是一个动态系统,不仅要受到系统本身条件的限制和制约,还要受到其他有关系统的影响和制约,并随着时间、地点以及人们的不同努力程度而发生变化,其发展是有阶段性的。因此指标应采用动态与静态指标相结合,不但要反映某一时点上的水平,还应包含反映创新生态发展演变趋势的指标。

二、一流创新生态评价的主要内容

1. 创新资源集聚情况

创新资源是创新系统的基本构成要素,是保证科技创新活动、创造科技成果的客观基础,是一个国家或地区综合竞争能力和可持续发展能力的重要体现。创新资源集聚能力是一流创新生态形成的基本条件。创新资源集聚主要包括创新人才汇聚、创新团队建设、创新平台集聚、创新资金获取等方面。创新人才包括 R&D 科研人员、科学家和从业人员等,是创新活动发生的基本主体和核心要素,创新人才特别是国内外行业领军人才汇聚能力是区域一流创新生态形成的核心指标。创新资金包含政府财政资金、金融资本、政府的创新投入、机构投资、创新自筹资金等,与创新资源的供给高度关联;创新资金集聚会促进创新技术更快地转化为生产力,保障创新活动的有序进行。科技创新团队,就是将科技人才个体组织起来,为实现特定科技创新目标而共同开展科技创新活动的集合体。这种介于个体与单位之间的微观科研组织形式,是现代科学家开展科技创新的基本依托。科技创新团队具有共同的创新目标,以科技领军人物为核心、以项目或任务为牵引是科技创新团队典型的特征。

2. 创新平台建设

创新平台是科技创新中心建设的基础支撑,在创新发展中具有基础性、先导性作用。以国家实验室和重大科技基础设施集群为代表的战略科技平台,具有原始创新的策源功能,是提升科技创新策源能力的重要载体。高校和科研院所是基础研究的重要基地,既是原始创新的策源地,也是高能级创新平台体系的重要组成部分。依托全球著名大学、研究机构和高科技企业,集成世界顶级研发资源,聚焦科学新发现、技术新发明、产业新方向,实现前瞻性基础研究、引领性原创成果重大突破,全面提升科技自立自强能力,才能最大限度发挥科技创新对产业提能的支撑作用。产业创新平台是连接基础研究和产业化应用的重要载体,重点聚焦区域经济重大需求和战略性新兴产业的国际科技前沿,开展相关产业核心共性关键技术研发。

3. 创新投入、产出和转化

健康运转的创新生态系统需保持稳定的投入运作能力,投入情况是指生态系统中各主体间的相互投入,促进知识转移、吸收和利用等,从而促进该区域创新水平的提高,主要由研发人员投入、创新资源投入、创新资金投入等指标组成。同时,健康的创新生态系统需具备良好的创新转化能力,即在生态系统中表现出来的经济、技术等产出结果,为了确保研究的准确性,本书将国家三大奖、省部级奖励作为衡量产出的指标。创新成果转化情况主要包括科技成果转化率、中试基地建设、产业研究院建设等方面。

4. 产业集群汇聚

评价产业集群的发展水平,要把产业链的完善程度作为核心要素,同时考虑产业集群的发展规模、集群效应、集群网络等要素。集群规模是衡量产业集群发展水平的基本前提,是衡量产业集群发展水平的一项重要指标。集群结构是衡量产业集群发展水平的关键因素,产业特色是否鲜明、产业配套是否全面、专业分工是否精细、创新能力是否较强都是要考虑的因素。集群效应是衡量产业集群发展水平的重要标准,产业集群发展水平的高低,最后表现为产业集群效应。集群网络是衡量产业集群发展水平的具体条件,在产业集群生成和发展的过程中,集群内部的各种网络发挥了非常重要的作用。

5. 创新环境建设

区域创新生态系统的创新环境可以很大程度上折射出区域对创新主体的支持力度。

创新环境指标主要包括创新政策支持情况、创新制度建设情况、创新人才分类评价机制改革情况、创新人才和团队薪酬激励情况、创新资源共享情况、创新主体协同情况、创新文化建设情况等。

三、生态型大学评价指标体系的构建

对一流创新生态的评价,不同于一般的社会经济现象评价,评价指标体系应体现科技创新的规律和特点,要反映出一流创新生态形成过程中不同方面、不同层次、不同形式效果之间的关系,指标必须具有一定的可比性,便于不同类型、不同地域之间的对比。同时对一流创新生态评价是一个庞大的系统,包含因素很多,对它进行评价不可能包罗无遗,只能依据构建原则选择其中若干因子作为评价指标。本文将一流创新生态评价建立一个具有三层次结构的指标体系,最高级(一级)为一流创新生态综合指数,其下分为5个二级指标和27个三级指标,见表4-1。

表4-1　一流创新生态评价指标体系

一级指标	二级指标	三级指标
一流创新生态综合指数	创新人才集聚情况(20分)	省部级以上领军创新人才(7分)
		省部级以上创新团队(7分)
		区域 R&D 全时人员当量(3分)
		区域 R&D 经费投入(3分)
	创新平台建设情况(20分)	国家级创新平台引进情况(5分)
		国家级创新平台建设情况(5分)
		省部级创新平台建设情况(2分)
		全球著名大学、研究机构入驻情况(4分)
		入驻的高科技企业研发机构建设情况(3分)
		产业共性创新平台建设情况(1分)
	创新投入、产出和转化情况(20分)	承担国家级项目情况(4分)
		获取科研经费能力(3分)
		国家三大奖获得情况(4分)
		省部级奖励获得情况(2分)
		科技成果转化率(3分)
		中试基地建设情况(2分)
		产业研究院建设情况(2分)

一级指标	二级指标	三级指标
一流创新生态综合指数	产业集群汇聚情况（20分）	主导产业集群规模（5分）
		主导产业集群结构（5分）
		产业集群效应（5分）
		产业集群网络（5分）
	创新环境建设情况（20分）	创新政策支持情况（5分）
		创新制度建设情况（4分）
		创新人才分类评价机制改革情况（2分）
		创新人才和团队薪酬激励情况（3分）
		创新资源共享情况（3分）
		创新文化建设情况（3分）

四、一流创新生态评价方法

在进行具体评价时，先由区域单位依据指标体系进行建设，然后自行评估后向科技主管部门进行申报。科技主管部门邀请相关领域专家进行评估，最后确定一流创新生态建设水平。在具体评价过程中，为了使评价结果直观，可采用百分制权重加和法。首先运用专家调查打分法对所有指标进行打分，然后对他们所打出的分值进行加权平均，获得指标的标准分值。最后所得的标准分值越大，说明该区域一流创新生态建设程度越高。实际计算方法为，首先根据三级指标计算各二级指标的指数值，参照宋永昌对生态城市评价的方法，结合大学的实际情况，经过反复测算，我们提出了对各二级指标的计算公式：$Z = S \times [(G \times 1.05) \div S]$。式中 Z 代表某一个二级指标的生态指数；S 代表某一个二级指标的生态标准值；G 代表某一个二级指标下所有三级指标的现状值，所有的二级指标相加后就得出区域一流创新生态综合指数。便于各区域一流创新生态建设程度的定性和定量比较，我们将区域一流创新生态建设分为 3 个等级，即：初级阶段、基本形成阶段、一流创新生态形成阶段。其中得分在 90 分以上的为一流创新生态形成阶段；70～90 分的为基本形成阶段，60～70 分的为初级阶段。初级阶段的标准为：完成一流创新生态建设的顶层设计、总体方案，明确目标任务，制订路线图、时间表、任务书，搭建创新体系、创新制度、创新政策框架。一流创新生态基本形成阶段的标准为：按照发展顺序，创新生态系统的创新主体增多，创新资源投入逐步充裕，创新网络逐步完善。一流创新生态形成的阶段为：创新主体基数大创新活跃度增高、创新资源集聚且有效融入创新活动、创新基础雄厚能承担重大创新项目、创新体制通畅高效推进重大创新政策落实、创新机制灵活有效促进产学研用协同、创新环境友好全社会崇尚创新、创新成果涌现支撑引领经济社会发展方面形成较为显著的优势。

第四节　河南省构建一流创新生态的路径

党的二十大报告指出,完善科技创新体系,坚持创新在我国现代化建设全局中的核心地位,健全新型举国机制,强化国家战略科技力量,提升国家创新体系整体效能,形成具有全球竞争力的开放创新生态,为我国及各地创新发展提供方向和根本遵循。贯彻落实党的二十大精神,打造一流的创新生态,需要在创新政策、创新人才、创新主体、创新服务以及创新文化等维度上进行建构。按照河南省《中共河南省委 河南省人民政府关于加快构建一流创新生态建设国家创新高地的意见》,到 2025 年一流创新生态基本形成的目标,在一流创新生态建设过程中,必须精准对接国家政策体系,加快各类创新要素和创新资源集聚,加快创新平台的提质升级,改革科技创新体制机制和组织模式,加快产学研用高度协同,必须培育一流创新生态的文化。

一、优化政策顶层设计,主动对接国家科技创新体系

要优化政策顶层设计,加快落实《河南省创新驱动高质量发展条例》《关于加快构建一流创新生态建设国家创新高地的意见》等政策文件要求,不断完善创新服务体系,增加创新资源供给,充分发挥政策激励效应,促进创新主体能力提升。抢抓国家战略科技力量新一轮布局的历史机遇,争取更多的大科学装置等国家科技战略力量在我省落地生根。整合重组我省实验室体系,高质量建设和运营嵩山、神农、黄河实验室,在我省 16 个国家重点实验室、240 个省级重点实验室的基础上,以我省优势学科为基础、社会重大需求为导向打造省实验室体系,力争创建国家实验室或者国家实验室基地,打造国家战略科技力量、河南力量。增强大学和科研院所的创新能效,进一步深化大学管理和教学科研工作,进一步提升郑州大学和河南大学"双一流"的含金量和影响力,支持省内其他高校和优势学科进入"双一流"序列,增加创新源头供给和人才供给。优化科研院所布局,探索建立现代院所制度,重建重振省科学院,做优做强省农科院。建设和运营一批新型研发机构。支持国内外一流大院大所大企在我省设立分支机构,探索在创新资源密集地

区组建研发机构,建立"科创飞地",鼓励企业在国内外设立研发中心、创新孵化中心,靠前就近、学习消化吸收最新科技。

二、加快高层人才汇聚,打造一流创新人才高地

一是建设一流创新创业主体。根据河南省科技创新提出的实现国家级重大创新平台、国家大科学装置、世界一流学科、重大前沿课题研究、重大原创性成果方面实现"五个突破",结合重塑河南省实验室体系、重建重振省科学院、"双一流"建设、"中原农谷"建设、中原科技城建设等工作重点任务,加快高能级创新平台和创新载体的建设,汇聚一批高层次科技创新领军人才,为建成一流创新生态、国家创新高地的远景目标的实现打下坚实基础。二是建立全球引才新渠道。构建更加积极、更加开放、更加有效的人才政策体系,利用城市名片、产业优势等积极吸引发达国家和地区人才流入。利用特色文化、宜居环境等优势吸引外籍人才定居河南,借鉴厦门引进外籍人才"一人一报告"、构建"人才—企业—技术—产业"关系图谱等做法,提高海外人才补贴,建设海外人才引进示范基地,持续优化外籍人才服务管理举措,集聚一批高层次外国人才和团队。打造"一站式"招才引智云平台,给予人力资源服务机构专项扶持,学习武汉市聘请"招才顾问""招才大使"做法,充分发挥企业领军人物的号召力和影响力,实现人才引进与产业结构、岗位需求的精准对接。三是要注重培养本土人才。努力营造有利于青年优秀人才脱颖而出的培养支持机制,坚持把人才自主培养放在基础性位置,全面深化市、校、企战略合作,健全全谱系人才集聚与培养支撑体系,向用人主体充分授权,加大对贡献突出人才的表彰奖励宣传力度,推动高校、科研院所、企业研发机构人才共享。四是健全科技人才分类评价体系。切实破除"四唯"倾向,加快建立以创新价值、能力、贡献为导向的人才评价体系,科学合理设置评价考核周期,突出中长期目标导向,鼓励持续研究和长期积累,适当延长基础研究人才、青年人才评价考核周期。要构建充分体现知识、技术等创新要素价值收益分配机制,全面落实科技成果转化奖励、股权分红激励和相关税收优惠政策及措施,使科研人员的收入与其创造的经济价值、社会价值紧密联系,打通智力成果向经济收益的转化渠道。

三、建设一流创新平台,为建设国家创新高地做好支撑

科技创新平台是科技创新体系的重要组成部分和区域创新体系的重要基础,是实现自主创新与科技自立自强,培养和凝聚高层次人才,建设创新型国家的催化剂、加速器及

有效载体,在推动创新资源集聚、创新人才凝聚、创新成果转化、创新资本汇聚等方面发挥着重要作用。未来几年,河南要聚焦战略科技力量建设,围绕重点发展的战略性新兴产业集群,布局建设重大科技基础设施、重点实验室、技术创新中心、工程研究中心等一流创新平台,努力建设区域性重要创新高地。一是加强顶层设计,面向国家重大战略需求,按照国家实验室建设要求,对标已有国家重大科学装置,发挥我省优势,集聚省内外创新资源,加强基础研究、前沿高新技术研究,主动参与国家战略科技力量建设。重组重点实验室体系,围绕重点产业集群发展建设高水平重点实验室,在启动建设黄河实验室、中原关键金属实验室、龙门实验室、龙湖现代免疫实验室、龙子湖新能源实验室、中原食品实验室的基础上,努力冲击国家实验室,尽快完成全省国家实验室零的突破。要发展多种形式的中试基地,形成覆盖战略性新兴产业主要领域的中试体系,实现创新链、技术链和产业链的深度融合,推动相关产业转型升级,致力于打通科技成果转化"最后一公里"。二是要布局大科学装置,随着"超短超强激光平台"落户郑州,河南有了第一个真正意义上的重大科技基础设施。下一步要积极推动重大科学基础设施建设,启动大科学装置功能区核心区建设,布局建设大科学装置和交叉前沿研究平台。三是建好国家生物育种产业创新中心。要以集聚全球一流人才和行业优势创新资源为路径,加快基础理论研究中心、分子生物育种中心、种质资源创新中心、农业信息服务中心、技术试验基地建设,着力构建模块化、流程化、信息化、工业化的现代生物育种体系,努力将生物育种中心建成全球生物育种创新引领型新高地、全国种业发展体制机制创新的"试验田"和具有国际竞争力的种业"航母"集群。四是整合组建科技信息资源平台。集成中央在豫机构、科研院所、高校、行业与地区情报机构的科技文献信息资源,建成集资源整合、分析工具、智能检索和最新成果展示"一站式"的科技情报信息共享平台。整合现有科技报告系统、科技项目管理系统,积极开发追踪全球创新人才系统、国际国内最新科技成果、获奖成果系统,搭建直通企业、高校、科研院所的信息服务平台。利用"中国知网"科技文献大数据平台挖掘知识、发现知识的优势,跟踪热点科研成果和科技人才。

四、加速成果转移转化,提升区域资源集聚效能

我国在科研领域的投入不断增加,2021 年我国全社会研发经费达到 2.79 万亿元,居世界第二位,研发强度达 2.44%,接近 OECD 国家平均水平。然而,从投入产出比来看,我国对科研的"世界级投入"所带来的科技成果供给与社会需求之间还存在相当大的差距,科技成果转化率及产业化程度远低于发达国家平均水平。中国工业经济联合会会长、工信部原部长李毅中表示,我国的科技成果很多但是转化率不高,最高在 30% 左右,

发达国家是60%～70%。从各方公布的科技成果转化数据来看,我国每年的科技成果转化率统计数字为10%～15%,而发达国家是40%。必须面向经济社会发展主战场和紧迫需求开展自主创新、集成创新、协同创新、高效创新,抓住重点关键,从顶层设计、资金投入、主体活力、科技生态等方面持续发力,加速科技创新成果转移转化,形成创新研发—创新转化—形成支撑经济社会发展的能力—加速创新资源集聚的良性循环。一是科技管理部门要立足河南省科技创新战略定位和经济社会发展需求,以调动各创新主体科技成果转化的积极性为核心,积极落实国家对成果转化的激励举措,加快解决国家法律和改革政策落地实施的"最后一公里"问题,坚持制度先行,从各方主体、行为、权责等方面制订科技成果转化行为的规则和规范,进一步完善更加有利于科技成果转化的法治环境。建立和完善技术交易市场,鼓励高等院校、科研院所、新型研发机构、行业协会、企业和个人等积极参与国际标准、国家标准、行业标准和地方标准的研究,支持在技术交易市场开展科技成果交易和转化。二是构建创新投入多元格局。科技成果转化对投资规模、抗风险能力和专业化水平要求高,必须发挥好市场和政府的作用,健全多元化科技投资体系。对重大科技工程、战略科技领域和"卡脖子"关键核心技术,可以发挥举国体制优势,支持国有企业加大研发力度,加大财政投入力度,支持民间投资。对于主要面向产业、市场的科技创新,更多发挥民间投资、民营企业、风险投资等社会化、市场化多元投资主体优势力量。对于科技成果转化过程中的公共性平台、孵化器实验室、共享关键性科技资源建设,应当加大投资力度,整合市场投资,形成面向实践、成果优先、能力导向的优势互补、分工合作、多元协同的创新投资格局。三是高校和科研院所作为区域创新主体,必须依据区域创新生态发展需求进行科技研发规划,聚焦研发成果转化的可行性,充分发挥研发资源和人才资源优势,推动高校科技成果转化落地,助力区域创新发展、高质量发展。通过健全高校参与区域内创新发展的对接机制,畅通科技创新成果转化渠道,与科研院所和企业等创新主体联合建立概念实验室、建立企业—高校协同创新中心,开展科技成果的评估、验证、试测、市场前景论证等方面的探索,加速优质资源尤其是科技成果转化资源的快速落地。

五、改革科研组织管理方式,深化科技"放管服"改革

实行定向组织、并行支持、揭榜挂帅、赛马机制等制度,全面深化"三评"改革,坚定放权赋能,深入推进首席专家负责制、项目经费使用包干制和里程碑式关键节点管理,建立跨部门的财政科技项目统筹决策和联动管理制度。完善人才激励机制,赋予科研人员更大技术路线决策权,加快完善科研项目管理、评价、收益分配等制度。提升基础研究、应

用研究和产业化的项目管理的信息化、便利化水平,强化基础前沿类科技计划的稳定性、持续性的支持,对市场需求明确的技术创新活动,通过风险补偿、后补助、创投引导等方式发挥财政资金的杠杆作用,促进科技成果转移转化和科技成果资本化、产业化。完善和简化项目过程管理,减少项目实施周期内的各类评估、检查、抽查、审计等活动,对同一项目同一年度的监督、检查、评估等结果互通互认,避免重复多头检查,探索推进一个项目周期"最多查一次"改革。深化科研项目单位的经费管理改革,优化财务报销流程,减少不必要的繁文缛节,减轻科研人员的非科研负担,提升服务科研人员质量和水平。

六、打造创新文化,建立一流创新生态文化示范区

要加强科学精神宣传,大力弘扬科学家精神、工匠精神,培育企业家精神和创客文化,深入宣传科技重大决策,普及科学技术知识,提升全民科学素质,在全社会形成崇尚科学、追求卓越、久久为功的创新氛围。要营造诚信包容创新环境,加强科研诚信建设,坚持伦理先行,加强科技伦理治理,培育创新容错文化,在全社会营造诚信包容的创新环境。要加强科技伦理治理,定期开展科研人员科技伦理规范培训和科技伦理教育,严肃处理科技活动违规行为,完善科技伦理规范体系和执行监管体系,坚决查处学术不端和违背科研伦理的行为。要培育创新容错文化,充分尊重科技创新规律和科研人员的合法利益,赋予高校、科研机构更大自主权,探索建立青年科研人员自主合理使用经费承诺制,保障科研人员学术自由。探索建立培育一流创新生态文化示范区,借鉴硅谷和中关村等创新创业成功的地区案例,以著名高校或者科技园区作为示范区,依托当地的特色创新资源,强化风险投资和科技服务供给,放宽创业的限制,提高创新失败的容忍度,一旦有一些创新成功的案例,很容易形成可以复制的路径,从而形成创新生态文化。

附:典型案例选登

河南省委书记楼阳生高度重视一流生态构建。作为人口大省、粮食大省,河南如何创新驱动河南省高质量发展、建设现代农业强省的路径、实施制度型开放战略,如何创建一流创新生态等问题,2022 年 1 月 5 日,《经济日报》记者夏先清、杨子佩采访了河南省委书记楼阳生,通过采访让我们进一步了解河南省打造一流生态的信心和决心。

加快打造一流创新生态——访河南省委书记楼阳生

（原载于《经济日报》2022 年 1 月 5 日第 03 版）

政策发力稳定经济

记者：中央经济工作会议要求积极推出有利于经济稳定的政策，政策发力适当靠前。河南如何结合发展实际，扛起稳定宏观经济的责任？

楼阳生：我们要精准对接国家政策体系，找准抢抓机遇的着力点、结合转化的突破点，真正落到规划上、落到项目上、落到产业上、落到主体上。工作中突出抓好三个方面。

一是常态化开展"万人助万企"活动。坚持服务企业就是服务全省工作大局，采取"点办理、批处理"方式，为企业办实事、解难题，着力在八个深化上下功夫。深化投资，支持帮助市场前景好的企业扩大再生产，加快产业转型升级。深化技改，鼓励引导企业加快推进技术改造。深化研发，用好国家加计扣除等政策，推动规模以上企业、中小微企业等开展研发活动。深化上市培育，扩大直接融资规模，提高资本证券化率。深化数治赋能，开展"上云用数赋智"行动，逐行业推进。深化招商，理清企业上下游产业链和供应链，以企引企、以商招商。深化改革，打好国资国企改革组合拳，实施战略性重组和专业化整合；支持民企深化结构性改革，加快建立现代企业制度。深化升规入统，健全"个转企、小升规、规改股、股上市"梯次培育机制，推动企业晋档升级。

二是滚动推进"三个一批"项目建设。逐季开展"三个一批"，推进一批标志性、关键性重大项目，加快产业基础高级化、产业链现代化。聚焦新基建、新技术、新材料、新装备、新产品、新业态，努力在传统产业改造上实现突破，新兴产业培育上占据主动，未来产业布局上把握先机。强化头部企业带动作用，找准补链延链强链的突破口、着力点，加快培育产业生态，推动集群发展，提升主导产业整体创新力、核心竞争力。

三是促进供给需求协同。编制产业链全景图，发挥产业链链长和产业联盟会长"双长制"作用，协同推进创新强链、数字融链、转型延链、多元稳链、招商补链、生态畅链"六大行动"。用市场化方式优化完善本土供应链，强化产销一体对接、供需衔接贯通，推动生活性服务业完善链条、生产性服务业向专业化和价值链高端延伸、现代服务业形成集聚效应。

关于创新驱动高质量发展

记者：河南在做强经济基础、增强科技创新能力方面有哪些优势？下一步怎样布局和发力？

楼阳生：我们坚定把创新摆在发展的逻辑起点、现代化河南建设的核心位置，主动对接国家战略科技力量体系，大力实施创新驱动、科教兴省、人才强省战略，加快打造一流创新生态，奋力建设国家创新高地、成为重要人才中心，走好创新驱动高质量发展"华山一条道"。

一是重建重振河南省科学院。河南省科学院于 2021 年 12 月 28 日正式挂牌，与中原科技城、国家技术转移郑州中心融合建设，在 260 平方公里的区域内规划嵌入大科学装置、重点实验室、研究所、产业研究院等不同功能分区。这是一个新型研发机构，既是主体，又是平台，其鲜明特征是以体制创新实现科技创新。设立基础学部、产业学部、未来学部，实行"大部制"+"以研究所办院""以实验室办院""以产业研究院办院"，拿出 3000 个事业编制在全球范围内招引人才，形成集聚创新资源的强磁场。

二是重构重塑省实验室体系。在高质量推进嵩山实验室、神农种业实验室、黄河实验室建设，加快创建国家实验室或分支（基地）的同时，再布局一批省实验室，推动在豫国家重点实验室提质增量、省级重点实验室结构优化。

三是推动规模以上工业企业研发活动全覆盖。我们已设立首批 10 家省产业研究院、8 家省中试基地，都是由主导产业、重点产业中的骨干企业、领军企业、头部企业牵头负责。今年将推出第二批省产业研究院、中试基地，充分发挥企业的创新主体作用。

四是标准化推广"智慧岛"双创载体。加快中原龙子湖"智慧岛"建设，形成可复制、可推广的经验，在所有省辖市创设"智慧岛"，构建一批全要素、低成本、便利化、开放式众创空间，提供从原始创新到产业化的全流程服务，形成创新生态小气候，培育更多专精特新"小巨人"和单项冠军。

五是着力提升高校创新源头供给能力。系统推进全省高校布局、学科学院和专业设置优化调整，推动郑州大学、河南大学"双航母"提质进位，集中优质资源重点支持 7 所高校 11 个学科，培育"双一流"第二梯队。依托现有理工科院校，筹建电子科技大学、航空航天大学、交通大学、工业软件学院等，培育一批特色骨干学科（群），打造"学院、学科研究院、产业研究院"共同体。

六是大力引育创新人才团队。实施一流人才生态建设、大规模常态化招才引智、高端人才培养引进、博士后"招引培育"双增等专项行动，采取针对性邀约、量身定做等方式引进顶尖人才，推动博士后流动站、工作站和创新实践基地数量大幅提升。

七是加快构建一流创新生态。组织专业力量对河南创新生态进行全面评估、全面架构、全面打造,有针对性地查漏补缺、完善提升,推动政、产、学、研、用主体贯通,人才、金融、土地、数据要素汇聚。

关于建设现代农业强省

记者:作为农业大省,河南如何扛稳粮食安全重任,全面推进乡村振兴?

楼阳生:我们将坚持把解决"三农"问题作为重中之重,大力实施乡村振兴战略,加快建设现代农业强省。一是扛稳粮食安全重任。加快规划建设粮食安全产业带,加强耕地保护,推进高标准农田建设,确保粮食播种面积稳定在1.6亿亩以上,推进主要粮食作物生产全程机械化,着力打造口粮生产、粮食储运、食品加工、农业装备、农业科技、农产品期货"六大中心",确保实现粮丰增收。二是在打好种业翻身仗上彰显河南担当。立足河南种业优势,统筹推进神农种业实验室和国家生物育种产业创新中心建设,实施种质资源保护利用、创新平台建设、育种创新攻关、良种繁育提升、龙头种企培育和种业市场净化"六大行动",规划打造"中原农谷"。三是深化农业供给侧结构性改革。持续实施龙头企业培育、全链条发展、特色产业集群培育行动,建设优势特色农产品生产基地,培育绿色食品产业集群,推进品种培优、品质提升、品牌打造和标准化生产,打造"一县一业""一镇一特""一村一品",在城乡接合部大力发展设施农业,提高农业质量效益和竞争力。四是推进乡村建设行动。加快编制"多规合一"实用性村庄规划,开展"十县百镇千村"示范建设,加强传统古村落保护,有序发展民宿经济。实施"治理六乱、开展六清"集中整治行动。五是深化农村改革。开展第二轮土地承包到期后再延长30年整县延包试点,稳慎推进农村宅基地制度改革试点,探索推进农村集体经营性建设用地入市制度,发展壮大村级集体经济。

关于实施制度型开放战略

记者:中央经济工作会议要求以高水平开放促进深层次改革、推动高质量发展。今年河南怎样持续做好开放这篇文章,激活发展动力?

楼阳生:互联网时代,开放没有边缘、只有节点,内陆省份可以借助新一代信息技术和现代综合交通体系,通过制度创新实现跳跃式、直联式开放,形成对外开放新优势。我们将着力实施制度型开放战略,加快建设更具竞争力的开放强省,更好融入国内大循环和国内国际双循环。

近年来,河南坚持以"空中丝绸之路"为引领,推动空中、陆上、网上、海上"四条丝绸之路"融合并进,打造枢纽经济新优势。2021年前11个月,中欧班列(郑州)开行班次、货值分别增长35%、44%,铁海联运班列开行10.1万标箱。2021年,郑州机场货邮吞吐量突破 70 万吨,货运规模连续 2 年居全国第 6 位、跻身全球货运机场 40 强。2021 年全省进出口总值有望突破 8000 亿元。

今年,我们将大力实施枢纽能级巩固提升行动、物流提质发展行动、枢纽偏好型产业集群培育行动,谋划推进高铁、高速公路、机场、港口重大项目,加快国际航线航班全球布点,用好第五航权、争取第七航权,构建"一枢多支"现代化机场群,高水平建设中欧班列郑州集结中心,发展壮大周口港、淮滨港,提升通江达海能力。分类培育全国领军型、特色标杆型、新兴成长型物流企业,组建河南国际港务集团,招引国内外大型物流集成商,提升冷链、快递、航空等专业物流运营水平,争创国家物流枢纽经济示范区。发展壮大航空偏好型、高铁偏好型、陆港偏好型、水港偏好型产业集群。

(作者:先　清　杨子佩)

2021 年 5 月,习近平总书记在河南考察时强调,保证粮食安全必须把种子牢牢攥在自己手中。要坚持农业科技自立自强,从培育好种子做起,加强良种技术攻关,靠中国种子来保障中国粮食安全。河南全省上下牢记习近平总书记的殷殷嘱托,下大力气育好河南种业,为端稳中国饭碗贡献河南力量。农业的出路在现代化,农业现代化关键在科技进步和创新,我们必须比以往任何时候都更加重视和依靠农业科技进步,走内涵式发展道路。近年来,我省沿着习近平总书记指引的方向,抓住粮食核心生产区这一国家战略实施的机遇,加快建设新时期粮食生产核心区,打造口粮生产、粮食储运、食品加工、农业装备、农业科技、农产品期货"六大中心",让河南粮食生产这张王牌更加闪亮,努力在确保国家粮食安全方面展现新担当新作为。

第一节　河南省农业科技创新取得的成就

全省农业科技工作者始终坚持新发展理念,落实藏粮于地、藏粮于技战略,以助推乡村振兴、农业高质量发展为目标,以持续提升科技创新能力、成果转化能力和人才支撑能力为中心,为全面推进乡村振兴、加快农业农村现代化提供有力科技支撑,为谱写新时代中原更加出彩的绚丽篇章作出积极贡献。

一、超前谋划,突出优势,始终把农业科技创新放在重要地位

河南省第十一次党代会旗帜鲜明地提出,锚定"两个确保",全面实施"十大战略"的

战略决策,把实施创新驱动、科教兴省、人才强省战略作为"十大战略"之首。围绕《河南省"十四五"科技创新和一流创新生态建设规划》,农业领域先后出台了《关于加快推进农业高质量发展建设现代农业强省的意见》《关于坚持三链同构加快推进粮食产业高质量发展的意见》《关于加快畜牧业高质量发展的意见》《关于加快发展农业机械化的意见》《关于加快推进农业信息化和数字乡村建设的实施意见》《关于加强高标准农田建设打造全国重要粮食生产核心区的实施意见》等,构建推动农业高质量发展"1+N"政策体系,加快建设现代农业强省。构建推动我省农业高质量发展的"1+N"政策体系,充分体现了省政府统筹推进农业农村高质量发展的战略设想,始终坚持把发展农业科技放在突出位置的决心。目前,围绕粮食增产、农业增效、农民增收的目标,遴选一批制约农业生产的重大、关键技术问题和密切关系本省农业生产发展的战略性、前瞻性课题,超前谋划,及早安排部署,分批组织实施。在完善政策措施、推进农业农村高质量发展方面走在全国前列,传统农业大省正迈向农业高质量发展康庄大道,加速向现代农业强省转变。

二、集成示范,辐射带动,农业科技园区建设成效显著

河南省积极培育建设农业科技园区,初步建成了特色鲜明、模式典型、科技示范效果显著的园区发展格局,有力巩固了河南省在农业科技领域的领先地位。截至 2021 年底,全省累计创建 8 个国家级、100 个省级、206 个市级、98 个县级现代农业产业园,4 个国家级产业集群,69 个国家级农业产业强镇,4 个首批全国农业现代化示范区,打造了"双汇"全国肉制品全产业链重点链和延津优质小麦、泌阳夏南牛、信阳浉河茶叶等全产业链重点县,实现全省 17 个省辖市和济源示范区全覆盖。2021 年全省农林牧渔业总产值跨过万亿元大关达到 10 501.20 亿元,其中农业总产值 6564.83 亿元,居全国第 1 位。具体呈现出三方面特点。一是集聚资源要素,创新创业活力凸显。河南省园区积极与河南农大、省农科院等高校、科研院所开展合作,以平台集聚技术、成果、信息和人才,提升园区创新能力,共建有研发机构 740 家、院士工作站 43 家,各类研发人员 16 774 人,各级科技特派员数量 2063 人;集聚省级以上科技企业孵化器 60 个、众创空间 12 个、星创天地 78 个,已发展成为河南农业农村创新创业的重要基地,支撑引领了当地的产业发展。二是科技企业引领,产业发展效益突出。河南省园区依托区域资源禀赋,围绕本地主导产业,打造了一批以漯河食品加工、信阳茶叶、宁陵酥梨、灵宝苹果、西峡猕猴桃等为代表的河南农业品牌。园区内入驻企业 8358 家,其中高新技术企业 574 家,上市企业 51 家,园区产业特色和优势明显,产业规模优势、集群优势突出,已成为河南省特色优势产业现代化发展的样板。三是强化成果集成示范,带动农民致富增收。河南省园区通过"核心园+示

范园+经营主体"及"龙头+科技+基地+农户"的园区建设和产业发展模式,形成技术梯次示范辐射机制,带动现代农业技术的示范推广应用。目前,园区累计引进农作物技术、品种和设施 6634 个,累计推广农作物品种、技术和设施 7295 个,开展技术培训 59.34 万人次,带动 85.44 万农户致富增收。逐渐形成以国家农业高新技术产业示范区为引领、以国家和省级农业科技园区为骨干、以地市农业科技园区为基础的现代农业科技创新和成果转化示范网络体系。

三、搭建平台,创新载体,打牢农业科技创新的基础

为了筑实全省农业科研的底蕴,河南省着力从研究开发和应用服务两个层面构筑大科技、大统筹、大创新的农业科技创新良好环境,夯实创新基础,整体提升了全省农业科技的创新和综合生产能力。围绕省农业领域优势特色产业,以培养产业核心竞争力为目标,主动接轨国家实验室体系构建,立足我省农业大省地位和承担保障国家粮食安全的重任,以及在种业领域的科研基础条件和学科优势,联合国内优势科研力量,积极争创种业国家实验室。2019 年,由河南省农业科学院牵头组建的国家生物育种产业创新中心在河南省新乡市平原示范区启动建设。同年,在省委、省政府和工信部的支持下,国家农机装备创新中心在洛阳成功组建并开始运行,该中心围绕农机装备领域的重大需求,对标国际创新机构,打造农机领域原创科技的策源中心、行业技术进步的促进中心。在国家级层面,争创了国家重点实验室 3 家、工程技术研究中心 3 家、现代农业产业园 6 个、农业科技园 14 个,以及河南粮食作物协同创新中心、国家园艺种质资源库等一批"国字号"高能级平台。建成了以 10 个国家级、100 个省级为代表的现代农业产业园体系,创建了 17 个国家农村产业融合发展示范园、6 个国家优势特色产业集群和 80 个国家农业产业强镇。另外,周口国家农业高新技术产业示范区 2022 年已批复同意建设。在省级层面,神农种业实验室挂牌运行,安排开办及研发费用 3 亿元,确定了小麦、玉米、花生等首批启动的七个研究领域。加快建设"中原农谷",促进种业、粮食、食品三体聚合,打造千亿级种业和粮食产业集群。立法保障省科学院重建重振,重塑开放共享的科技研发体系、成果转化体系和支撑服务体系。稳定支持现代农业产业技术体系建设,全产业链协同推进16 类高效种养业和绿色食品业重大关键共性技术攻关。此外,还统筹建设了 47 家省部级重点实验室,221 家工程技术研究中心,14 家农业综合试验基地、科学观测实验站。

四、集聚人才、培养队伍，为建设现代农业强省提供人才支撑

近年来，我省围绕产业发展，从广度、深度上壮大人才队伍，让各类专业人才在乡村大施所能、大展才华，加快推进乡村振兴。目前，河南拥有国家驻豫科研单位4家、省级涉农院所和高校28家，市级农科院所20家，教育科研人员达7000多人，涌现了4位中国工程院院士、3位国家杰出青年和29位中原学者。一是加速领军人才的引育。各涉农高校和科研院所，聚焦河南发展急需，加大力度集聚海内外优秀人才，培养了程相文、张改平、张新友、茹振刚、秦英林等一大批涉农领军人才。二是深入实施卓越农林人才教育培养计划，主动对接农林业创新发展新要求，实施农林拔尖人才培养计划，聚焦动植物生产类、林学类等本科农林优势学科专业，依托高水平农林院校，科教协同探索本硕博一体化培养，培养一批高层次、高水平、国际化的创新型农林人才。三是积极探索优化农技人员能力素质提升路径。通过异地研修、集中办班、网络培训等方式完善分层分级分类培训制度，全面轮训了3万多名基层农技人员，确保每年1/3以上的在编在岗人员接受连续不少于5天的脱产业务培训。四是加快新型职业农民培训，建立了农业农村、人社、扶贫和教育部门"四路协同"培育工作机制，截至2021年年底已完成培育经营管理型和专业生产型、技能服务型高素质农民135.7341万人。五是重构重塑产业技术创新队伍。我省有122名专家进入39个国家体系，省产业技术创新体系由3个增加至17个，专家岗位由39个增加至119个，聚力3个全国科技现代化先行县和29个省科技引领优势产业发展试点县，建立健全整县承包、定向服务机制，打造科技赋能县域经济发展样板。十余年来，全省农业科技进步贡献率从56.6%递增至64.1%，稳居全国第一方阵，科技已成为农业农村高质量发展的最重要驱动力量，人才成为现代农业强省建设的最重要生力军。

五、紧盯目标，聚焦产业，现代农业产业技术体系建设成效显著

"十三五"期间，我省紧盯一手增产量，一手提质量的工作目标；聚焦三条产业链，三条技术路径，着力在提高农业科技创新能力、完善现代农业产业技术体系上下功夫。五年来，审定的26个小麦品种，小麦体系育成的品种平均年应用面积3500万亩以上，单产水平增幅5.5%。郑麦379、百农4199连续两年成为我省种植面积前两位的小麦品种。玉米体系选育的豫单132创造黄淮海夏玉米籽粒机收10亩方平均亩产1098.6公斤高产典型，先后创造了10亩示范方平均亩产破千公斤的高产典型，创下了百、千、万亩示范方

的大面积高产纪录。甘薯杂粮体系推广应用红薯品种 50 万亩，推广周豆、驻豆系列大豆品种 100 万亩，推广豫谷系列谷子品种 50 万亩，累计增加经济效益 2.95 亿元。蔬菜培育出博新、博杰等系列高产、优质、抗病黄瓜品种，在主产区市场占有率常年保持在 70% 以上。培育出无刺水果型黄瓜品种"绿翠"，完全能够替代进口品种，种子价格仅为进口品种的 30%，引领工厂化育苗从无到有、从少到多，年产千万株以上规模化蔬菜育苗场 10 余家，年商业化育苗超过 10 亿株，成为蔬菜产前重要的产业。同时，整合科研、推广力量，创新并逐步构建起科教兴农"一三五五"工作机制，形成科技创新推广服务"一盘棋"，使科技创新与产业发展深度融合，首席专家、岗位专家、试验站各司其职又相互交融，农业企业、种植大户、合作社等新型经营主体深度参与的科技创新体系、推广体系和应用体系，有效地破解了农业科研生产"两张皮"难题。

六、科技支撑，硕果累累，确保国家粮食安全战略做出突出贡献

近年来，我省加强农业基础研究和前瞻布局，密切结合市场需求，聚焦重点领域，集中资源力量进行核心技术攻关，让优势更优、强项更强。一是重大科技成果竞相涌现。近十余年来，河南农业领域主持完成项目获得国家三大科技奖励的有 51 项，其中科技进步一等奖 4 项，在育种、加工、疫病防控、农机装备等领域，破解了一大批小麦、玉米、大豆、棉花、花生、芝麻、大白菜、桃、烟草、猪、牛、鸡等产业发展技术瓶颈，获奖数量和质量均居全国前列。尤其是种业自主创新水平全国领先，4 个科技进步一等奖均为育种项目，包括 2 个小麦品种（郑麦 9023、百农矮抗 58）、2 个玉米品种（郑单 958、浚单 20）。二是助力种业"中国芯"，河南种业不断突破。据统计，"十三五"期间国家审定品种中，涉及河南选育的共 423 个，占总数的 10%。2020 年全国种植面积前十名的各类作物品种中，由河南选育的小麦品种占 4 个、玉米品种占 5 个、花生品种占 5 个。三高青角黄鸡 3 号，蛋鸡配套系豫粉 1 号，夏南牛、黄淮肉羊等畜禽品种也填补了河南及黄淮海区域育种空白。三是粮食综合生产能力迈上新台阶。五年来，粮食总产连续稳定在 1300 亿斤以上，是全国 5 个粮食净调出省份之一。全省粮食播种面积常年稳定在 1.6 亿亩以上，其中小麦面积稳定在 8500 万亩以上，稳居全国第一。率先开展大规模高标准农田建设，累计建成高标准农田 7580 万亩，"望天田"变成了"高产田"，平均每亩年增产 150 斤左右。河南用全国 1/16 的耕地，生产了全国 1/10 的粮食、1/4 的小麦，不仅解决了全省 1 亿人吃饭问题，每年还调出原粮及其制成品 600 亿斤左右，全省农业科技进步贡献率达 64.1%，主要农作物良种覆盖率超过 97%、耕种收综合机械化率达 86.3%。四是农村第一、二、三产业加速融合发展，规上农产品加工业已发展成万亿级产业。构建"1+N"农业高质量发展政策

体系,高效种养业和绿色食品业加快转型升级,大力发展优质专用小麦、优质花生、优质草畜、优质林果、优质蔬菜、优质花木、优质茶叶、优质食用菌、优质中药材、优质水产品等十大优势特色农业,推动酒业、奶业、中医药振兴,优势特色农业产值占比达57.8%,肉、蛋、奶、蔬菜、食用菌等重要农产品产量连续多年稳居全国前列。五是涉农企业快速发展。河南规上农产品加工业已发展成万亿级产业,是全省重要的支柱产业之一,生产了全国1/2的火腿肠、1/3的方便面、1/4的馒头、3/5的汤圆、7/10的水饺,培育出双汇、牧原、三全、思念、白象、想念等一大批全国知名品牌。

第二节　河南省农业科技创新体系存在的问题

长期以来,我省农业科技一直存在着条块分割、资源分散、低水平重复、协作不力等问题,尤其是农业科技创新体系建设不完善、投入少、科技成果转化率低、科技与产业之间缺乏有效的连接机制,农业科技人才结构不合理、创新主体的创新能力不强等问题,严重制约了我省农业产业发展和创新活力。主要表现在:

一、农业科技创新体系建设不完善

首先,农业科研、推广机构是农业科技创新的主体不够明确,在创新主体的认识上存在偏颇,过度地强调企业是农业科技创新的主体。事实上,农业科技有其特殊性和规律性,属公共产品,具有纯公益性的特征。公益性的农业科研、教学和推广机构是农业科技创新的主体。其次,科研院所、在豫高校、涉农企业产学研有机结合不够紧密,缺乏有效衔接的协同创新机制;科研成果的评价机制不尽合理,这种情况在高校尤为突出。现有的科研导向导致高校教师重论文发表数量而轻视发明的质量、重视科研成果奖项而轻视实际产品的应用价值成为普遍现象,不能完全适应现代农业专业化、区域化、产业化发展的需要。再次,农业科研与推广"两张皮"的现象依然存在。在机构设置和工作职能定位上存在科研和推广脱节的问题,"两张皮"现象依然存在,科研单位大多采用"立项—研究—成果—评奖—再立项"的模式,忽视了成果的应用,科研与生产、农民需要存在脱节现象。同时政府主导的农技推广体系与农业科研院所缺乏紧密联系,在管理上农科教仍然相互独立,市、县、乡各成系统,系统之间缺乏相互协调,难以产生协同效应。最后,农业科技体制和机制改革滞后,农科教相分离仍较突出,目前农业科技管理体制仍旧保留着大量传统因素,农业科研机构重复设置,部门条块分割,政出多门,运行效率不高。如河南现有省级农业科研院所分别隶属于省农科院、省农业农村厅等多部门管理,涉农高校归属教育厅管理,这显然不利于农业科研资源的有效利用。

二、农业科技成果转化率低

我省农业科技服务体系在构建和运行上仍然具有显著的自上而下的政府主导特征,一定程度上造成农业技术供给与需求脱节。多数的科技成果适应性不强,创新性偏低,不具有很高的推广价值。一些科研成果单纯追求学术价值,而忽略了市场价值和转化价值,对农业发展的实际需求缺乏针对性和实用性,导致研究成果与实际需求脱节。二是农业科技成果转化的环节不畅。农业科技成果的转化包括研究、推广和应用等环节,它们相互之间存在内在联系,任何一个环节都是科技成果转化为现实生产力的关键。但影响成果转化的最主要的是推广和应用环节,在推广环节,农业科技成果需要农业科技人员、农业推广中介以及推广人员完成推广活动,由于推广体系不健全,一直由政府行政手段主导推广,运作机制不灵活,部门之间很难协调配合,很难发挥农业科技人员、中介推广机构的积极性。应用环节,农业科技成果的实施应用主体是农民。而农民受教育水平,传统小农思想,急功近利心理等也影响农业科技成果的转化。加上分散的农户没有足够的物力、财力装备现代农业技术,也没有能力承担更大的农业经营风险,致使农民在权衡利弊的基础上,放弃采用新的农业科技成果从事农业生产的机会,这些都严重地制约了农民采用科学技术的积极性,阻碍着农业科技成果转化。三是农业技术转化渠道单一。我省目前农业科技成果转化推广的方式多为技术讲座、技术培训等,这种单一化、缺乏针对性的推广方式并不能切实给使用者提供有效支撑。同时,由于政府、企业和科研机构之间的协作意识不强,农业科技成果转化仍然依托科研单位、科研人员的自身转化,缺少省级层面的公共性科技成果转化平台,科研成果推介渠道欠缺,导致科研成果难以充分运用到农业生产中。市场化的技术交易平台缺乏,科技成果转化渠道不足,科研创新与市场需求对接不够,也容易导致科技成果市场供需错位,带来技术创新成果转化难的问题。

三、农业科技创新投入不足

有学者研究表明:只有当农业科研投资强度,即农业 R&D 投入占农业总产值的比例明显超过2%时,农业科技原始创新才会凸显,一国才真正步入农业科技自主创新阶段,才可保障农业和国民经济其他部门的协调发展。自20世纪80年代以来,我国用于农业科研的投资与农业总产值的比重仅为0.17%~0.27%,河南省就更低了。一是河南省的农业科研经费在可行性研究、开发研究、应用研究的比重为1:16:4,而国际上发达地区对此的投入比重为1:5:2,与河南省的农业大省、科技大省称号极不相符。而且,我国农业科研机构和管理部门层次多,使本来就十分有限的投资经费,又因分散管理和中间环节流失而大大削弱了经费的使用价值。二是金融支持力度不够。出于对贷款者信用资质、偿债能力、风险评估等因素的考虑,金融机构发放贷款明显倾向于大型企业,提供的产品和服务也是针对大型企业发展需求设立的。而且由于农业的低效性以及农业科技研究的外部性,使风险资金很难进入农业生产和农业科技领域,从而制约河南农业科技研发和成果转化。三是河南省部分农业企业对技术创新或技术改造投入不足,许多农业企业科技研发投入强度不足2%,比如:一些农业企业虽然也认识到智慧农业对企业发展的影响,但受制于资金约束,无法上马智慧工程项目。四是资金投入不精准。河南省农业科技组织较为分散,农业科技创新组织机构按照行政层级、地域等设置,科研机构条块分割问题明显,科研力量不够集中,研发能力差异明显,研究资源和机构重复,尤其是高校、科研院所的学科专业、技术研发、要素配置等存在一定的重复性,导致资源投入针对性和精准性不够,科技研发效益不高。

四、农业科技人才结构不合理

人才是强农兴农的根本,我省目前已拥有一支较大规模的农业科技人才队伍,但农业科技人才队伍的整体结构却并不合理。一是新兴学科领域农业科技人才匮乏。目前河南省农业科技人才主要集中在种植业领域,而在新兴学科领域,如智慧农业、循环农业等方面的科技人才则严重不足,特别是农业知识产权、农业技术标准和法规方面的相关农业技术人才更是少之又少。二是高层次科研人才引进难、留不住,部分高层次人才引进后,薪酬收入不高,工作几年后便选择"跳槽"以谋求更优厚的待遇,再加上人才考核评价激励保障机制不够健全,缺乏对创新人才有效的激励机制,导致农业科研高端人才难以引进且留不住。三是科技创新收益分配不科学。我国作为农业大国,每一项农业科研成果只要投入生产,转化为现实生产力,就会带来巨大的社会效益,但从河南省情况来看,在创新转化收益分配方面,科研部门和推广部门本身获利并不大,相应的科技人员由此所得到的直接回报更是微乎其微,再加上农业科研与开发机构中缺乏竞争机制,投入与收益不成正比,势必影响研发人员的积极性。四是农业推广人才数量缺口大,素质有待提高。农业技术推广人才是发挥桥梁作用的重要环节,在推动农业现代化进程中发挥不可替代的作用。但目前河南省农业推广人才比例较低,仅占全部农业科技人才总数的1/3左右,其中还有一部分人员从事跟农业推广无关的工作,缺口非常大。五是人才培养欠缺。我国在农业人才教育方式上,对涉农专业的知农爱农教育、引导学生学农知农、爱农为农等方面力度不够,大学生毕业后都不愿回到农村基层工作,使得农业方面的专业人才相对欠缺,人才数量上的紧缺对现代农业和农业经济的发展产生了不利影响。

五、农业科技创新主体的创新能力不强

进入新世纪以来,我国高度重视农业领域科技创新,逐渐形成依靠科技创新提高农业生产效率的运行机制,并成为我国发展现代农业的重要方式和长期目标。我国农业科技创新体系是由高校、科研机构和涉农企业之间分工合作共同组成的,但创新主体的创新能力不足是制约农业科技发展的主要因素。一是与世界发达国家比有较大差距。与世界先进水平相比,河南农业科技创新差距较大,差距主要集中在"卡脖子"的自主创新领域。随着新一轮农业科技革命在全世界范围内掀起,我国农业正加紧向现代农业转变,生物技术、基因重组技术和信息技术开始应用于农业科研生产领域,但是对于高新技术的研究与开发目前只是刚刚起步,与发达国家相比还有很大差距。根据第六次国家技术预测结果显示,目前我国农业科技创新领域有 10% 的技术处于国际领跑地位,处于并跑和跟跑阶段的技术分别占 39% 和 51% ,与发达国家相比,总体仍呈现"少数领跑、多数并跑和跟跑"的格局。作为农业大省的河南,虽然目前正在布局中,但总体来看,差距很大,必须奋起直追。二是农业科技创新方向与区域经济发展脱节。据调查,近年来,每年我国取得农业科技成果转化率不足 50% ,而发达国家农业科技成果转化率已经达到 80%以上,主要原因是科研方向与区域经济发展需求方向的偏离,造成了我国农业科技发展滞后现状。三是科研机构分散,项目重叠。现阶段,我国科研机构类型多样,数量众多,传统的科技体制造成研发项目多头下达,项目之间相互重叠,必然受到多头管理,众多项目内容相近、政出多门,最终导致农业科研条块分割、力量分散、重复研究等扭曲现象的出现。四是科技产业化发展缓慢,市场意识较弱,产业开发还处于初始阶段,没有形成一批实力雄厚的农业经济实体和一支高素质的农业科技产业化队伍。

第三节　加快我省农业科技创新的建议

全面推进乡村振兴、加快建设农业强国、实现农业农村现代化,离不开充满活力的高水平农业科技。党的二十大进一步强调,教育、科技、人才是全面建设社会主义现代化国家的基础性、战略性支撑,必须坚持科技是第一生产力、人才是第一资源、创新是第一动力,深入实施科教兴国战略、人才强国战略、创新驱动发展战略,开辟发展新领域新赛道,不断塑造发展新动能新优势。为进一步提升我国农业科技创新水平,擘画了宏伟蓝图。近两年,随着构建"1+N"政策体系,加快建设现代农业强省步伐,传统农业大省正迈向农业高质量发展康庄大道,加速向现代农业强省转变。现为加快我省农业科技创新体系建设提出如下建议。

一、建立多元化农业科技投入机制

推进农业科技投入主体多元化建设,通过调动社会各方面的投入来大幅提升农业技术服务资金。一要构建以政府为主体、市场为导向的农业科技投入机制。发挥政府在农业科技投入中的主导作用,不断提高投入总量和比例,保证财政农业科技投入增幅明显高于财政经常性收入增幅。积极引导农民和社会资金投入农业科技,通过合作、参股、联营等多种形式,吸引和鼓励企业特别是一些以农产品开发为主的新兴科技企业投资农业科技开发和应用。二要努力开拓农业科技的金融投资渠道。改革农村金融体制,适当改进贷款方式,增加对农业科技项目的信贷投放。逐步建立农业科技创新风险基金和风险投资基金、融资制度和保险制度,以分散农业科研机构进行科技研究的投资风险,减轻农业科研单位的经济压力,激发农业科研部门技术创新的积极性。完善市场机制,将农业科研成果商品化,用科研成果作担保,争取银行等金融机构的信贷资金。

二、优化农业科技投入结构和环节

农业科技投入结构要根据农业产业发展特点和农民实际需求进行及时调整,逐步转变"重粮油作物、轻经济作物"和"重产前产中、轻产后"的传统思维模式。一要发挥国家粮食作物协同创新中心、国家生物育种产业中心、神农实验室的作用,开展重大农业科技协同攻关,推动在生物育种、智能农业、农机装备、加工技术、生态环保和粮食绿色增产模式等领域取得重大突破。二是围绕产业链部署创新链,围绕创新链布局产业链。梳理我省经济社会发展需求,针对现代种业、智慧农业、生物医药、食品加工等产业领域发展需求,争取国家、省级重大科技专项支持产业链关键核心技术集中攻关。布局建设一批以企业为主体的创新平台,推动国家生物育种产业中心建设。三是积极发挥种业创新在农业结构调整优化中的先导作用,以做大做强育繁推一体化种业企业为抓手,加大对种质创新、新品种选育等的支持力度,尽快培育一批高产、稳产、优质、抗逆、适应机械化生产的突破性新品种。加大对经济作物、畜牧业、水产养殖业、绿色有机农业等领域的技术研发和推广力度,满足多个行业和不同发展层次的农业科技需求。

三、构建现代种业技术创新体系

围绕新品种种植推广,建立技术规范,构建现代种业技术创新体系,夯实农业可持续发展基础。一是建立现代种业创新技术支持体系。加强基础性、公益性育种技术研究,重点支持高等院校、科研院所承担科技攻关任务。扶持公益性育种技术公共研发平台建设,积极推动研发平台设施面向社会开放共享。组建作物育种数据库,建立高通量的基因型和表型鉴定技术系统。在作物基因组变异与优良新基因发现、重要性状遗传机理与网络调控机制、优良育种新材料创制等方面努力实现重要突破,获得一批具有自主知识产权的新基因、新标记和新种质。二是建立多元化育种技术支持体系。强化市场导向,加快推动公益性与商业化相结合的种业技术联合创新,尽快建立基础性研究以公益性科研教学单位为主体、商业化育种以企业为主体的种业创新机制。继续支持高等院校、科研院所开展小麦、花生、林果等公益性较强的常规作物育种。支持种业企业、高等院校、科研单位组建种业技术创新战略联盟,加强优势互补,形成以种质改良为主的前育种研究与商品性开发相衔接的联合育种模式。重点支持产业技术创新战略联盟作为新兴科技创新组织独立承担攻关任务、实施科技项目,推荐其承担国家科技计划。三是构建专业化、集约化、流水线式的育种产业体系。以企业为主体推进商业化育种和产业化发展,重点突破新型作物不育系和强优势杂交利用、亲本保纯及繁育、作物机械化制种等关键技术。实施现代种业科技示范企业培育工程,着力打造一批具有核心创新能力、育繁推一体化的现代种业集团。通过设立产业基金和健全种业知识产权保护机制,引导种业企业和社会资本加大对作物新品种培育、繁育和应用推广的投资力度,实现良种创新投入的多元化,提升我省种业科技创新能力。四是强化种质资源保护与创新。探索建立种质资源收集与保存、重要性状精准鉴定与遗传资源多样性评价等技术系统。完善省级农作物、林木种质资源中心建设,加快组建畜禽、水产种质资源中心,建设省级生物种质资源数据库和信息共享服务平台,构建全省生物种质资源保护技术体系。

四、推进农业科技的系统化和集成化

根据现代农业产业发展的特点,通过政府引导、市场运作的方式,整合政府部门、科研院所、企业等多方科技资源,构建系统化、集成化的农业科技服务体系。一要强化农业科技资源的有效整合。围绕优势特色农业产业链进行农业科技创新,通过开展技术承包、技术转让、技术培训、技物结合、技术咨询等多样化的服务形式,集聚各种科技资源要素。二要加快农业科技园区建设。要着力打造高能级农业科创平台,推进农业资源共享、力量整合,加强基础研究、应用研究、集智攻关和科技成果转化。强化农业科技园区的试点示范,以此为平台进行农业技术集成,加强先进品种和适用技术成果的转化应用,促进传统农业的改造升级。三要发挥龙头企业、农民专业合作社对农业科技的辐射带动作用。依托龙头企业和各类农业专业合作经济组织,将农业科技服务延伸到最基层,落实到田间,形成"科技服务直接到户、良种良法直接到田、先进技术直接到人"的科学运行机制。

五、完善基层农技人员利益激励机制

基层农技推广队伍是农业科技推广工作中的主力军,基层农业技术人员在农业发展、改革、创新以及农业技术推广服务中发挥了关键性的作用,是乡村振兴、科技兴农的重要参与者和推动者。加强基层农技推广队伍建设是农业农村工作的一项重要内容。要强化对基层农业技术推广人员的投入保障,充分调动服务人员的工作积极性,增强农技推广工作的主动性,提高农技工作的持续稳定性,改变农业科技服务队伍零散、无序的局面。一要切实提高基层农技人员的福利待遇。探索以质定酬的创新型分配管理方式,落实工资倾斜和绩效工资政策,实现在岗人员工资收入与基层事业单位人员工资收入水平相衔接。二要加快建立多元化激励机制。专门针对基层农技人员设置科技成果奖项,对优秀农业科技人员优先实施岗位晋升,提供外出考察和学习机会,不断激励基层农业科技工作者在工作中发挥科研创新能力。三要进一步完善农业科技特派员制度。鼓励农业科技特派员以技术、信息、资金等多种要素入股的方式,与农民、专业大户和龙头企业结成利益共同体,利益共享,风险共担,形成农技服务的投入回报机制。四要加强与相关科研单位、高等院校的合作。通过合作的方式,鼓励技术人员定期到基层进行农技推广服务,吸引一批农业技术专业大学生到农村创业。

六、深入推进国家农村农业信息化示范省建设

综合利用现代信息手段,集成省级综合信息服务平台和先进农业信息技术优势,构建符合国情省情的农业信息技术研发体系、推广应用机制。一是推进农业信息化智能化。以人机物一体化、生命体数字化、装备设施网络化、生产经营智能化为方向,开展农业信息化技术研发,重点加强农业物联网、精准农业、农业云服务、移动互联等领域关键共性技术攻关,突破农业现场信息、动植物生命体信息的数字化检测、关键感知技术及装备和农业无线传感网络、通信技术及装备,开发一批低成本、先进、实用的产品,构建农业信息化与农业物联网技术体系。二是推进农业管理精准化。推进农业大数据技术创新与应用实践,重点开发农业数据资源优化整合技术,研究数据资源整合标准、统一标识和规范协议等。建设农业大数据分析应用平台,开发农业大数据采集、存储、处理、分析挖掘等技术,研发智能化的决策支持系统,开展农业生产过程、环境与资源、市场和消费监测预测,为推进农业精准化管理提供支持。三是推进农业生产设施化。坚持用工业化、信息化手段改造提升传统农业,加快农机装备行业科技创新能力建设,构建农机农艺紧密融合的生产技术体系。加强节水灌溉、高效收播、农产品贮藏加工和资源综合利用等方面的机械设施研制,开展设施农业自动化、智能化关键技术和装备的集成示范,提升我省现代农业机械化、装备化和设施化水平。四是推进农产品物流现代化。打造个性化、智能化农产品现代物流技术体系,重点开展生鲜农产品现代物流保鲜技术、农产品物流过程品质动态监测与跟踪技术、农产品物流装备与标准化技术研究,推进智能化信息技术在农产品物流装备、工艺、供应链管理、电子交易中的集成应用。加强农产品物流科技园区建设,扶持一批具有一定规模、设施齐备和服务功能健全的配送中心和科技型物流企业,构建现代农业物流网络体系。重点建设以技术集成、超前引领为特征的现代农产品物流创新示范平台、智慧物流研发基地,提升我省现代农产品物流科技发展水平。面向优势产业培育一批规模化、区域性的农产品电子交易平台,重点建设、提升区域性电子交易市场,促进农产品流通,形成品牌效应,以现代服务业技术引领现代农业发展。

七、加快推进我省农业科技创新中心建设

从国内外建设经验来看,科技创新中心在统筹优势资源、集聚创新要素与产业深度融合、优化科技资源布局、科技成果服务地方经济发展中发挥着示范引领性作用。目前我国已正在建设的 5 个国家级农业科技创新中心,因此建议加快我省农业科技创新中心

建设,把农业科技创新中心建设成为服务现代农业建设的示范区和主战场,通过科技中心建设加速科技成果向现实生产力转化,提升区域农业产业整体水平等方面成效明显。一是找准主体定位,明确科技产业化的技术导向,系统整合科研院所科技力量,协同区域内科研院校和科技企业,开展协同创新技术攻关,切实发挥集聚创新要素,高效服务区域经济发展和乡村全面振兴。二是发挥区域科技"试验田"作用,重点解决一批具有综合性、复杂性的产业科技瓶颈问题,凸显农业科技创新中心作为服务国家战略、支撑地方产业发展的区域性农业科技创新高地和人才聚集高地的作用。三是深化机制创新,建立健全正面鼓励、容错纠错保护制度,优化职务提拔激励、绩效激励等举措,创造良好的人才成长环境,激发人才的干事创业活力。四是实化人才保障机制,强化干部人才队伍建设、科研团队配置等工作,优化薪酬发放和绩效考核机制,组建急需的科研团队。构建"科研院所+地方政府+龙头企业+基层农户"的四位一体科企融合新模式,强弱项、补短板,强力支撑区域农业优势产业高质量发展。

附:典型案例选登

让科技和农业农村"同频共振"
——专访农业农村部科技教育司负责人

（原载于《农民日报》2021 年 3 月 19 日）

科技兴则民族兴,科技强则国家强。农业现代化关键在科技进步和创新,党中央把解决好"三农"问题作为全党工作重中之重,必须走中国特色社会主义乡村振兴道路,全面实施乡村振兴战略,加快农业农村现代化。近日,《中共中央关于制定国民经济和社会发展第十四个五年规划和二〇三五年远景目标的建议》(简称《纲要》)发布,我国农业科技如何对标《纲要》,加快实现"十四五"农业农村科技创新快速发展,记者专访了农业农村部科技教育司负责人。

记者:在新发展阶段,农业科技面临怎样的新形势?

答:"十三五"期间,农业科技取得一大批标志性、突破性成果,农业科技进步贡献率突破 60%,农作物耕种收综合机械化率超过 71%,农作物良种覆盖率稳定在 96% 以上,畜禽粪污综合利用率超过 75%,支撑保障粮食年产量稳定在 1.3 万亿斤以上,整体研发水平与发达国家差距逐步缩小。水稻、黄瓜、番茄、白菜、扇贝等基因组学研究及应用国际领先，超级稻亩产突破 1000 公斤，培育出一系列抗虫耐除草剂玉米和耐除草剂大豆新品种，寒地早粳稻、节水冬小麦、籽粒机收玉米、油菜生产全程机械化等新品种及配套技术取得重大突破，猪病毒性腹泻三联活疫苗、H7N9 禽流感疫苗研发成功并大规模应用，等等。

实现"十四五"农业农村高质量发展，迫切需要加快农业科技创新。生物技术和信息技术革命为农业科技发展带来新的机遇，基因编辑、人工智能、区块链等前沿技术驱动的农业科技变革对农业发展呈现系统性颠覆趋势。稳住"三农"这个全局的"定海神针"，守好农村"战略后院"，发挥农业"压舱石"作用比过去任何时候都需要科学技术解决方案。国际竞争新格局对我国农业科技原始创新能力提出新挑战，我们必须把原始创新能力提升摆在更加突出的位置，努力实现更多从"0"到"1"的突破，同时要提高科技供给的适配性。

记者：对标《纲要》，如何实现"十四五"农业农村科技创新快速发展？

答：《纲要》提出要在"十四五"期间实现"产业基础高级化、产业链现代化水平明显提高，农业基础更加稳固，城乡区域发展协调性明显增强"的发展目标。在创新驱动发展方面部署了强化国家战略科技力量、提升企业技术创新能力、激发人才创新活力、完善科技创新体制机制等重点任务。在全面推进乡村振兴中部署了提高农业质量效益和竞争力、实施乡村建设行动、健全城乡融合发展体制机制、实现巩固拓展脱贫攻坚成果同乡村振兴有效衔接等重点任务。

目前，我们正在研究编制《"十四五"全国农业农村科技发展规划》，对标建设农业强国和科技强国的要求，农业科技发展始终要坚持"保供固安全，振兴畅循环"的总定位，坚持保供增效与绿色发展相协调、坚持自立自强与开放合作相统筹、坚持有为政府与有效市场相结合、坚持履行使命与激发活力相统一，围绕"突破、融合、重构、提升"四个要义，强化科技创新和自立自强，全面推进乡村振兴事业蓬勃发展。

"突破"就是要突破种源等农业"卡脖子"关键核心技术，突破农业科学重大基础理论和前沿技术，突破农业产业高质高效绿色发展的技术、产品、装备。"融合"就是要加强科企深度融合，加强科技与县域产业和村镇经济深度融合，加强科技创新要素与区域产业发展深度融合。"重构"就是要重构中国特色农业农村科技创新体系、重构国家农业战略科技力量布局、重构国际农业科技合作发展格局。"提升"就是要实现农业质量效益竞争力大幅度提升，实现农业科技自主创新能力大幅度提升，实现农业科技成果转化推广效能大幅度提升。

记者："十四五"时期,我国农业科技发展的重点方向是什么?

答:《纲要》明确"高标准农田、现代种业、农业机械化、动物防疫和农作物病虫害防治、农业面源污染治理、农产品冷链物流设施、乡村基础设施以及农村人居环境整治提升"是"十四五"重点提升的八个方向,这也正是"十四五"农业科技发力的重点领域。

一是更加注重原始创新。在生物育种、农业5G应用、动物疫苗等领域突破一批"卡脖子"技术,提升我国农业科技的原始创新能力,力争跃居世界领先水平。二是更加注重产业应用。要在生物种业、智慧农业、农业机械装备、绿色投入品等领域显著提升产业竞争力,促进农业土地产出率、劳动生产率、资源利用率等进一步提高。三是更加注重提升企业科技创新主体地位。切实强化科企深度融合,完善支持政策,构建以企业为核心、产学研深度融合的协同创新体系。

记者："十四五"时期,农业农村科技发展的重点任务是什么?

答:"十四五"时期,我国农业科技的主要任务是,围绕保障国家粮食安全和重要农副产品有效供给,支撑引领农业高质量发展,巩固脱贫成果同乡村振兴有效衔接,加快农业农村现代化进程。

以乡村振兴科技支撑行动为抓手,落实"两藏"战略,抓住两个要害。一是开展生物育种创新,培育突破性、源头性新品种。二是加快东北黑土地保护、土壤质量提升、耕地地力培育等关键技术研发与应用,确保耕地稳数量、提质量。三是聚焦世界农业科技前沿,在理论规律、机理机制等方面实现更多从"0"到"1"的突破。四是在绿色高效种养、资源高效利用、重大风险防控、机械装备与智能化、宜居乡村建设等领域加快实现核心关键技术突破。五是持续加强农业科技基础性长期性工作。六是组织专家团队下沉中心,打造1000个科技引领乡村振兴示范村(镇),提升"一村一品"示范村镇产业技术水平。七是围绕县域主导产业,精准对接需求,打造100个科技支撑"一县一业"集聚发展的示范县,提升优势特色产业技术水平。八是大力培育高素质农民,巩固乡村振兴人才支撑。九是加强农技推广体系改革与建设,强化农业科技社会化服务。十是抓好耕地土壤污染治理和秸秆农膜利用,助力乡村生态振兴。

记者："十四五"时期,开启全面建设社会主义现代化国家新征程,构建农业农村发展新格局,您认为如何重构中国特色农业农村科技创新体系?

答:"十四五"时期,要着力构建主体明确、层次清晰、分工协作、运行顺畅的中国特色农业农村科技创新体系,重点做好以下四方面工作:

一是打造国家农业战略科技力量。加快农业领域国家重点实验室、国家重大科学设施、国家热带农业科学中心、国家技术创新中心、行业重点实验室、地方重点实验室、企业研发中心等平台建设,形成国家地方互动联建、政府企业共享共建的平台体系,建设一批农业农村部重点实验室。在生物育种、农业水土资源利用、智能农机装备、农产品加工贮运等领域，遴选支持一批45岁以下农业科研杰出人才。强化现代农业产业技术体系建设，培强企业技术创新主体力量。

二是完善农技推广体系。加快健全以农技推广机构为主体，市场化服务力量为重要补充，高等院校、科研机构等广泛参与、分工协作、充满活力的"一主多元、一性三化"农技推广体系。全面实施农业重大技术协同推广计划，示范推广一批引领性技术、主推技术。提升农技推广机构能力水平。引导农业科研院校开展科技服务。壮大社会化科技服务力量。完善提升产业顾问制度。

三是健全高素质农民培育体系。推进高素质农民制度建设，加快建设高素质农民队伍。建立现代农业农村科普体系。建立健全农业农村科普制度体系与人才体系，强化知识产权保护，加大宣传普及力度，形成社会、公众与科学相互交织、互相促进的制度文化，提高民众科学文化素质。

四是完善新型举国体制。创新"揭榜挂帅""赛马争先"等新型科研公关组织方式。加快科创中心、科技联盟的建设，推进科企、科技与县域产业、村镇经济、科技与区域经济深度融合。

（作者：孙　眉）

第六章

"中原农谷"建设中各创新主体的作用分析

传统观念认为,企业、高校、科研院所是科技创新活动的主体,也就是传统意义上的"产学研"。随着科技创新的发展,"产学研"已不能满足新时代科技创新的需求,政府的介入、金融的参与、中介的完善是当前协同创新的新特性。因此,本文认为科技创新主体是指以从事科技创新活动的人为基本构成单元的群体创新主体,不仅具有一般性的群体特征,还具有独特的科技创新特性。本书涉及的科技创新主体主要包括制度政策创新主体——政府,知识创新主体——高校及科研院所,技术创新主体——企业,服务创新主体——科技中介服务机构。

第一节 "中原农谷"各创新主体分析

一、政府是制度创新主体

在国家创新发展过程中,政府扮演着重要角色。一方面,政府是创新的主体,需要不断推进自身变革,以适应经济社会发展要求;另一方面,作为制度供给主体,政府也是创新的"推进器",为其他层面的创新提供制度保障。随着经济发展阶段的转换、国际竞争的日益激烈,科技创新的地位越来越重要,政府在推动科技创新中的作用也越来越突出。经济发展新常态下,政府的作用可以概括为四个方面:一是整合创新资源。创新工作是一项复杂的系统活动,它涉及人才、资金、技术等要素的互动集成,不同主体、层级与部门的协作配合,以及不同制度机制的协调对接。政府提供的各种制度安排,譬如政府、市场、社会等资源配置机制的综合运用，促进了创新要素的自由流动与有机整合，提升了创新资源的配置效率，形成推进科技创新的强大合力。二是完善科技创新的制度体系。政府通过改革创新评价体系、财税金融制度、投资贸易政策，完善知识产权保护，营造鼓励创新的社会制度环境。三是保护创新成果。政府通过立法，对创新成果专有权利加以界定和保护，建立创新成果的使用、补偿与回报机制，是创新行为得以持续的关键。事实充分证明，保护知识产权实际上是保护创新的火种，是激发创新的热情。四是培养创新理念。倡导"大众创业、万众创新"，本质上是倡导一种认同创新、尊重创新、保护创新和参与创新的价值理念。政府凭借其强大的动员和宣传教育能力，能够有效促进创新理念的培育与普及，为创新发展营造有利的社会氛围。按照科技创新和创新载体建设的三种模式，"中原农谷"建设是典型的政府主导型模式。"中原农谷"建设实施以来，河南省委、省政府和新乡市政府坚持省市联动，制定"中原农谷"建设方案、打造国家现代农业科技创新高地等"一揽子"政策；出台促进科技成果转化"八条措施"，高质量汇聚科创资源。积极对接中国农科院、中国农大等高校院所和中国农业发展集团、中信集团、华智生物公司等知名企业，推动农、科、教、研等资源加快整合，从组织保障、优化管理体制、强化政策扶持、落实资金保障、提升人才支撑、推动土地集约利用、促进区域对接协作等方面努力，为"中原农谷"农业科技创新奠定了较好基础。但是，"中原农谷"建设和全国其他创新示范区存在相似的问题，突出了政府主导和政府作为"第一推动力"的特征，在建设过程中政府的主体作用鲜明，从规划、基础设施建设、政策制订、人才引进再到招商引资等，政府承担了主要的职能。成立的"中原农谷"建设投资有限公司，推行"管委会+公司"管理模式，名义上是企业为主体，实质上基本承担了政府职能，存在着政企不分、产权不明晰的问题。短期看，这种情形有一定的积极作用，长期看，则存在如何处理好政府与市场关系，政府与市场合理分工的问题。

二、高校和科研院所是知识创新主体

高校和科研院所有众多的创新人才和良好的科研条件，在科技创新中发挥着不可或缺的作用，构成科技创新的重要环节。一般而言，高校和科研院所在科技创新的过程中，更加注重创新指标的先进性，追求科研成果，忽视市场需求。同时，高校和科研院所的科研经费主要来自政府投入，这使其缺乏技术创新的动力以及相应的风险防范与承受能力，这也就决定了高校和科研院所只能在科技创新的某个阶段或某种类型的创新中起作用。在具体实践中，高校应以基础研究为主，科研机构以应用研究为主，特别是对于投入高、风险大、周期长、回报率低的重大基础与社会公益等领域的研究，尤其是当前企业既无动力又无能力成为创新主体的科技创新项目,应该由政府组织科研机构和高校完成。同时,企业把市场需求反馈给科研机构和高校,然后由其致力于科学创新研究,再由企业把技术创新成果推向市场。这样有利于缩短技术创新周期,避免研究与市场脱节,迅速实现科技成果向生产的转化。《"中原农谷"建设方案》出台后,"中原农谷"建设已成为河南省涉农院校和科研院所的热门话题。高校和科研院所作为知识创新的主体,在"中原农谷"建设中,高校和科研院所要以创新为动力,抢抓机遇,积极融入;发挥优势,主动服务;培养人才,长远支撑,才能在"中原农谷"建设中发挥独特的作用。目前存在的问题:一是,高校和科研院所作为创新的主体,存在科研人员在进行科技创新时过于追求国际前沿、国际热点,研究脱离国家和区域经济社会发展需求。二是,一些国家和区域经济社会发展急需的研究,被一些人认为没有理论创新,不能发表论文,或该领域的问题不是国际前沿,等等,得不到重视,进展困难。三是,现有科研人员考核评价机制导致的"重理论、轻应用,重科研、轻转化"倾向,基础研究优势难以转化为产业创新优势。

三、企业是技术创新主体

企业是技术创新活动主体。所谓技术创新活动主体,指的是技术创新活动的主要承担者,主导着技术创新的全过程。推动科技创新发展,企业扮演非常重要的角色,应进一步发挥企业在技术创新领域的重要作用,不断强化企业技术创新主体地位。鼓励龙头企业加强技术攻关。支持具有技术发展优势的企业聚焦产业科技创新主战场,围绕先进制造业、战略性新兴产业、未来产业等重点领域,构建产业技术创新体系,系统梳理关键核心技术攻关重点,实施关键核心技术攻关工程,集中实施一批科技创新重大项目。加快企业科技成果转化应用,鼓励企业参与标准修订,建设区域科技创新平台与协同创新中心,与高校、科研院所组建技术创新战略联盟、创新联合体,转化一批科技成果,产生一批新产品、新工艺、新模式。构建科技创新企业成长链条,大力培育科技型企业、高成长性科技企业,构建科技型企业成长链条。同时,加强科技企业孵化器建设,打造一批规模化、特色化孵化载体,推动构建"众创空间+孵化器+加速器"全链条孵化体系。目前,"中原农谷"省级现代农业产业园创建基本完成,国家级现代农业产业园创建进入快车道,国家级农高区创建工作在加紧推进,先正达夏玉米研发中心等 4 个总占地 1950 亩、总投资约 1.2 亿元的项目已正式开工建设,河南农业大学国家小麦工程技术研究中心等 6 个总投资约 16.25 亿元的项目已签约落地、即将开工,合肥丰乐种业试验基地等 11 个项目正在进一步对接洽谈中。

从目前情况来看,企业仍然存在技术创新意愿不高、创新能力不强、创新资源不足等问题。企业不愿投入大量资金开展创新、创新主体地位还不够突出的问题比较明显。要进一步夯实企业创新主体地位,充分发挥企业在创新中的作用,进一步深入分析新形势下企业作为创新主体的内涵特征、存在问题,推动创新链和产业链有效对接,提高国家创新体系整体效能。在"中原农谷"建设中,政府要支持龙头企业牵头建设新型研发机构,支持企业开展关键核心技术攻关,促进各类创新要素向企业集聚,整合分散在不同部门的支持企业创新的各类专项资金,更好发挥集中力量办大事的制度优势,进一步完善支持企业创新的政策环境,等等,充分发挥企业在技术创新中的作用,着力攻克关键核心技术,形成创新引领的产业发展新优势,实现国家科技自立自强。

四、科技中介服务机构是服务科技创新主体

科技中介服务机构是指为创新主体开展科技创新活动提供服务的机构,是连接科技创新主体和要素市场之间的桥梁,在创新资源整合、科技成果转化、科技资产评估、技术交易等方面起着重要作用,能够帮助创新主体降低创新风险、提高创新效率,是国家创新体系的重要组成部分。其发达程度体现了科技要素集聚能力、科技成果实现价值以及科技市场活跃程度,是推动科技成果转化为现实生产力的主要动力和推动技术要素市场化、解决科技与经济"两张皮"的关键。目前,发达国家科技中介市场较为完善,如美国科技中介服务业市场发展已经进入"网络集成"阶段,英国已建立一个多层次、全方位,结构合理、完整的科技中介服务体系。在我国,科技中介机构是科技与经济紧密结合过程中最薄弱的一环,短期内如何通过制度环境建设,加快国际化进程以及人才队伍建设,缩小与发达国家差距,提高科技中介机构整体水平,对加快创新型国家建设具有十分重要的战略意义。要努力营造科技中介机构发展制度环境,完善科技市场制度体系,加强科技中介机构信用体系建设,加快推进科技中介机构与挂靠政府部门脱钩,鼓励和支持一些独立的公益类科研院所转制为非营利的综合性或专业性科技中介机构,扩大科技中介机构的总体规模。要加快科技中介机构人才队伍建设与培养,积极从高校、科研院所、留学回国创业人员群体中,吸引懂经营、会管理的科技专业人才加入科技中介机构,加快培育技术经纪人队伍,积极借鉴国外著名科技中介服务机构的发展经验,做到学有所用,用其所长。同时,对于国内需要的科技中介机构人才,科学制定人才发展政策,做到来得了、留得住、作用强,不断壮大科技中介机构队伍。

第二节　政府在"中原农谷"建设中的角色定位

在"中原农谷"建设之初,如何瞄准世界科技前沿,构建一流创新生态;如何聚力建设国家种业科技创新中心、现代粮食产业科技创新中心、农业科技成果转移转化中心、农业对外合作交流中心、农业高新技术产业示范区、智慧(数字)农业示范区等"四大中心""两个示范区";如何推动"中原农谷"成为国家区域性农业创新核心力量等一系列问题将是政府面对的首要问题。

一、国外政府在推动区域科技创新进程的经验和做法

韩国在推进协同创新上有两个亮点值得我们学习。一是设立政产学研共同研究体,政府提供稳定的经费,用公开招标的方式,通过产业界、大学、科研院所合作协同创新,科技成果的转化非常高。二是韩国有稳定、高效的协同创新保障体系,研发费用的投入目前占 GDP 比例达 4%,仅次于日本,位于世界第二。在韩国,政府在鼓励引进新技术的同时,通过官产学研协同创新,不断提高企业技术研发的水平和效率,使韩国的科技创新体系建设取得了巨大的成就,这也是韩国企业持续保持领先水平的根本。美国历史上很多重大的技术突破,都是由政府的科技计划引领的。著名案例如:"曼哈顿计划"(1942年),"阿波罗计划"(1961 年),"星球大战计划"(1983 年),"先进技术计划"(1993 年),"国家宽带计划"(2019 年),等等。美国政府在推动科技创新方面,始终紧盯前沿科学技术的进展,注重制定相关的政策法规、不断改革宏观管理体制和组织机制,充分发挥政府的作用来引导和整合创新要素,促进产学研紧密结合,保证国家的创新能力和国际竞争力一直处于世界第一的位置。实际上,从 19 世纪开始,美国政府注重产学研的结合。《莫雷尔法案》的颁布,推进了美国联邦政府和地方政府出台了一系列的法律,促进高校科学研究与企业相结合。20 世纪初期,美国政府在总结和推广辛辛那提大学的合作教育模式的基础上,形成了强调技能学习和有利于学生今后充分就业的合作教育制度,并逐步发展成为美国产学研结合链条中的一个重要组成部分。1950 年,美国政府通过了设立"国家科学基金"的法案,使美国大学的科研受政府科技政策、法规及导向的制约,国家目标成为美国大学科研的重要选题来源。芬兰特别强调产学研结合的资助机制,企业的项目必须有大学或研究机构作为伙伴才能得到资助,而大学、研究所的项目也必须有企业

作为伙伴才能得到支持。国家资助的科研项目，参与项目研究的企业、科研院所越多，项目获得资助的可能性越大。这种强调产学研结合的资助机制促进了国家创新体系各要素之间的密切联系。通过上述分析可以看出，美国联邦政府通过出台相关政策法规等措施，促进产学研等各方面的创新要素有效集聚，保证了国家创新能力持续不断的提升。战后日本经济之所以能迅猛发展，也在于其实施了"以技术创新为主导，辅以组织创新和制度创新"的国家战略。通过市场、政府这两只看不见的手，在推动科技创新资源向研发方向倾斜的同时，不断地进行技术引进与应用创新，并对各种技术加以消化吸收，进而发展到集成创新和原始创新，推动了日本经济的快速发展。随着欧洲一体化进程的加快，协同创新这一创新范式得到了蓬勃发展，特别是一些北欧小国，在技术创新实力上远远比不上德、英、法等老牌大国，但通过产学研协同创新，在全球建立了创新网络，通过整合资源，充分利用全球的创新资源，创新能力得到跨越式的提高。芬兰是世界上第一个将国家创新体系理论应用于创新实践的国家，该国的"信息通信技术联盟"，由诺基亚等200多家信息通信企业、29所大学和金融服务机构以及一批科技中介机构组成，极大地促进了芬兰的通讯产业发展，使芬兰从一个林业国家一跃成为世界上的通信强国。纵观世界经济发达国家，政府在创新体系中的作用非常重要，即使是在崇尚自由市场经济的美国，政府也在创新中的作用不可或缺。在我国这种大政府、小社会的管理模式下，政府在推进协同创新过程中的作用更是无可替代。

二、国外构建科技创新载体经验对"中原农谷"建设启示

1. 政府积极搭建创新平台，制定扶持政策

世界发达国家对建设科技创新协同综合体高度重视，视为国家创新战略的重要组成部分，从政府服务体系、政策法规、人力资源、科研经费投入、官产学研相结合等方面给予全位的扶持。在"中原农谷"建设过程中，各级政府要积极搭建创新平台，制定扶持政策，深入贯彻落实"人才兴国"战略，重视人才第一资源，从完善机制、实践培育、优化环境方面着手加强人才队伍建设，将各方面优秀人才集聚到"中原农谷"中来。要推进人才体制机制改革，牢固树立抓人才就是抓创新抓发展理念，以破除机制障碍为突破，全面落实"中原农谷"各项建设工作责任，建立人才工作合作制度，形成省、市、平原新区、中原农谷齐抓共管的人才工作格局。围绕人才"引、育、用、留"关键环节，坚持需求导向，聚焦经济社会发展和人才队伍建设需要，探索制定更加积极、开放、全覆盖的人才政策，构建全域激励的人才工作体系。要积极搭建人才锻炼使用平台，聚焦激发人才创新创造活力，建立健全人才评价、流动、激励机制，充分调动用人单位和各类人才积极性。

2. 企业要构建协同创新机制，大幅提升技术创新能力

美国 1978 年通过的《报酬法》，减少投资所得税，英国贸工部出台小企业贷款担保计划（SFLG），为中小企业提供政府贷款担保等，均是以鼓励企业加大研发投入，提升技术创新能力为目的。入驻农谷的企业要加强技术源建设，整合技术资源，提高企业创新能力。要建立以企业为主，大学与科研院所共同参与的科研模式，不断促进企业创新发展。要加强企业、大学、科研院所之间的合作形式，有效整合和利用资源，吸引更多的科技型人才，提高企业自身技术创新能力和创新水平。要构建以重点大学和科研院所为基础的企业研发模式，构建以重点院校和科研院所为基础，以企业为主体的"三位一体"的产学研结合模式。这种模式的特点是企业以其独特的资金优势，以研发实力雄厚的高校与科研院所为技术依托，能够更好地完成新产品或新服务的研发，该形式为我国中小企业技术创新提供了一条有效路径。

3. 高校和科研院所要更深入地对接和服务企业

从发达国家发展经验来看，西方发达国家的高校和科研院所更加注重与企业的合作。因此我们的高校和科研院所要进一步加强主观能动性，改变目前等待企业发布技术需求、前来对接的被动状态，发挥自身学术和研究领域的优势，与企业共同建立以促进产业发展为目标、市场需求为导向的长效合作机制。一是主动邀请企业参与高校科技创新工作，会同企业进行深入磋商，挖掘双方的科技创新合作需求，精准承担技术研发项目；二是与企业建立协同创新的合作实验室、研究中心或产业联盟等共同体，开展技术攻坚攻关、为企业提供研究创新的技术指导等，最大程度地将科研优势和企业力量形成协同创新的合力；三是提供高效的科技成果转化渠道，提供从早期研发到企业应用甚至知识产权管理、产品检测、企业内部管理、原材料提供等的一系列解决方案和一站式服务，力求将顶尖知识转化为实体产品，解决产学界的具体问题，满足行业和社会需求。

4. 积极推进科技金融产品创新和服务模式创新

要加快建设知识产权和科技成果交易中心，支持在"中原农谷"建立连接技术市场与资本市场的全国性综合农业科技创新服务平台，实现技术要素与资本要素的深度融合，提供"政务数据、金融资源、政策资源、企业服务"四维整合的综合金融服务，为科技人员职务科技成果确权和转化提供平台，为数字化科技产权业务与监管提供技术支撑，为科创企业投融资对接提供一站式服务。要鼓励金融机构联合多方，依托金融科技手段，转变传统抵押担保贷款方式，探索金融交易、数据处理和信息共享方式与模式创新，推广"数字风控+信贷工厂"业务模式，提高"微业贷""云快贷"等无担保、纯信用、纯线上化信贷产品业务规模。要完善和创新科技金融服务模式，加快小型贷款公司科学技术的发

展,为具有潜力的中小企业提供专业的服务,持续改进,不断完善银行和金融服务的创新体系,创造新兴金融产品,从而满足科技创新融资需求,提高商业银行的效率。

5. 搭建为企业创新服务的技术平台和信息平台

以科技创新创业需求为导向,以体制机制创新为动力,培育一批服务能力强、专业水平高、信用名誉好且具有较强竞争力的科技中介服务机构,采取后补助方式,择优支持科技咨询、科技评估、科技代理、技术转移转化等示范性机构建设。要支持业内的标杆企业牵头建立科技中介服务联盟,鼓励联盟制定科技中介服务标准和规范,建立公开、透明的服务质量和价格体系,建立信用等级评价体系,对科技中介服务机构进行等级评分,并将等级评分情况予以公开。优先扶持等级评分高、信誉度好的科技中介服务机构,切实树立科技中介服务联盟的公信力、影响力。要加大中介服务机构的网络信息资源库的建设,提高科技创新信息资源的利用率,充分发挥中介服务机构在社会公共服务事业中的能力,为用户提供既优惠又高质量的网络信息服务,在扩大服务的过程中提高中介服务机构的市场价值。中介服务要明确自身服务定位,提高从业人员的专业素质和服务水平,加强与国外发达国家科技中介服务机构交流与合作,学习先进经验,提高服务水平,依靠高水平的服务,树立诚信经营品牌,赢得用户的青睐,实现自身价值。

三、我国各级政府在推动科技创新中的角色定位

1. 科技创新战略实施的顶层设计者和领导者

中央全面深化改革委员会第二十七次会议明确提出,健全关键核心技术攻关新型举国体制,把政府、市场、社会有机结合起来,科学统筹、集中力量、优化机制、协同攻关。作为科技创新战略的顶层设计者和领导者,政府在对国家宏观资源整合和创新体系优化过程中占据着最重要的地位。政府作为一种非市场力量,可以对市场失灵状态进行弥补,通过政府支持,用非市场的手段对创新进行引导和支持,对参与各单位进行协同。特别是在核心技术攻关新型举国体制的组织实施过程中,不会像以前科技创新中联合攻关那么简单,在人、财物、知识产权等方面不可避免地会发生利益的纷争。要完善党对科技工作统一领导的科技创新组织领导体制,坚持"四个面向"的科技创新方向和系统观念,加快形成与科技自立自强相适应的科技创新体系化能力。强化国家战略科技力量,优化创新资源配置,统筹协调好国家实验室、国家科研机构、高水平研究型大学、科技领军企业的定位和布局。继续完善科技管理、创新评价激励等改革,推动有效市场和有为政府更好结合,把政府、市场、社会各方力量拧成一股绳,形成未来整体优势。

2. 高校、企业、科研院所等创新主体各方面利益的协调者

作为国家科技体制改革的重要力量,科技创新战略的实施,每一步都离不开政府对创新系统参与各方的宏观政策协同。我们知道,协同创新运行机制之复杂,涉及的组织和资源之广泛,没有政府的政策引导和支持必将是寸步难行。在协同创新的大环境下,政府不仅是领导者,同时又是协调者,如果只领导而不协调,就无法打通各个子系统的创新接口,大大降低创新绩效;如果只协调不领导,就难以带动各个子系统形成创新的合力,从而失去了创新的方向。在实际过程中,一方面,政府既要扮演好组织者和协调员的角色,又要尊重科学规律,给予高校、科研院所和企业等创新主体更多的自主权,推动政府力量与市场力量协同发力,形成国家战略科技力量、社会资源共同攻克重大科技难题的组织模式和运行机制。另一方面,政府要推动高校、科研院所和企业科研力量优化配置和资源共享,集聚创新资源、推动企业与高校、科研院所共建新型研发机构、工程创新中心和协同创新共同体,形成新的创新优势。

3. 创新组织模式的设计者和财政投入承担者

政府要从制度设计上健全促进协同创新的政策和法律体系,制定相关法律和制度规范、维护创新秩序和环境。对各合作方的责、权、利以及知识产权的归属等,要以立法的形式作明确的界定,解决好协同创新过程中利益分配和风险分担问题,形成协同创新的内在动力机制。同时,通过政策引导,对企业、大学、科研机构等创新要素的合作提供经费资助、税收减免、融资优惠、人才支持等,形成协同创新的激励引导机制。政府在不断加大对基础性的、战略性的协同创新项目投入的同时,鼓励和吸引社会风险投资等民间资本参与协同创新。只有这样,才能保证协同创新战略的顺利实施。

4. 一流创新生态建设的主导者

"政产学研"这个名词的兴起,凸显了政府在整个产学研合作过程中的主导地位。政产学研协同创新的战略性、基础性和公益性特点,决定了政府必须在区域创新环境建设中扮演重要的角色。长期以来,高校在创新方面,注重多出成果,多出论文,把成果发表在国际高层科技信息平台上作为衡量科研工作者科研能力的标志;企业则把兴奋点放在经济效益上,缺少深度创新的实力与长远的眼光;各级地方政府更感兴趣的是经济发展总量与税收的多少。三者的互相脱节,严重制约了我国科技创新水平的提升。在协同创新背景下,政府必须改革传统的创新理念和管理模式,加快以学科融合为基础的技术集成与协同,通过政策引导,促进创新力量和资源的重组与整合,推进政产学研用的融合。要引导企业、高校、科研院所从各自为战的束缚性思想中解放出来,通过协同创新实现跨越式发展;科技工作者要从只注重科学技术前沿的单一性思维中解放出来,把研究视野

投向区域地方发展的重大需求、行业产业急需,广泛汇集有创新能力和改革意愿的各方力量。要营造自由开放、鼓励创新、宽容失败的学术氛围,倡导拼搏进取、敬业奉献、求真务实、团结合作的精神风尚,形成有利于协同创新的文化环境。

第三节　"中原农谷"建设中河南高校责任定位

大学是一种独特的资源,作为大学的管理者,必须要对"大学如何服务区域经济"有着充分的战略认识,从而摆脱"象牙塔"封闭思想的束缚,直接为现实的经济社会发展做出贡献,同时也能从中获取充足的大学发展所需要的资源。面对"中原农谷"建设的实施,为河南高校发展提供了一个千载难逢的机遇,河南高校一定要认清形势,积极参与,在服务中原经济区建设过程中实现双赢。

一、高校在"中原农谷"建设中的作用

1. 为区域经济社会发展服务是高校发展的必然规律

回顾世界高等教育的发展,我们可以清楚地看到,从近代大学在欧洲诞生至今,其职能已经从农业经济社会的"象牙塔"、工业经济社会的"推动器",发展成为现代知识经济社会的中心。大学甚至直接决定着一个国家或地区经济社会发展的水平和速度。美国斯坦福大学的科技创新造就了硅谷经济,成为美国乃至世界高科技产业的发源地;以剑桥大学为核心的剑桥科技园,成为英国乃至全欧洲高科技产业和人才最集中的地方;以北京大学、清华大学等为依托形成的中关村高新技术产业区,成为中国高新技术产业的先锋。建设中原经济区,是深入贯彻落实习近平新时代中国特色社会主义思想的重大实践,是贯彻落实中央对河南工作要求的具体行动,是凸显河南地位、服务全国大局的重大举措,是实现富民强省的宏伟事业。高校必须坚持面向国民经济主战场,把学校的发展放在国家发展以及世界发展的大视野中去思考,以国民经济建设与社会发展为导向,充分发挥高校在国家科技创新体系和知识创新体系中的基础和生力军作用,紧紧抓住为经济建设和社会发展服务,在国家和地方政府"十三五"科技发展规划引导下,统筹当前与长远,把握科技发展的战略重点,为创新型河南和"中原农谷"建设贡献力量。

2."中原农谷"建设迫切需要高校的支撑

2022年4月,河南省人民政府印发《"中原农谷"建设方案》,"中原农谷"建设上升成为河南省战略。河南的农业科技力量大多集中在高校,河南有156所高校,13多万教师,7万在学研究生,是我省科技创新的主力军和重要供给侧,是学科和人才的聚集地,也是科技创新的重要策源地,在"中原农谷"建设、构建一流创新生态、对接国家战略科技力量体系、建设国家创新高地的进程中处于重要地位,具有明显优势,理应义不容辞、担当作为、做出贡献。《"中原农谷"建设方案》提出到2035年,建成世界一流的农业科技基础设施集群、科研试验示范基地集群和全球粮食科技创新高地,"中原农谷"成为国家区域性农业创新核心力量,我省全球十强种业企业实现零突破,农业领域高新技术企业达到30家以上,打造千亿级种业和粮食产业集群。要完成这一核心目标,必然会向高等教育提出大量的人才需求、科技攻关需求、成果转化需求、高科技产业化需求等。这些需求就是高校发展的空间。高校要积极参与"中原农谷"建设,充分发挥在人才培养、科技创新方面的区位优势和在区域经济中的"动力源""发动机"的作用,努力成为解决"中原农谷"建设中重大科技问题、实现技术转移、成果转化的中坚力量,把高校中蕴藏的巨大知识、人才优势和创新能力不断转化为国家的利益、社会的财富、人民的实惠。

3.高校特别是涉农业高校要在"中原农谷"建设中谋求更大的发展

以服务求生存,以贡献促发展,这是高等院校发展壮大的必由之路。高校具有人才、智力、科技等方面的优势,在对经济社会发展服务的过程中,具有不可替代的作用,这是高校发展壮大的根本。省委、省政府已明确提出,坚持把创新摆在发展的逻辑起点、现代化建设的核心位置,实施以创新驱动、科教兴省、人才强省战略为首的"十大战略",加快构建一流创新生态,全力建设国家创新高地。要实现这些目标,必然会向高等教育提出大量的人才开发需求、科技攻关需求、成果转化需求、高新技术企业孵化需求、高科技产业化需求、社会决策咨询需求等。进而要求高校相应地提高人才培养层次、扩大教育规模、提升科技创新能力,这必将为高校的发展提供更大的机遇和发展空间。高校特别是涉农业高校要解放思想,不断提升自身科技创新能力,在平常的平台、项目、人才外,高校、学院学科、专业的优化布局建设外,对战略科技力量的融入,与全省经济社会发展对接的载体,都应该纳入高校创新能力提升的范围之内,要把高校创新能力提升作为一个全局性、战略性、统领性的系统工程来加以重视。高校自身要敢于和善于面向市场,在开拓领域和拓宽自身的生存发展空间中,以更好的服务求得社会更大的支持,以更大的贡献求得学校更好地发展。

二、高校在"中原农谷"建设中的责任

1. 创新人才培养的"人才库"

人是生产力中最重要、最具有决定性的因素,人才在区域经济发展中具有基础性、战略性和决定性作用;一个区域的建设,科技是关键,人才是核心。在知识经济时代,高校为区域经济长远发展提供了可持续的智力资源支持,在经济和社会发展中具有不可替代的重要作用。高校要按照经济区建设发展的要求,加强专业结构调整,改革办学模式、人才培养模式,不断提高人才培养的适应性和针对性,为"中原农谷"建设培养足够的创新人才。

2. 经济腾飞的"助推器"

现代高校所具有的科技优势能够带动所在区域的产业结构升级。高校不断培育孵化出新的高新技术企业、新的产业,提供区域产业升级的动力,有利于新技术的发展,推动产业更新。经过多年的发展,高校已经成为我省科技创新体系的骨干和核心力量。高校要根据中原经济区建设中存在的重大问题,充分发挥在学科、人才、科技方面的优势,主动融入地方经济社会发展中,与企业之间建立一种开放合作、相互依赖、高度融合的密切关系。促进以研兴企、以企促研的组织间良性互动,为"中原农谷"建设提供强有力的科技、信息支撑,成为河南经济腾飞的助推器。

3. 引领文化潮流的"思想库"

高校向来是不同思想观点生成、汇聚、碰撞、激荡的场域,是学术观点创新、学科体系创新和研究方法创新的园地,是推进"中国特色、中国风格、中国气派"的学术成果的重要基地。高校应始终站在区域经济社会的文化高地上,在文化传承、文化辐射、文化交流、文化创新等方面发挥作用,用社会主义核心价值体系引领社会思潮,加强对中原传统优秀文化和特色文化的保护和开发,推动中原文化的大发展大繁荣。同时对"中原农谷"建设中的全局性、前瞻性和战略性决策开展研究,为"中原农谷"建设发展献计献策,为党委、政府科学决策提供咨询服务,为构建和谐中原提供重要的思想保证、精神动力。

4. 科技创新的"动力源"

高校是区域知识积累、创造与传播的主体,是原始创新、技术转移和成果转化的重要载体与平台,是基础研究的主力军、应用研究的重要方面军、科技产业化的生力军,在区域创新体系中发挥着龙头和骨干作用。从发达国家的经验看,高水平高校应该是国家创新体系的核心,每一项重大基础研究成果和高新技术产业的发展都离不开高校的积极参与。

高校应该主动走出去,放下身段,多与市场接轨,围绕传统产业转型升级、新兴产业重点培育、未来产业谋篇布局,从国家的战略需求出发,从市场需求出发,在现实中凝练课题,需求与发展对接、创新成果同产业对接、创新项目同现实生产力对接。将论文写在中原大地上,写在创新链、产业链的相互融合提升中,积极打造河南高校科技创新体系的塔尖,积极参与国家战略科技力量,充分发挥科技创新的"动力源"作用。

三、高校服务"中原农谷"建设的路径

1. 更新办学理念,推进人才培养模式改革与创新

办学理念从哲学层面引领着人才培养的理想追求,是大学办学的灵魂;从操作层面明确了大学的宗旨和使命,决定着大学的功能作用,是大学生存发展的根本。河南省高校在发展的过程中,必须不断更新办学理念,走特色发展、优势发展、内涵发展之路。要根据"中原农谷"建设需要,不断调整学科结构、人才培养目标,促进人才培养与经济建设和社会发展的紧密结合,以适应经济发展方式的转变,使学校的发展服从于国家经济社会发展的需要。要更加注重未来发展,要根据国家教育发展规划纲要和河南省经济社会发展的现实需求,坚持差异化和互补性原则,结合学校的办学特色,研究制定本校中长期发展规划,明确学校未来工作的目标和任务。要加快构建多类型农林人才培养体系,按照《关于加快新农科建设推进高等农林教育创新发展的意见》,加快构建多类型农林人才培养体系,深入实施卓越农林人才教育培养计划,主动对接农林业创新发展,农村、林区第一、二、三产业融合发展和行业产业发展,乡村人才振兴等新要求。要着力提升农林专业生源质量,将生物育种纳入基础学科招生改革试点,将生物育种、农林智能装备相关学科专业纳入有关专项计划支持范围,鼓励校地合作,探索推进涉农专业订单定向人才培养计划,实施"入学有编、毕业有岗"改革试点,在分配本专科生国家奖助学金名额时,对以农林专业为主的高校予以适当倾斜。要积极探索以创新平台、重点科研基地和重点学科为依托,以重大项目牵引、凝聚学术队伍的人才建设模式,加快培养一批具有国际领先水平的学科带头人、一大批具有创新能力和发展潜力的青年学术骨干。要注重高层次科技创新人才的引进,重点引进在国际国内科技发展前沿的学科或技术带头人,努力做到引进一个人才,推动一项科研,带动一门学科,形成一种优势。

2. 加快管理体制机制的改革,建立适合河南高校实际情况的管理体制

一个国家、一个地区整体创新能力,不仅来自高校、企业和研究机构内在活力的增加,更来自科学的制度安排和良好的社会经济环境。建设创新型河南,加快中原经济区

建设,基础在于发展观念的更新,但最根本的还在于体制机制的创新。随着我国经济体制的变革、社会结构的变迁、利益格局的调整以及思想观念的转变,构建科学的管理体制机制,正确处理和协调政府、企业、高校、科研院所和市场之间的关系,优化科技资源配置,提高科技创新效率,是中原经济区建设中所必须解决的课题。高校要根据国家科技发展目标和河南加快经济发展方式转变需要,以服务优势主导产业和主要发展领域为重点,组建高水平科技创新团队,建立科学的约束机制和激励机制,鼓励科技人员强化基础科学研究、以重大实际问题为主攻方向,加强应用和开发研究,切实提高原始创新水平。要加快建设以企业为主体、市场为导向、产学研相结合的技术创新体系,充分发挥高等学校和科研院所在科技创新中的重要作用。鼓励和支持高校与企业联合,集中力量开展科技攻关,突破一批制约产业发展的关键核心技术,获取一批拥有自主知识产权的创新产品,创造一批引导产业发展的技术标准,提高产业的核心竞争力。以科技创新和转化推动战略性新兴产业尽快成为先导产业和支柱产业,带动全省高新技术产业结构优化和质态提升,加快向创新型经济转型升级。要建立以创新质量和效益为导向的科技绩效考核评价机制,以建立开放、流动、竞争、协作的运行机制为重点,促进创新要素与生产要素在产业层面的有机衔接,推动科技成果的转化。促进产学研各方按照市场经济规则健全信用制度、责任制度和利益保障制度,形成优势互补、风险共担、利益共享的产学研合作长效机制。

3.定位准确,不断提高自身的科技创新能力

从世界高等教育发展的历史看,一所学校的能否快速发展,关键看其持续的创新能力。而一所学校的创新能力,固然与其悠久的办学历史、充裕的科研经费、卓越有效的管理有关,但更主要的是其拥有特色领域、创新团队和高水平的科研基地。在河南省的高等教育体系中,国家重点院校少,地方普通院校占大部分,同时大部分院校同质化严重,特色不够突出,放在全国的层面上看,大部分院校创新能力差。高校要以习近平新时代中国特色社会主义思想统揽各项工作全局,进一步转变发展观念,创新发展模式,提高发展质量,用发展凝聚人心,用发展破解难题,用发展检验工作,坚持特色办学目标不动摇,加快发展步伐不放松。要紧紧依托自身的学科优势,凝练学科方向,汇聚创新团队,探索建立一批多学科集成基地的有效机制,力争每个学校都能在国家及河南省未来发展具有重大作用和影响的领域取得突破,使其成为科技创新工作和高素质创新人才培养的主要阵地。同时,要瞄准社会科技发展前沿和重大生产及社会实践问题,切实发挥自身的比较优势,突破原有学科界限,通过大力推进学科的交叉与融合培养新的学科增长点,不断提升科技创新能力,为国家创新高地建设和"中原农谷"建设作出更多、更大的贡献。

4. 创新人才培养机制, 加速中青年科技人才的成长

科技创新能力的快速提升, 既需要一流的大师引导、带动, 更需要一大批中青年科技人才支撑。可以说, 中青年科技人才是学校科技的中坚力量, 是高校科技能够实现可持续快速发展的人力资源。他们年富力强, 学术思想活跃, 充满热情与激情, 具有较完备的知识结构体系和较强的科研实践能力, 敢于向新的科学发现或技术发明冲刺, 是科技创新思想火花产生的主体。他们既是民族和国家振兴的希望, 也是实现中原崛起的主力军和生力军, 更是学校发展的新生力量。因此, 遵循科技发展和人才成长的规律, 加快形成科技创新人才脱颖而出的机制, 打破论资排辈的陈旧观念, 不拘一格重用优秀人才特别是优秀青年人才, 为各类人才施展才能提供更多的机会和更大的舞台。要建立健全鼓励人才创新的分配制度, 坚持分配向关键岗位和优秀人才倾斜, 真正形成岗位靠竞争、报酬靠贡献的激励机制。要鼓励高校教师积极参与国际、国内各类学术交流活动, 在国际学术、技术组织中任职。大力支持教师利用各种途径、采取多种形式, 与国内外大学、科研机构和企业合作开展科学研究和人才培养等活动。

5. 营造良好的人才成长环境

要营造一种积极向上、大气和谐的大学校园文化, 提供一个相对宽松的学术环境和氛围, 形成尊重知识、尊重人才, 有利于吸引高层次人才的政策环境; 形成鼓励创新、宽容失败, 有利于创新型人才脱颖而出的体制机制, 形成百花齐放、百家争鸣, 在真理面前人人平等的创新氛围。要倡导解放思想、大胆质疑、勇于创新、积极合作的精神, 克服急功近利倾向, 积极探索完善学术自律与学术监督相结合、学术自由与学术责任相结合的有效机制。只有在这样的氛围中, 科技工作者才能将外在的制度规约和条件控制转化为教师的自我调节和自我控制, 从而内在地激发教师队伍的积极性、主动性和创造性, 自觉地以开展高水平、创新型科学研究为己任。才能以自身特有的怀疑精神和独立性, 不懈地探索科学的真理, 不断破解河南经济社会发展中的难题, 充分发挥高校在"中原农谷"建设中的重要作用。

第四节　充分发挥企业在"中原农谷"建设中的主体作用

一、充分发挥企业在科技创新中的主体作用分析

目前,中国经济已经进入转型升级和高质量发展阶段,创新是引领发展的第一动力,而企业是技术创新的主体,是突破关键技术的主要载体,是创新投入和成果转化的主力军,也是各国科技政策的支持重点和科技斗争的关键焦点。因此必须把充分发挥企业在科技创新中的主体作用作为"中原农谷"建设的重点。《"中原农谷"建设方案》在发展目标中明确提出:"到2035年,建成世界一流的农业科技基础设施集群、科研试验示范基地集群和全球粮食科技创新高地,我省全球十强种业企业实现零突破,农业领域高新技术企业达到30家以上,打造千亿级种业和粮食产业集群",充分说明了企业在"中原农谷"建设中的地位和作用。

1. 强化企业创新主体地位是把科技研发能力转化为经济发展实力的关键

在市场竞争的背景下,创新关系到企业的生存和发展,企业是市场竞争的主体,激烈的市场竞争促使企业必须通过创新来提高产品质量和性能,并不断创造出新产品。从企业自身情况看,创新是市场主体——企业所必须具备的特性。从创新主体的内涵来看,主体要具有需要激发的进行对象活动的能动性、创造性、自我控制和自我调节的自主性。对于企业来说,企业是以盈利为目的所从事的生产经营活动,向社会提供商品或服务的经济组织,因此,企业必须包括以上特性。可以说,企业最本质的特征就是从事创新活动,创新是市场经济条件下,企业必备的特性。

2. 企业的生产、制造、销售活动都与市场密切相关,最了解市场

企业的技术创新直接面向市场,围绕市场搞研发是企业的优势,企业对于市场的了解程度高于科研院所。而研发创新是建立在获取市场信息的基础之上的,只有将研发创新落实到企业,才能真正和市场需求紧密地结合在一起,创造出现实生产力,推动经济发展。所以说企业天然具有连接科技与产业的动力,促进由研发向产品和商品的转化。尽管创新主体有很多,但企业更贴近市场,尤其是产品技术的创新,有助于开辟新市场,增加消费,促进经济发展。

3.企业是否拥有创新主体地位影响到区域科技创新能力

从世界各国的发展实践看企业创新活动是否活跃、在创新资源配置中是否拥有主导地位，是能否建成创新型国家的必要条件。另外，企业作为科技创新的利益主体，同时也是风险承担的主体，将企业作为技术创新主体，同时也通过承担创新活动的风险强化其企业责任，这是科研院所做不到的。近些年来，我省农业企业创新能力明显提升，涌现出一批农业领域的创新型企业，但从总体上看，企业创新主体地位还不够突出，规模以上工业企业研发投入强度仍显著低于发达国家水平；企业基础研究投入不足，技术"拿来主义"多；企业利用和整合外部资源有限，集中了大量创新资源的高校、科研院所成果多、专利多同符合市场需要的技术供给不足并存，这些制约企业创新发展的问题，必须引起重视并着力加以解决。

二、企业在"中原农谷"建设中对创新要素集聚作用分析

要探究企业在"中原农谷"建设中对创新要素集聚的作用，实际上就是研究企业研发机构在区域创新能力中的作用。而企业研发机构是企业创新的源动力，其数量和质量直接影响着企业的核心竞争力。一是企业研发机构能够吸引大量创新人才，企业特别是大型企业研发机构以其自身更强的专业性和开阔的平台发展空间，能够吸引国内外创新人才集聚其中，提升研发机构的研发水平。二是企业研发机构能够集聚技术创新成果，通过自身的研发以及对外的交流，集聚本单位科技研究成果和外来高新技术及先进适用技术，兼收并蓄，"以我为主，为我所用"，创造更多有自主知识产权的关键技术，为企业研发活动提供强大的智力支持。三是企业研发机构能够引导更多的社会资金投入，通过引导和鼓励各类金融机构和民间资金支持企业技术创新，为创新活动的顺利开展提供基础支持和保障。四是企业研发机构能够汇集创新管理要素，企业研发机构在科技创新管理中扮演管理创新的实践者和先行者，以此促进企业创新发展的顺利进行。可见，企业研发机构能够集中各种创新要素，将各种创新要素锁定在一定区域内，集各方之力，为企业创新研发解决后顾之忧，增大创新成功的可能性；此外，企业能够将集合的资源进行优化和整合，实现资源的合理配置，在更高的层次、更广的范围促进创新活动顺利开展，从而有利于提升创新活动的品质，提高企业创新能力，实现企业动态创新，并且在企业提升创新能力的同时带动区域创新能力同步提升，进而为科技创新注入源泉和动力。因此，在"中原农谷"建设过程中，集聚大量农业高新企业入驻，充分发挥企业在创新资源汇聚、"卡脖子"问题的解决中的作用，是"中原农谷"建设获得成效的关键。

三、提升企业在"中原农谷"建设中作用的对策

1.加快在"中原农谷"中培育农业创新型领军企业

在"中原农谷"建设中,一是要切实发挥政府在企业研发机构建设中的鼓励引导作用,加大企业研发机构建设的政策支持力度,通过精简行政审批手续、加大财政支持、降低税负、创新人才引进机制、加强知识产权保护等措施,使企业从建设研发机构获得实际利益,增强企业建设研发机构的积极性,为培育农业创新型领军企业打好基础。二是要增强企业科技创新的紧迫感、危机感,变"要我创新"为"我要创新",真正在转型升级上下功夫、争效益。要以企业的科技研发为中心,探索实践企业出题、政府立题、协同解题的产学研合作创新机制,为企业的科技创新创造更好的条件,营造更优的氛围。三是要加大"中原农谷"培育创新型企业、创新型领军企业乃至世界一流创新企业的力度,通过我省实施的创新型企业树标引领行动、高新技术企业倍增计划、科技型中小企业"春笋"计划等,逐步完善"微成长、小升规、高变强"创新型企业梯次培育机制,加快培育农业领域"专精特新"、"瞪羚"、单项冠军企业,以涉农科技型中小企业的"铺天盖地"逐步造就涉农领军企业,加快在"中原农谷"中形成创新型企业集群。

2.着力增强企业研发机构实力

企业是技术创新和产业转型升级的主体,是经济实力和发展活力的根本保障。历史证明,在历次经济危机面前,凡是自主创新能力强、能有效依托研发机构集聚创新人才、掌握核心知识产权的企业,都有更强的抗风险能力,都能够在很快摆脱危机的基础上,实现新一轮的快速发展。但从我省涉农企业研发机构建设的现状看,仍存在着数量不够多、规模不够大、实力不够强、发展不够平衡等问题,难以适应率先建成创新型省份和加快推进转型升级的要求。因此,进一步加强企业研发机构建设,加快创新资源向企业集聚,大幅度提升企业自主创新能力显得尤为重要。一是要创新人才引进机制,夯实人才队伍,为研发机构建设提供强大的资金支持和智力保障,提升研发机构实力,在发展导向、资金支持、政策优惠、创新成果保护、创新要素聚集等方面给予更有利的配套支持,政企联动,合力推动企业研发机构实力进一步提升。二是着力提升涉农企业研发机构建设发展水平。在加快推动研发机构建设的同时,重点支持涉农创新型领军企业申报重点实验室、工程实验室等国家级研发机构,确保我省涉农企业国家级研发机构数量位居全国前列。三是在涉农高新技术企业中全面建设省级研发机构,推动涉农骨干企业"走出去"建立海外研发机构。

3. 优化企业研发机构的区域布局

一是积极引导和支持各类涉农企业建设研发机构,根据我省不同类型涉农企业的发展规模和技术需求差异,从大型涉农骨干企业、科技型中小企业、涉农外资企业等三个层面,分类指导、分层推进研发机构建设,力争用五年时间推动大型涉农骨干企业普遍在"中原农谷"建立研发机构,大力吸引跨国公司研发总部或区域性研发中心落户"中原农谷",支持科技型中小企业与高校、科研院所合作共建研发机构。二是同时加快建设"中原农谷"进度,以"平原示范区农业高新技术产业示范区"建设为契机,加快优势农业产业发展,以产业优势带动地区企业研发机构布局"中原农谷",建设现代农业产业体系,提升河南农业产业的国际竞争力。三是发挥政府宏观调控作用,在"中原农谷"设立研发机构的企业加大政策倾斜力度,提高对企业研发机构的财政资金支持力度,形成财政科技投入稳定增长机制,持续加大对入驻"中原农谷"企业创新活动的财政资金支持。四是在"中原农谷"组建创新联合体,以解决制约产业发展的关键核心技术问题为目标,以共同利益为纽带,以市场机制为保障,引导和支持创新龙头企业牵头、高校和科研院所支撑、各创新主体相互协同,组建"体系化、任务型、开放式"的创新联合体,开展关键核心技术研发和产业化应用,提升产业创新能力和核心竞争力。鼓励创新型企业、创新型领军企业设立首席科学家岗位,支持与高校、科研机构联合培养研究生。

4. 强化企业在科技创新顶层设计中的作用和科技创新活动中的主导权

面向"中原农谷"建设发展的重大需求,围绕重点产业关键技术,加强科技创新顶层设计。鼓励入驻农业企业参与"中原农谷"科技创新规划制定、科技计划体系架构、科技计划项目指南编制等方面的顶层设计和重大决策,充分发挥企业作为科技创新出题人的作用,形成常态化关键技术梳理和全链条设计的项目生成机制,紧密结合科技供给与产业科技需求,从需求端牵引推动科技成果的产出和转化。强化企业在"中原农谷"建设中的话语权,赋予企业更多的创新资源配置自主权,建立以企业为主体、竞合有序、符合规范的创新发展机制,支持企业牵头创建各种创新平台申报各类科技计划项目、人才项目,推动创新资源向企业汇聚,助力企业自主创新能力和核心竞争力的提升。完善企业创新引导促进机制,建设良好的支持企业创新政策服务体系,为企业创新创造营造优良环境,引导各类创新要素加速向企业集聚;强化省属涉农国有企业创新导向的考核和奖励,将企业研发投入视同利润进行考核,将科技创新重大项目突破等纳入企业负责人经营业绩考核范围;进一步优化营商环境,有效激发民营涉农企业入驻"中原农谷"的积极性;加大政策支持引导力度,鼓励有条件的创新型、引领型企业加大基础研究和应用基础研究投入,探索设立企业联合研发基金。

2022年，广东区域创新综合能力连续六年位居全国第一，"深圳—香港—广州科技集群"连续3年位居全球第二位，全省研发经费支出约4200亿元，占地区生产总值比重约3.26%，全省研发投入、研发人员、高新技术企业量、发明专利有效量、PCT国际专利申请量等主要科技指标均居全国首位，支撑广东高质量发展的成效日益彰显。广东省在科技创新方面的探索，值得我们学习和借鉴，2022年4月14日，《中华工商时报》刊载了《发挥企业创新主体作用，壮大国家战略科技力量的广东探索》一文，让我们了解广东省是如何牢牢把握创新驱动的"主战略"和"总抓手"，通过科技创新在国际经济竞争中掌握主动权，实现跨越式创新发展。

发挥企业创新主体作用，壮大国家战略科技力量的广东探索

（原载于《中华工商时报》2022年4月14日）

近年来，广东始终牢牢把握创新驱动的"主战略"和"总抓手"，以敢为天下先的勇气责任担当，致力发挥市场化程度高、制造业发达、科技成果转化能力强之"长"，勇于突破科技资源相对于北上江浙地区落后之"短"，创新驱动步伐坚定，基础坚实，成效显著，深厚的创新土壤和强劲的经济实力，推动着国家战略科技力量走上量的扩张与质的飞跃同步迈进轨道。但我们也清醒认识到，广东国家战略科技力量仍存在基础不牢靠、布局不合理、结构不均衡、企业创新主体作用发挥不充分、科技成果转化利用不高等深层次问题，要在立足新发展阶段，贯彻新发展理念，构建新发展格局上继续走在全国前列，就必须进一步突破壮大国家战略科技力量体制机制障碍，解决制约企业创新主体作用发挥不足的短板，更好更快实现科技创新的重点突破，推动形成新的增长动力和比较竞争优势，提高国家战略科技对经济社会发展的贡献率和支撑力，在国际经济竞争中掌握主动权，实现跨越式创新发展。

一、探索成果

始终把科技创新摆在重要位置，强化顶层制度安排，高质量完成《广东省自主创新促进条例》修订，出台系列重磅政策，强化企业创新主体地位，在经费使用、成果权属、国资管理等方面加大简政放权力度，着力破解制约创新发展的体制机制障碍。

第一，突出企业创新主体作用。一是推动企业积极参与综合性国家科学中心建设。

2020 年 7 月，国家正式批复同意建设全国第四家综合性国家科学中心——"大湾区综合性国家科学中心"，明确以信息科学、生命科学、材料科学、海洋科学为重点，重点建设深圳光明科学城、东莞松山湖科学城、广州南沙科学城等主要区域，聚焦应用基础研究、中试验证与成果转化等关键环节，发挥粤港澳大湾区企业创新资源富集和市场机制发达优势，建立有效市场和有为政府协同发力制度安排。二是推动企业积极参与重大科技基础设施建设运行。引入中核集团等相关领域龙头企业参与建设惠州中科院强流重离子加速器和加速器驱动嬗变研究装置、合成生物研究装置、脑解析与脑模拟装置等一批重大科技基础设施。推动已建成设施向全社会开放共享。三是推动以企业为主体建设创新联合体和产业创新平台。截至目前，累计争取获批建设国家工程研究中心 7 家、国家工程实验室 15 家、国家地方联合工程研究中心（含国家地方联合工程实验室）45 家、国家企业技术中心 80 家；组建省工程实验室 108 家，并围绕半导体及集成电路领域，组建首批 6 家省工程研究中心，上述创新平台 2/3 以上均依托企业建设。

第二，发挥部省院联合优势攻坚"卡脖子"技术。深化部省院合作，引进国家级创新资源在粤建设 21 家高水平创新研究院，中科院院属单位落地广东的机构或建设项目达 86 个，与中国工程院共建广东战略研究院。主动承接国家重大项目，部省联动实施国家重点研发计划"宽带通信和新型网络"重点专项，牵头承担重点专项项目 31 个。2018 年起启动实施广东省九大重点领域研发计划，省财政投入 71.12 亿元布局 7 批"先手棋"项目，带动社会投入 154.14 亿元，在"卡脖子"关键核心技术领域取得阶段性突破。

第三，构建多元化科技投入体系。一是省级财政资金牵头引领。2020 年省财政安排省科技创新券 1 亿元，重点支持科技型中小企业和创业者购买创新创业服务。设立省级科技风险准备金池，并联合有条件地市设立当地科技风险准备金池，对金融机构开展中小企业贷款和知识产权质押投融资等业务发展的损失给予一定比例风险补偿。二是政策性资金杠杆撬动。2018 年，省级通过注资方式成立省创新创业基金 71 亿元，重点支持重点领域种子期、起步期初创科技企业成长。三是税收优惠政策普惠性支持。在全面落实国家研发费用税前加计扣除 75% 基础上，鼓励有条件地市对科技型中小企业增按 25% 研发费用税前加计扣除标准给予奖补。实行高新技术企业所得税优惠政策，国家需要重点扶持的高新技术企业，减按 15% 的税率征收企业所得税。四是支持企业推进重大科技成果产业化。《广东省自主创新促进条例》明确实行产权激励促进科技成果转化，允许高校科研机构和企业利用财政资金设立项目形成的新增职务科技成果，可由高校科研机构与科技人员共同申请知识产权，赋予科技人员成果所有权。此外，支持专业化技术转移服务机构建设。建立财政奖补制度，对技术转移服务促成科研机构、高校和企业签订的、除关联交易以外的登记技术合同交易额，以及引进境外技术交易额给予一定奖补，支持技术转移服务机构发展,打通科技成果转化"最后一公里"。

第四,探索大湾区科研要素一体化流动新路径。2019年6月,建立省财政科研资金跨境使用机制,建立科研绿色拨付通道;2019年7月,顺利拨付香港科技大学省级科研资金316.96万元,成为首例港澳高校参与省级科研资金科技计划的成功案例;2019年至2020年前后,启动两批20家粤港澳联合实验室正式授牌。继续深化对日本、以色列等国家的科技合作关系,汇聚全球创新人才共谋发展。创新启动"企业科技特派员专项",探索"以企业技术需求为导向"新模式,采取揭榜制和经费包干制,实现企业技术需求与人才供给的精准匹配,2020年共吸引来自全球2360名高端科研人才。成功举办首届粤港澳大湾区民营企业科技成果对接会(数字经济专场),打造科技服务粤港澳大湾区民营企业品牌,初步探索建立粤港澳大湾区民营企业重大产业项目科技成果转化平台和产融对接长效机制。

二、存在问题

尽管广东区域创新能力连续四年排名全国第一,但广东科技资源严重不足,基础研究领域长期处在薄弱局面没有根本改变,国家战略性科技力量与广东高质量发展、企业内在创新动力不适应、不匹配问题比较突出。

第一,创新资源投入不高,与经济第一大省的经济体量和高新技术产业规模不匹配。尽管广东R&D经费绝对数全国第一,但2019年R&D经费占GDP比重为2.88%,仅列全国第四。2019年基础研究占R&D经费比重仅4.58%,低于全国6.03%,深圳仅为3.13%,低于北京14.7%、上海7.7%。科创业发达的深圳,基础科研较少获得国家资助,高校2018年立项的国家自然科学基金项目和科研经费占全国比重分别为0.93%和1.3%,国家自然科学基金项目243项,仅为北京的1/14、上海的1/8。

第二,重大科技创新要素向企业集聚力度不足,与企业创新发展的强烈意愿不匹配。一方面,重大科技创新要素供给不足。从机构设施情况看,广东研发资源先天不足,国家重点科研机构和国家级重大科研项目在广东布局少,全省具有世界级水平的大学和研究机构屈指可数;从体制机制运行情况看,高校科研院所国家重大科技和创新规划的制定缺乏企业参与机制,重大原创性成果少,产业关键核心技术攻关缺乏源头驱动力,基础研究成果转化力度不够,不少创新成果"藏于闺中""束之高阁";从政策供给情况看,创新研发资金申报准入门槛高,科技型中小企业难以享受,资源配置主要以项目模式为主,零星分散,投入强度不高,公共财政科技拨款资助购买的仪器设备和形成的知识技术向企业开放共享不足。另一方面,重大科技创新需求和市场主体创新的内生动力强劲。面对产业关键核心技术、行业共性技术研发、原创性研发功能严重不足,企业特别是龙头企业跨界融合、开辟新技术新模式的愿望非常强烈。统计数据显示,运用端的创新非常活跃。

2019 年广东 R&D 经费支出执行部门中,企业为 88.5%;2019 年广东 3098.49 亿 R&D 经费支出中,试验发展(2709.36 亿元)远高于基础研究(141.86 亿元)和应用研究(247.28 亿元)。

第三,科技创新和制度创新"双轮驱动"尚未协调联动,制度优势未能完全转为制度红利。一方面,各级政府、不同部门间缺乏统筹设计,如工信部门有制造业创新中心,发改部门有产业创新中心,科技部门有技术创新中心,科研项目管理、经费使用、人才引进、知识产权、版权市场、成果转化、收益分配等政出多门,存在创新资源分散和重复投资;另一方面,政策供给与企业创新需求有偏差,财政资金侧重于绩效考核和使用安全,鼓励事后居多,资金使用全过程要求严格,不仅与企业业务实际产生较大冲突,也不适应科技创新规律。

第四,科技创新资源不足人才短缺凸显,与创新发展需求不适应。广东省高层次创新人才、高技能人才总量偏少,入选世界一流大学、一流学科建设数量远低于北京、上海、江苏、湖北,人才培养供需不平衡。2018 年高新技术企业运行情况监测显示,科技人才占职工总数只有 1.1%,硕士、博士、海归占比分别为 1.4%、0.15%、0.13%,明显低于北京、江苏。技能人才方面,如集成电路方面,我国集成电路从业人员总数不足 30 万人,缺口 40 万人,其中广东缺口至少 10 万人,占全国 1/4。省内高校微电子专业大学生数量少,80% 以上靠省外引进。

三、对策建议

中央、省委经济工作会议和"十四五"规划建议把强化国家战略科技力量排在首位,更鲜明地把科技自立自强作为国家发展的坚实支撑。对广东而言,就是要更好发挥优势,推进科研院所、高校力量的优化配置和资源共享,发挥企业在科技创新中的主体作用,让各类创新主体进一步释放创新潜能。

第一,强化国家战略引领,优化工作布局,提升国家创新体系整体效能。要统筹强化国家战略科技力量布局,发挥市场决定性作用,政府统筹协调作用,企业创新主体作用,促进市场与政府的双向互动,"政产学研用金"联动融合,各部门、各机构在国家创新体系中角色更清晰、定位更准确,各类主体间的动态协同持续增强。完善科技"五大体系"建设(协同创新体系、资源管理体系、基础支撑体系、人才培育体系、战略研究智库体系),整合多学科、多主体、多层级力量,形成部门、地方、全社会参与的新格局,最大程度地调动激发各方主体积极性,汇聚源源不断的强大力量。

第二,发挥大湾区独特优势,促进粤港澳科技要素协同集聚,打造国家战略科技力量聚合高地。以建设粤港澳国际科技创新中心为主抓手,吸引对接全球创新资源,支持港澳高等院校与内地科研机构、企业加强产学研合作,立足云计算、大数据、人工智能等新一代信息技术与实体经济深度融合的趋势,进一步创新高校在教学科研领域的国际化合作机制,引进世界知名大学、优势学科和特色研究院或实验室,将港澳优势科研力量纳入大湾区科技计划体系,把科教优势转化为科技创新能力。争取国家支持集中多层次合理布局若干国家级重大科技基础设施,携手共建综合性国家科学中心,畅通规则制度对接,夯实粤港澳大湾区科技创新的物质技术基础支撑。充分利用港澳资源加强国际合作,加快建设一批国际联合研究中心和技术转移中心。围绕"一带一路"建设和国际产能合作,通过共同开发第三方市场等方式,积极推动先进适用技术和产品走出去,积极打造中国标准和中国品牌。

第三,发挥广东制造优势,促进基础研究与应用研究互动,实现更多从"0"到"1"的突破。发挥广东产业集群优势和资源禀赋,按照"四个面向"要求,预判或者超前布局一些未来"卡脖子"的技术,遴选一批核心技术或产品列为科技重大专项,通过重大科技问题带动,在重大应用研究中抽象出理论问题,进而探索科学规律,使基础研究和应用研究相互促进,全力打好关键核心技术攻坚,力争突破一批核心技术、关键零部件和重大装备,逐步突破和解决"卡脖子"问题。

第四,重视企业重大战略科技全程参与,加大制度变革力度,推动科技创新、制度创新"双轮驱动"。一是提高企业对国家科技计划、重大专项的规划制定、项目决策的参与度,在决策机制上加大龙头企业和专、精、特、新类型企业技术带头人比例。二是发挥制度创新与政策扶持相结合的集成作用,为新技术新产品验证提供更多试验田,创造更多应用场景。发挥好政府创新创业基金作用,支持引导新技术新产品落地走向市场,并建立容错机制支持企业科研良性循环。三是进一步完善研发费用补助、企业境内外研发机构建设、企业高层次人才引进、中小型创新型企业增信授信、贷款贴息等普惠政策,加大企业创新资金支持。

第五,引导国家战略科技力量下沉,促进创新链和产业链精准对接,加快创新成果转化为现实生产力。一是鼓励支持国内外一流科研力量、大型央企来粤设立研发机构,支持中科院、工程院加强在粤科研力量,吸引世界500强等跨国公司研发总部或区域性研发中心落户广东,共同或独立设立实验室、研发中心、技术检测中心等,开展产业共性技术、关键核心技术攻关。二是引导支持龙头、核心企业联合高校与国内外科研机构、高水平创新主体开展合作,创建国家级和省级技术创新中心、产业创新中心和制造业创新中心,发展公共技术服务示范平台和创新产业化示范基地,建立跨界创新联盟,促进产学研用贯通,推进产业链、创新链融合,加快创新成果转化为现实生产力。

第六,支持更多行业龙头企业"揭榜挂帅",构建"技术创新+产业培育+产业基地"全链条创新模式,形成万千企业致力创新良好局面。制定出台"揭榜挂帅"一揽子政策措施,发挥龙头企业"揭榜挂帅"作用,支持重点领域产业链、技术链安全性、自主性,引导大企业输出技术和装备,为中小企业提供一揽子智能化系统解决方案,推动大中小企业协同创新和融通发展,培育一批拥有自主知识产权和核心技术的领军和跨国高新技术企业、瞪羚企业、独角兽企业,打造细分行业"单打冠军",推动形成大企业"龙头"带动、中小微企业"特尖专精"的千千万万企业致力创新的良好局面。

第七,健全人才流动配置机制,加大人力资源的创新供给,涵养尊重科学爱护人才的创新氛围。一是打造"海外专家南粤行"新名片,拓宽多元便捷招才引智渠道,优化海外高层次人才引进布局,强化靶向引才,探索建立吸引集聚海外顶尖人才团队有效机制,促进一批高精尖缺项目落地。二是优化完善人才评价激励机制和管理服务体系,建立健全稳定支持、竞争激励相融的合理"基本科研经费制度",鼓励创新人才自主组建科研团队,赋予领军人才更大科研决策权、科研团队更多自主权。三是加快改革科技成果产权制度、收益分配制度和转化机制,激发科技人员持久创新动力。

第八,畅通科技创新与金融资本对接,运用市场手段引导社会资本,建设多层次科技金融体系。一是推动知识产权证券化,加大金融市场和金融工具对科技创新的支持力度,让拥有核心技术能力企业快速变现知识产权。二是推动科研机构与企业联合体、行业组织组建联合基金,引导企业精准投向投量,实现公共需求、产业需求和科研需求融合贯通,构建紧密联系的创新联盟,共同推进相关科学问题研究。

第九,促进科技创新与社会资源结合,整合社会力量,推动多层次跨领域的国家战略科技力量融合发展。工商联联系面广,各级组织和商会都团结凝聚了一大批实力雄厚、有志投身国家战略科技建设的有识之士,要进一步发挥系统整体合力,打造"中国民营企业科技创新大会"品牌,深化粤港澳大湾区民营企业科技成果对接会系列成果,健全完善粤港澳大湾区民营企业重大产业项目科技成果转化平台和产融对接长效机制,共同建设全国民营经济改革创新示范基地。

(广东省工商联)

第七章
"中原农谷"建设及创新资源集聚现状

随着新一轮科技革命和产业变革突飞猛进,科技创新成为国际战略博弈的主要战场,以科技创新为核心的大国竞争正在加剧。以习近平同志为核心的党中央高瞻远瞩,坚持把科技创新摆在国家发展全局的核心位置,加快建设科技强国、实现高水平科技自立自强。河南省委、省政府深入贯彻落实党中央决策部署,旗帜鲜明地把创新驱动、科教兴省、人才强省战略摆在"十大战略"之首,提出要打造一流创新生态、建设国家创新高地,这是解决制约现代化河南建设短板瓶颈的重大战略决策。充分发挥我省农业科技创新的优势,建设"中原农谷",建立更高层次、更高质量、更有效率、更可持续的粮食安全保障体系,实现更高水平的农业科技自立自强,必将成为实现"两个确保"战略目标的重要支撑。

第一节 河南省创新载体建设发展现状

一、创新载体的基本界定

创新载体是指具有比较完备的组织形式,能够研制、开发科技成果,或有一定获取、传播和应用科技成果的能力和条件,促进科技转化为现实生产力的各类组织或实体。主要包括重点实验室、工程技术研究中心、科技企业孵化器、生产力促进中心、众创空间、加速器、技术转移服务机构、院士工作站、农业科技示范园区、高新技术产业基地、国际科技合作基地、公共创新平台、新型研发实体等。现代科技创新载体是构建国家创新体系的创新基础设施,是集聚创新要素推进自主创新的战略高地,是新技术新产业新业态新模式的策源地,是实施创新驱动战略和调整经济结构的重要依托。各类科技创新载体是实现创新及成果孵化、转化和产业化的重要平台,也是新技术、新产业、新业态、新模式的策源地。根据科技创新不同阶段的任务、发挥的作用以及创新成果所处的形态的不同,可将创新载体划分为创新研发载体、技术转化载体和技术商业化载体三种形式。这三种创新载体的基本关系是:以创新研发载体为基础,技术转化载体为纽带,技术商业化载体为目标,三者相互衔接、紧密结合、协同发展,构成一个完整的创新载体体系。总体来看,创新载体的具体表现形态较多,而且随着经济社会的发展和技术进步速度的加快,各地政府也在不断创新出适合本地区技术优势和产业特色的新型创新载体。同时,各类创新载体在功能和特点上有一些交叉和重合,但不同创新载体的侧重点是各有不同的。针对科技创新不同阶段的实际需求,分别为其合理配置不同的载体,有助于提升创新过程中一些薄弱环节、突破发展瓶颈。

1. 创新研发载体

它是承载研发新技术、新产品和新材料的介质,是创新发展的"新基建",是其他创新载体的基础,是科技创新的发源地。技术研发载体主要包括国家重点实验室、专业研发机构、工程技术中心、企业技术中心、工业(产业)技术研究院、技术创新联盟、产学研合作体、共性技术(服务)平台等形式。对科技创新整个链条来说,创新研发载体实质上是知识生产载体,为科技创新和创新发展提供科学技术知识。

2. 技术转化载体

它是承载技术研发成果向商业化演进的介质,是技术创新的纽带和桥梁,对研发成果向大批量商业化应用起着促进和催化作用。在整个科技创新体系中,科技成果从实验室走向商业应用以实现其市场价值,往往需要经历一个复杂的过程。技术转化载体在跨越这"最后一公里"中扮演着非常关键的角色。技术转化载体主要包括孵化器(创新中心)、加速器、工业(产业)技术研究院,共性技术平台,技术创新联盟,产学研合作体,科技中介机构,高科技园区,大学科技园,等等。

3. 技术商业化载体

技术商业化是将研究开发形成的技术原型(产品样机、工艺原理及基本方法等)进行扩大试验,并投入实际应用,生产出产品推向市场或转化为成熟工艺投入应用的活动过程。技术商业化侧重于技术活动链的后端,强调商业价值,其本质是技术的市场价值变现过程,承载技术成果大批量生产,最终实现技术创新商业化应用,企业实现其商业利润的介质。技术商业化载体主要包括高科技园区、大学科技园、高新技术产业开发区、经济技术开发区、产业集群等。

二、我国创新载体建设存在的问题及对策

我国科技创新载体经过较长时间的探索和发展,已基本构建起符合我国科技创新需求的科技创新及成果转化转让体系,对我国经济高质量发展提供了核心驱动作用。目前,从中央到地方,都存在着科技创新载体盲目追逐热点,缺乏与自身资源以及所在区域相符合的科创主题、内涵和功能,特别缺少与产业发展紧密相关的功能化、一体化的协同创新机制。创新载体定位及功能属性不明确对区域产业技术共性需求,"卡脖子"关键技术梳理发掘不充分是创新载体建设中的共性问题。

1. 创新载体归口管理及重复建设问题

随着国家及区域创新平台建设的快速发展,科技创新平台小而散、小而弱的问题逐渐显现。不少科技创新平台职责相似,功能相近,低水平重复建设,不但使得本来就有限的创新资源配置分散、重复、低效,而且非常不利于统筹管理。除此之外,我国的各类创新平台的归口也存在多头管理的问题,科技部、工信部、发改委、农业农村部等管理部门职责、权限不够明确。针对此种现象,国家要出台相关政策,按照科学与工程研究、技术创新与成果转化、基础支撑与条件保障三种类型对创新载体进行布局建设,对定位不清、交叉重复、运行效果差的创新平台进行"撤并转"进一步加强对各类平台的优化整合,集中资源、集中力量对重大科技任务进行集中攻关,切实提高资源配置效率和使用效益,提升区域创新体系整体效能。

2. 创新载体政府补助与市场化运营问题

各个省市均密集出台政策,支持鼓励高能级的创新载体申报建设,对申报省级、国家级创新载体给予政策、资金等方面的大力支持。政府对于创新载体的发展所给予的补助,主要目的是促进载体的快速健康发展。但是科技创新有其自身的周期规律,特别是创新的最终成果要参与市场的竞争,最终要回归其商业的本质。很多载体在发展过程中,存在缺少明确的盈利模式以及对政府资金支持高度依赖等突出问题,因此建议政府在给予资金奖励补助的同时,更多的应培育创新载体内生动力,促进创新载体从"输血"到"造血"的转变。要加强对创新载体的考核和动态管理,在享受政府政策性补助后,如果载体要争取资金补助必须符合相关考核标准,按照统一流程进行竞争申报。要鼓励社会资本及专业第三方机构参与载体建设与运营,按照市场需求激发创新动力和产业成果落地,按照商业规律孵化培育科创型企业。要创新载体引入专业管理运营团队,构建含盖整个创新链的资源高效匹配模式,营造一体化市场服务环境。

3.创新载体与创新生态构建问题

创新载体是区域创新的制高点和增长极,具有巨大的示范引领功能,是区域创新生态的领头雁,是各个地区构建高效协同的创新生态的关键。但是在实际运作过程中,存在重视载体硬性环境建设,忽视与产业集群、产业创新需求之间的对接融合,与当前产业体系结合不密切,无法准确聚焦产业发展方向。针对这种现象,要积极吸引当地龙头企业加入创新载体,分析技术研发需求,突出创新载体的智囊、载体、桥梁和枢纽定位,加强共性技术研发与服务,满足培育产业共性创新需求,构建起区域创新生态体系。

实质上,国家层面上创新载体建设存在的问题,也是河南省目前创新载体建设过程中存在的问题,在"中原农谷"建设过程中,我们要深入研究目前国家层面和区域层面创新载体建设过程中存在的问题,尽可能少走弯路。

三、河南省创新载体建设发展现状

党的十八大以来,河南科技创新实力提升速度不断加快、创新成果产出不断增多、创新载体建设发展成效逐渐显著、对经济社会发展贡献愈发增大。研发经费投入从310.8亿元增长至1018.8亿元;全省财政科技经费支出从69.6亿元增长至351.2亿元,占一般公共预算的比重由1.39%增长至3.37%;全省技术合同成交额由40.2亿元增长至620.78亿元,远超全国平均增速;高新技术企业从不到800家发展到8387家;科技型中小企业从最初的300余家发展到16 583家,总量居中西部地区首位。

在创新载体和平台建设方面,郑洛新国家自主创新示范区成功获批,制定落实《郑洛新国家自主创新示范区条例》,率先实施"三化三制改革",2021年自创区核心区地区生产总值首次突破千亿元大关,已经成为全省创新驱动发展核心增长极。国家技术转移郑州中心、国家超算郑州中心、国家农机装备创新中心、国家生物育种产业创新中心、郑州国家新一代人工智能创新发展试验区等"国字号"平台载体先后落户河南。国家高新区达到8家,数量位列全国第6位,全省高新区实现了省辖市全覆盖。从2011年我省建设第一家棉花生物学国家重点实验室、实现我省零的突破至今,我省已建16家国家重点实验室、10家国家工程技术研究中心、50家国家工程研究中心。特别是2021年以来,我省聚焦国家重大战略需求、产业转型升级需要,重塑重构省实验室体系,批复建设嵩山、神农种业、黄河、龙门、中原关键金属、龙湖现代免疫、龙子湖新能源、中原食品实验室等8家省实验室,设立了12家省实验室基地,形成以省实验室为核心、优质高端创新资源协同创新的"核心+基地+网络"的创新格局。

2021年12月,《河南省"十四五"科技创新和一流创新生态建设规划》发布,规划明确提出了创新在载体和平台的建设目标：一是聚焦重点产业重大、关键、共性、前沿技术和"卡脖子"技术，围绕技术突破、技术引领、技术转化，新建50家省技术创新中心和5家国家技术创新中心。二是加快建设中试基地。围绕提质发展传统产业、培育壮大新兴产业、前瞻布局未来产业，建设50家左右示范作用大、辐射带动强的中试基地，率先在重点产业实现全覆盖。三是围绕主导产业重点领域，充分发挥企业特别是重点骨干企业、领军企业、头部企业主体作用，对接省内外高校、科研机构、创新团队、全国学会，积极吸引上下游企业共同组建产业研究院。四是加快国家生物育种产业创新中心、国家农机装备创新中心建设，争创国家工程研究中心5家、国家企业技术中心25家、国家三级生物安全实验室3~4家，布局建设省级产业创新中心10家、制造业创新中心20家、临床医学研究中心10家、企业技术中心500家、工程（技术）研究中心1500家，加快实现大中型工业企业省级以上研发机构全覆盖，省管国有工业企业高能级创新平台全覆盖。五是支持省新型研发机构做优做强，培育重大新型研发机构，争创国家示范类新型研发机构。到"十四五"末，全省各类新型研发机构数量达到300家。六是围绕重大前沿科学问题，汇聚一流人才团队，促进学科深度交叉融合，建设10个省级前沿科学中心，培育1~3个国家前沿科学中心，建设5个左右数学、物理、化学、生物学等基础学科研究中心。

四、河南省创新载体建设发展经验

1. 在建设思路上，坚持顶天立地

所谓"顶天"，就是抓国家战略科技力量部署和对接，着力对接国家实验室、国家科研机构、高水平研究型大学、科技领军企业，努力成为国家战略科技力量的重要组成部分。所谓"立地"，就是强化创新载体研发及孵化属性，建立起与我省创新型企业培育和技术创新相匹配的机制，紧密围绕区域产业创新需求增强创新载体对接功能，将研发创新立足点放在推动地区产业优化升级和科技创新生态链的建设上，不断提升我省发展的独立性、自主性，努力催生更多新技术新产业，在经济发展的新领域新赛道形成竞争新优势。特别是省委提出全面实施"十大战略"以来，省委省政府以坚定的决心和必胜的信心，把创新摆在发展的逻辑起点、现代化建设的核心位置。《河南省"十四五"科技创新和一流创新生态建设规划》《关于加快构建一流创新生态建设国家创新高地的意见》，为我省创新载体建设发展明确了路线图，下一步就是要引导好、组织好、调动好全社会各方力量，将规划图和路线图变为施工图。

2. 在建设路径上，坚持政府引导推动与市场导向驱动相协调

一方面，在政府引导下，建设了一批新型研发机构、研究型大学等新型创新载体，

有效贯通"0—1""1—N"的创新价值链条。通过建立高效的组织动员体系和科学严密的规划政策体系,使政府在具有战略引领性和突破带动性的科技创新领域主动有为。另一方面,在人才、资金及其他创新资源的配置上,充分发挥市场作用,进一步激发创新驱动发展的内生动力,加强运用"无形的手"促进创新链、产业链双链融通,提高创新资源集聚和配置效率。在科技成果转化、科技创新与经济发展相结合方面,坚持以市场运作为主要手段,通过技术开发、技术咨询、技术服务、技术许可等方式进行转化的科技成果金额占到转化总金额的95%以上。

3. 在整合资源上,坚持"不分所有制、不分地域、不分隶属关系"

在继续充分发挥我省科研院所、高等院校科技创新骨干等各类科技资源的同时,明确创新资源不分所有制、不分区域、不分隶属关系,激发各类创新主体的积极性。特别是对于民办高校、民营企业,在创新载体建设和支持上,与国有企业和高校享有同等待遇,使各种科技人才和机构的活力得到充分发挥。与此同时,坚持深化科技评价制度改革,建立健全第三方评价机制,注重科技创新质量和实际贡献,制定导向明确、激励约束并重的评价标准和方法,积极营造宽松、公平的科技创新发展环境,促使各类科技资源向河南集聚,使河南作为华北乃至全国区域科技创新中心的作用逐渐显现。

4. 在建设重点上,坚持全力培育重要战略科技创新载体

整合重组实验室体系,按照"强化储备、梯次推进、创建高峰"的工作思路,打造由省重点实验室、省实验室、国家重点实验室等组成,并冲击国家实验室的新实验室体系。建设嵩山、神农种业、黄河、龙门、中原关键金属、龙湖现代免疫、龙子湖新能源、中原食品实验室等8家省实验室,设立了12家省实验室基地,形成以省实验室为核心、优质高端创新资源协同创新的"核心+基地+网络"的创新格局。以前瞻30年的眼光重建重振省科学院、做优做强省农科院,把省科学院建设成为河南省汇聚高端人才、科研实力雄厚、产学研合作与科技成果转化的高能级平台和高端科技智库。支持省农科院构建现代农业科技创新体系和推广服务体系,打造成为"国内一流、国际知名"的种业科技创新高地和区域农业科技创新中心。对郑州大学、河南大学的"双一流"建设持续支持、精准施策。培育了"双一流"创建第二梯队,遴选确定了河南理工大学等7所高校的11个学科争创国家一流学科。为实现河南省建设国家创新高地目标打下了扎实的基础。

5. 在建设一流创新生态上,坚持科技创新与制度创新"两轮驱动"

紧紧围绕"由谁来创新""动力哪里来""成果如何用"等基本问题,加快制度创新步伐,培育产学研结合、上中下游衔接、大中小企业协同的良好创新格局,提升国家创新体系整体效能。突出强化企业的创新主体核心地位,推动科技与经济、研发与产业、创新

项目与现实生产力、研发人员创新劳动强度与其利益收入等四个方面深度对接,推动创新链与产业链、资金链、服务链和政策链等无缝链接和有机融合,让创新过程各参与方想创新、能创新、创新有回报。坚持以高素质人才队伍建设为工作重心。深入实施人才强国战略,完善科技治理体系,强化科技治理能力,提升科技治理效率,加快形成有利于人才成长的培养机制、有利于人尽其才的使用机制、有利于竞相成长各展其能的激励机制、有利于各类人才脱颖而出的竞争机制。出台了《关于汇聚一流创新人才加快建设人才强省的若干举措》和《关于加快构建一流创新生态建设国家创新高地的意见》等10个文件,确保"十四五"期间建成一流创新生态。

第二节 "中原农谷"发展建设现状

一、"中原农谷"建设发展历程

早在2011年,杨承训在《创新科技》杂志上发表《关于中原经济区建立"农(业)谷"的建议》一文,提出了借鉴湖北武汉光谷建设经验,在郑州新区建立我国乃至世界独有的农谷,打造科技经济发展的增长极。并提出了农谷的定位、承担的任务、实施措施的设想等,这也是从理论层面提出建设"中原农谷"第一人。2021年9月23日,在庆祝第四个"中国农民丰收节"之际,省委书记楼阳生为神农种业实验室揭牌。在揭牌仪式上,楼阳生强调:"要深入贯彻习近平总书记关于农业科技自立自强、推进种业振兴的重要论述和在第四个'中国农民丰收节'到来之际作出的重要指示,集中资源、集中力量建设国内最好种业研发平台,勇于登攀、勇于创新,不断向着种业科技前沿进军,开创种业强省建设新局面,为实现种业科技自立自强、保障国家粮食安全作出积极贡献。"2022年河南省委一号文件明确提出:重构重塑"三农"领域实验室体系,加快国家生物育种产业创新中心、黄河流域林业育种创新中心建设,支持神农种业实验室创建国家实验室。以新乡平原示范区为中心,规划建设"中原农谷",至此,"中原农谷"建设序幕终于拉开。

2022年4月25日,河南省人民政府发布了《关于印发"中原农谷"建设方案的通知》,按照方案要求,新乡市进一步明确"中原农谷"发展定位,即以种业为核心,围绕功能食品、生物医药、现代农业全产业链智能化发展,集聚涉农要素资源,打造全产业链,聚力建设"四中心两示范区"。《关于印发"中原农谷"建设方案的通知》提出:到2025年,建成国内一流的种业创新平台,神农种业实验室成为国家实验室或成为国家实验室的重要组成部分,种业产业化实力迈入全国第一方阵,等等。到 2035 年,"中原农谷"成为国家区域性农业创新核心力量,我省全球十强种业企业实现零突破,"中原农谷"建设终于落地。

2022 年 5 月 18 日,省神农种业实验室与中国农业大学在线上签署了战略合作协议。签约领域既涉及种业重大科学问题,关键共性技术研究,培育突破性新品种等科技创新合作,又有建设科技创新平台及联合人才培养方面的合作。7 月 6 日,国家生物育种产业创新中心、神农种业实验室分别与中国农业科学院在郑州签署战略合作框架协议,共建共享种业重大科技创新平台,开展全方位科技合作和协同创新,为河南农业农村高质量发展、建设现代农业强省提供科技支撑。

《"中原农谷"建设方案》颁布后,河南省、新乡市加快推进"中原农谷"的规划布局、建设管理、开发运营,结合"中原农谷"的建设方案和发展定位,成立了由省长王凯为组长,副省长武国定、分管科技工作的副省长为副组长的"中原农谷"建设领导小组;注册成立"中原农谷"开发有限公司、"中原农谷"建设投资有限公司。新乡市政府同时成立"中原农谷"建设管理委员会,推行"管委会+公司"管理模式,实施"三化三制"改革。高标准编制《"中原农谷"建设总体规划》,从财政、土地、科技、人才、金融、产业、开放、特别合作区政策等 8 个方面提出 51 条具体发展措施;确定了实施"管委会+公司"的架构体系,实行扁平化管理,市场化运作。结合中原农谷建设,新乡市创新运营模式,依托农业优势资源,以平原示范区国家现代种业产业园、延津县食品加工产业园、原阳县中央厨房产业园等为载体,孵化培育产业链上下游企业,打造多条集"科研、繁育、生产、销售、转化、深加工"于一体的种业和粮食产业链条。

目前,"中原农谷"总体规划、中原农谷核心区建设规划已通过专家评审,正在修订完善。河南大学、河南农业大学、河南省农科院、河南科技学院等一批高校和农业科研院所积极参与"中原农谷"建设,先正达、中农发、华智生物、育林控股、牧原集团等种业龙头企业相继入驻。全国农业领域唯一的国家产业创新中心——国家生物育种产业创新中心落户河南,所属的 4150 亩田间试验区和 350 亩科研设施区一期工程已建成并投入使用,启动了小麦、花生、大豆、蔬菜等作物育种研发工作,与荷兰瓦赫宁根大学等机构的科技合作持续深入开展,培育孵化了 3 家育繁推一体化企业。以国家生物育种产业创新中心为基础高起点建设的神农种业实验室已正式运行,组建了首批一流创新团队,启动实施了首批一流课题,与中国农业大学、中国农业科学院签署了合作协议,合力解决种业重大科学问题、攻克育种关键核心技术,随着农、科、教、研、企等资源进一步整合,为"中原农谷"建设提供了强有力的支撑。

作为打造国家种业战略科技力量、攻克种子"卡脖子"核心技术、构建一流创新生态、助力现代农业强省建设的重要抓手和关键环节，"中原农谷"按照打造"南有航空港，北有中原农谷"的格局。坚持"立足河南、服务全国、面向全球"的顶层设计，重塑创新生态，整合农业科研资源，做优做强种业龙头企业，形成独特竞争优势，全方位提升创新体系整体效能，不断巩固河南小麦、玉米、花生等领域育种优势，打造汇聚南北方、覆盖粮蔬果、贯通产学研的创新链条。为打好种业翻身仗，攥紧中国种业"芯片"，端稳中国饭碗，实现种业科技自立自强、种源自主可控作出河南贡献。

二、"中原农谷"建设要求、原则及发展定位

1. 建设要求

以习近平总书记视察河南重要讲话重要指示和关于农业科技自立自强的重要指示批示精神为根本指引，立足新发展阶段，完整、准确、全面贯彻新发展理念，瞄准世界前沿，聚焦国家种业、粮食安全重大需求，实施创新驱动、优势再造战略，整合农业创新资源，发挥科技龙头企业引领作用，围绕产业链部署创新链，围绕创新链布局产业链，强化供应链，提升价值链，促进种业、粮食、食品聚合发展，建立更高层次、更高质量、更有效率、更可持续的粮食安全保障体系，实现更高水平的农业科技自立自强，为建设现代农业强省、实现农业农村现代化奠定坚实基础。

2. 建设原则

在坚持创新立谷、产业兴谷、协同建谷、开放活谷、改革强谷基本原则下，"中原农谷"建设方案提出建设的五大原则：一是坚持创新驱动。强化科技创新引领，构建以企业为主体的创新体系，促进农业科技成果集成、转化，培育农业高新技术企业，发展农业高新技术产业，推动科研成果转化为现实生产力。二是坚持开放发展。突出对外开放对高质量发展的引领作用，立足区位优势和政策优势，实施农业科技"引进来""走出去"战略，完善体制机制，加强农业对外合作交流。三是坚持市场引领。充分发挥市场在资源配置中的决定性作用，更好发挥政府作用，围绕市场调整优化产业结构，加快培育创新市场，推动产业集约化、集群化发展。四是坚持绿色低碳。构建绿色低碳循环发展的农业产业体系，深化农业减排固碳技术研究，强化农业全产业链绿色循环发展技术攻关，推进农业绿色发展。五是坚持改革推动。加大科技体制机制改革力度，打造农业科技体制改革"试验田"，进一步整合科研力量，深入推进"放管服"改革，调动各方积极性，激发农业科技创新活力。

三、"中原农谷"的发展定位和目标

1. 发展定位

"中原农谷"以建设国家农业创新高地为引领,聚力打造"四大中心、两个示范区"。分别是国家种业科技创新中心、现代粮食产业科技创新中心、农业科技成果转移转化中心、农业对外合作交流中心和农业高新技术产业示范区、智慧(数字)农业示范区。具体定位如下:

(1)国家种业科技创新中心。立足河南、服务全国、面向全球,实施制度创新与技术创新"双轮驱动",建设国际一流的生物育种技术研发平台,全力建设神农种业实验室,打造生物育种创新引领型新高地、种业发展体制机制创新的"试验田"和具备国际竞争力的种业"航母"集群。

(2)现代粮食产业科技创新中心。打造一流创新生态,创建国家小麦技术创新中心、全国粮食科技创新中心等,聚焦生物、信息、装备、减损等关键领域,打造具有引领型突破能力的粮食科技创新平台,助力国家粮食安全产业带建设。

(3)农业科技成果转移转化中心。集聚一批国内外粮农科技与加工企业、专业化知识产权服务机构,贯通粮食收储、加工、包装、物流、供应等环节,搭建种业等核心科技成果转化与知识产权交易平台,打造全国性现代种业和粮食科技成果展示交易基地。

(4)农业对外合作交流中心。依托中国(河南)自由贸易试验区、郑洛新国家自主创新示范区,广泛开展农业国际交流合作,建设国际科研创新合作平台和国际合作园,组建"一带一路"农业教育科技创新联盟,谋划举办生物育种国际高端论坛,打造国际生物育种学术交流永久会址。

(5)农业高新技术产业示范区。集聚优势农科教资源,推动农业高新技术企业集聚发展,提升农业产业发展质量、效益和综合竞争力,打造农业创新驱动发展的先行区和农业供给侧结构性改革的试验区,建设以现代种业为主题的农业高新技术创新高地、人才高地、产业高地。

(6)智慧(数字)农业示范区。率先在农业领域示范应用5G、物联网、区块链、人工智能等现代信息技术,发展大田作物物联网技术,建设智慧田园、智慧果(菜)园、智慧牧场等示范基地,打造种养业数字化和育种研发产业引领区。

2. "中原农谷"未来的发展目标

(1)破解种业卡脖子难题,培育自主知识产权的优良品种。2021年河南省粮食种植面积 16 158.5 万亩,总产 1308.8 亿斤,面积和产量均占全国的 1/10 左右,位居全国第二。农作物新品种选育和示范推广在全省农业特别是粮食生产中起到了核心的重要支撑作用,多年来我省一直是全国重要的育种、繁种、用种、供种大省。《"中原农谷"建设方案》提出,要打造出国家种业科技创新中心,立足河南、服务全国、面向全球,建设国际一流的生物育种技术研发平台,全力建设神农种业实验室,打造生物育种创新引领型新高地、种业发展体制机制创新的"试验田"和具备国际竞争力的种业"航母"集群。中原农谷建设将有力提升我省在小麦、玉米等主要农作物基础研究和应用基础研究方面的原始创新能力,破解核心种质创制、关键基因发掘和高效育种技术建立等种业"卡脖子"难题。通过"中原农谷"建设实现科教融合和产教融合,带动科研院校的优势资源、人才和技术向企业转移,促进河南从常规育种强省向生物育种强省的转变。

(2)"一核三区"发展战略,打造农业科技新城。《"中原农谷"建设方案》提出,"中原农谷"建设以郑新一体化发展为牵引,实施"一核三区"发展战略,总规划面积为 1476 平方千米,其中"一核"共 206 平方千米、"三区"共 1270 平方千米。"一核"东至中州大道(101 省道)、原阳县县界,南起黄河北岸沿黄生态观光大道,西至获嘉县、武陟县县界,北至新乡县县界,共 206 平方千米。将布局包括国家生物育种产业创新中心、神农种业实验室、河南现代农业研究开发基地、国家现代种业产业园、国家小麦技术创新中心示范基地,以种子、种苗、种畜(禽)为主攻方向,打造以种业为突出特征的农业创新高地和农业科技新城。而"三区"中,具体为以延津县部分区域为主体的东区,新乡县、获嘉县部分区域为主体的西区,以原阳县部分区域为主体的南区。东区包括延津县优质小麦国家现代农业产业园区和食品加工园区,以小麦全产业链、粮油等特色农产品加工为主要建设内容;西区包括新乡县、获嘉县现代农业产业园,以小麦、大豆等良种繁育为主要建设内容;南区包括原阳县稻米现代农业产业园、中央厨房产业园,以水稻种植、食品全产业链加工为主要建设内容。

(3)形成世界一流的农业科技基础设施集群和科研试验示范基地集群。《"中原农谷"建设方案》明确了五大重点任务,即打造种业创新核心增长极、建设现代农业科技创新中心、推动农业科技成果转化应用、大力发展农业高新技术产业、重塑要素聚集创新环境。其中要打造科技创新重大载体、建设粮食高新技术集成地、打造粮食科技研发合作平台。建设国家生物育种产业创新中心、神农种业实验室、国家小麦技术创新中心等高能级创新平台。争创国家实验室、国家重点实验室、国家技术创新中心、国家工程研究中心等国家级创新平台。加快河南农业大学(国家小麦技术创新中心)平原城乡一体化示范区试验示范基地建设,加快河南农业大学国家"2011 计划"现代农业科技研究实验基地等重大平台和机构建设,形成世界一流的农业科技基础设施集群和科研试验示范基地集群。"中原农谷"的建设与运行,必将对实现更高水平的农业科技自立自强,为河南加快建设现代农业强省奠定坚实的基础,提供强有力的支撑。

到 2025 年,"中原农谷"将建成国内一流的种业创新平台,国家生物育种产业创新中心科技创新能力国内领先、国际知名,神农种业实验室成为国家实验室或成为国家实验室的重要组成部分,种业产业化实力迈入全国第一方阵;打造小麦、玉米等优势作物产业科技创新高地,创建国家农业高新技术产业示范区,初步成为具有一定影响力的种业、粮食科技创新中心;培育 1 家全国十强种业企业并实现上市,农业领域高新技术企业达到 10 家以上,培育 3~5 家国家级农业产业化龙头企业。到 2035 年,"中原农谷"将建成世界一流的农业科技基础设施集群、科研试验示范基地集群和全球粮食科技创新高地,"中原农谷"成为国家区域性农业创新核心力量,我省全球十强种业企业实现零突破,农业领域高新技术企业达到 30 家以上,打造千亿级种业和粮食产业集群。

第三节 "中原农谷"科技创新主体及互动机制分析

一、动力机制分析

"中原农谷"科技创新系统运行中的动力机制是驱动政府、企业、高校与科研院所、科技中介等相关创新主体,开展农业科技创新活动的动力因素,以及这些因素相互发挥作用的机制,是"中原农谷"科技创新系统的基本运行机制。

从政府层面来看,"中原农谷"作为一项省级战略,其发起和命名的最初本源,就源自政府通过实施创新驱动发展战略,整合区域内农业科技创新资源,瞄准世界前沿,聚焦国家种业、粮食安全重大需求,实施创新驱动、优势再造战略,促进种业、粮食、食品聚合发展,建立更高层次、更高质量、更有效率、更可持续的粮食安全保障体系,实现更高水平的农业科技自立自强,为建设现代农业强省、实现农业农村现代化奠定坚实基础。

从企业层面来看,入驻"中原农谷",参与"中原农谷"农业科技创新,不仅可以享受政府在金融、税收、公共基础设施方面的优惠政策,同时共享高校与科研院所集聚带来的高端人才、科研成果、仪器设备等,从而分担了科技创新风险、节约了研发成本、提高企业自身的核心竞争力。比如,在"中原农谷"各类招商引资等政策的吸引下,集聚了先正达、中农发、华智生物、育林控股、牧原集团等种业龙头企业相继入驻,推动了粮食科技型企业集聚发展。在位于"中原农谷"东区的延津县,国家现代农业产业园 82 家粮油食品加工企业年产值超 153 亿元,形成了小麦全产业链、集群化发展局面。在位于"中原农谷"南区的原阳县,建成了国内最大的中央厨房产业园,入驻知名食品企业 64 家,产品种类突破 4000 种。在位于"中原农谷"西区的新乡县,种植有 100 多个玉米品种,打造玉米高产潜力探索的"新乡模式"。我们相信,到 2035 年,一定能把"中原农谷"建成世界一流的农业科技基础设施集群、科研试验示范基地集群和全球粮食科技创新高地,成为国家区域性农业创新核心力量,打造千亿级种业和粮食产业集群。

从高校与科研院所层面来看,高校与科研院所开展科学研究是其本职工作,同时服务区域经济发展,结合本区域农业发展实际开展科学研究,积极参与区域内重大战略的实施,可以获得更多的项目和经费支持,与区域内农业企业联合开展研究,也可以获得研发资金支持,同时为大学生提供更多的创业、就业机会和实习实践机会。区域内河南农业大学、河南工业大学、河南省农科院、河南科技学院是最主要的科研力量。河南工业大学先后在新乡市原阳县建设河南农业大学国家"2011 计划"现代农业科技研究实验基地,在新乡市平原城乡一体化示范区建设河南农业大学国家小麦技术创新中心试验示范基地。河南工业大学在粮食储藏等产后关键技术上具有全球领先优势,提出以粮食科技创新集成区作为"中原农谷"体系中的组成部分,形成"中原农谷"粮食产业的产前、产中、产后系统化科技支撑。河南科技学院正在洽谈在平原新区建设现代研究型农学院有关事项。

二、协同机制分析

对目前入驻"中原农谷"的各类创新主体协同创新情况进行梳理,可将"中原农谷"区域科技创新协同模式分为三类:

1.技术研发类

主要指河南省内各个创新主体依据自身的创新优势,对重大的科技创新项目进行联合协同研发,具体形式包括:联合技术公关、技术创新联盟、协同创新中心、联合建设高能级的技术创新平台以及技术创新虚拟组织等。技术创新联盟主要以高校和科研院所为主导,发挥各自的专业和技术优势,形成技术创新共同体,从而实现聚合式创新的目的。协同创新中心主要是以高校为依托,目前河南省已建成 1 个国家级协同创新中心,6 个省部级协同创新中心和 37 个省级协同创新中心,各涉农类协同创新中心要瞄准"中原农谷"建设发展急需,凝练好创新方向,推动协同创新中心与"中原农谷"的深度融合。技术创新平台以企业研发机构为依托,针对行业产业发展中的技术瓶颈或共性技术难题进行协同攻关,最终实现科技创新与产业发展的双赢模式。技术创新虚拟组织是非固定的科研协同创新共同体,针对某项创新需求,进行短期协同创新的模式,此模式优势在于成本较低、协同创新效率较高。

2. 成果转化类

主要针对"中原农谷"农业创新资源丰富、知识创造能力强、产出创新成果多的特点,通过科技成果在"中原农谷"内部孵化、内部转化和内部产业化,在"中原农谷"内部形成闭环的创新链与产业链,提高创新效率和产出效益。其科技成果转化的具体途径包括四个方面:一是依托入驻企业、高校、科研院所建设科技成果中试、熟化基地,其任务是进行科技成果熟化,熟化之后进行转移;二是加快在农谷建设新型研发机构,"中原农谷"建设中,需坚定不移下好创新先手棋,不断完善科技成果转化体系,加快建设新型研发机构建设,探索共性技术研发和技术转移的新机制,为"中原农谷"建设和高质量发展注入强劲动能;三是充分发挥相关学会、行业协会、研究会等社会组织的优势,制定科技成果评价通用准则,细化具体领域评价技术标准和规范,建立健全科技成果第三方评价机构行业标准,明确资质、专业水平等要求,完善相关管理制度、标准规范及质量控制体系,推动技术转移;四是完善农技推广服务网络,建设网络推广平台,探索政府扶持和市场化运作相结合的农技推广模式,有序衔接产业各环节,推广新标准、新品种、新技术。通过"线上""线下"融合发展,推动"政产学研金介用"等各类科技创新主体的全面、实时对接,产生协同效应,提高科技成果转化效率。

3. 资源共享类

科技创新资源共享主要指科技创新基础设置的共建、共购与共享,具体"中原农谷"区域内的大型仪器设备、创新成果、创新人才等多个方面的内容。具体的实现途径分为三个层面:一是大型仪器设备共享联盟建设,由省政府主导在"中原农谷"建设大型仪器设备共享联盟,打破高校、科研院所系统的藩篱,将仪器设备资源统一放到网站上进行共享,为下一步涉农高校、科研院所和企业等创新主体的互动打好基础。建设过程中,要将联盟范围内的大型仪器设备的使用权由"点对点"服务扩展至"点对面",不断提高大型仪器设备的使用率,降低创新主体的研发成本;二是建设"中原农谷"情报资源共享联盟。充分利用数字资源共建优势,逐步建立全省网上联合参考咨询系统,对科技情报资源以及最新的科技研究成果和数据进行共享,不断提高情报信息的利用率,减少重复性购置,节约成本;三是建设科技专家信息服务网。以全球范围内农业高层次科技人才为目标,建立农业专家人才的研究论文、合作网络、任职机构和科研论文等大数据平台,实现高层次人才的基本信息查询、专家匹配、人才比对和统计分析等功能,为"中原农谷"在人才引进、人才评估、专家评审、数据统计、趋势研究、科技合作等方面提供信息支撑服务,为"中原农谷"建设提供强有力的高层次科技人才信息数据支撑,不断提升人才支撑"中原农谷"创新发展的能力。

三、激励机制分析

2022年4月19日,中央全面深化改革委员会第二十五次会议审议通过了《关于完善科技激励机制的若干意见》。党的二十大报告强调:"教育、科技、人才是全面建设社会主义现代化国家的基础性、战略性支撑。必须坚持科技是第一生产力、人才是第一资源、创新是第一动力,深入实施科教兴国战略、人才强国战略、创新驱动发展战略,开辟发展新领域新赛道,不断塑造发展新动能新优势。"习近平总书记指出,人才是创新的根基,创新驱动实质上是人才驱动,谁拥有一流的创新人才,谁就拥有了科技创新的优势和主导权。"中原农谷"建设目标的实现,集聚了一大批高新技术人才,形成了良好的人才培育机制、引进机制、激励机制。

1. 注重精准激励

"中原农谷"在建设过程中,要充分发挥科技创新激励作用,培养、引进一大批农业科技创新领军人才。一是加大对围绕"中原农谷"建设目标和重大需求的国家实验室、国家重点实验室、国家工程实验室、工程研究中心、工程技术研究中心、企业重点实验室等创新平台的稳定支持。二是强化对重点人才的激励,对承担"中原农谷"建设重大科技任务,作出重大贡献的人才,特别是对承担周期长、风险大、难度高的原始创新任务的人才,给予重点激励。三是注重对青年人才激励,对青年人才给予发展的平台和物质条件保障,激励青年人才开展重大原始创新和关键技术攻关,给予青年人才"揭榜挂帅"机会。

2. 强调有效激励

现有激励理论尚未对激励性质的来源提供相对全面的解释,也没有为识别不同政府行为差异所适用的激励机制提供具有解释力的理论分析框架。在"中原农谷"建设过程中,要充分利用有效激励。一是加大物质激励。对在"中原农谷"建设中作出重大创新贡献人才给予物质奖励和配套激励,让真正潜心科研、产出成果的人才不为生活发愁。二是用好精神激励。要大力弘扬科学家精神和工匠精神,让创新人才树立"创新科技,服务国家,造福人民"的科技价值观,提升人才的成就感和荣誉感。三是强化情感关怀,建立服务创新人才的联系机制,在职称职务晋升、医疗保健、健康疗养等方面给予政策倾斜。四是发挥激励效应。激励不是普发奖励,有效激励才能发挥正向效应。实施赛马机制,研究表明,赛马机制强调适度激励和声誉激励,撬动外部激励资源,能够有效激励创新。赛马机制的重要特点是只奖不惩,这一特点让赛马能够容错试错,让科技创新人才敢于进行创新探索、放心进行科技创新。

3. 发挥能动作用

一是强化主责主业意识,"中原农谷"管理者应加快资源共享和优化配置政策设计,完善科技激励制度,用好激励手段,发挥激励效应,在实践中发现、识别具有战略思维、系统思维和前瞻科技敏感性的科技人才,为创新人才成长成才搭建发展平台、提供政策支持、优化创新环境。二是增强正面激励导向,加快建立以创新价值、能力、贡献为导向的人才评价体系,形成并实施有利于科技人才潜心研究和创新的评价体系,把考核评价的导向变成有效激励,鼓励青年人才挑大梁、负重担,在前瞻领域探索引领、在关键领域创新突破。三是建立分类激励机制。对不同年龄段人才、从事不同研究领域人才建立分类激励机制。从职业发展、福利待遇、项目资金等方面进行引导激励。对优秀科技人才授予"标兵""先锋"等荣誉称号,激励人人学先锋、个个做先锋。四是要拓宽外国人才来华绿色通道,吸引全球最优秀的农业科技人才聚集到"中原农谷",为"中原农谷"和我省建设科技创新高地服务。

4. 加大政策支持

"中原农谷"建设战略确定以后,河南省委、省政府于2022年4月正式出台《"中原农谷"建设方案》,方案从总体要求、建设定位、发展目标、区域布局、重点任务、体制机制建设等方面,明确提出要以建设国家农业创新高地为引领,实现"一年打基础、三年见成效、五年成高地、十年进入全球一流"的奋斗目标。到2035年,建成世界一流的农业科技基础设施集群、科研试验示范基地集群和全球粮食科技创新高地,打造千亿级种业和粮食产业集群。2022年10月,河南省财政厅关于印发《"中原农谷"投资基金实施方案》的通知,这也是为加快推进"中原农谷"创建国家级农业高新技术区,特设立总规模30亿元的"中原农谷"投资基金。为加快落户中原农谷的全国唯一国家生物育种产业创新中心的建设进程,河南省政府出台了21条专项支持政策。同时,正在研究制定《关于支持"中原农谷"建设的若干政策》,将从32个方面给予"中原农谷"建设全方位支持。新乡市委市政府、平原新区管委会也出台了一系列人才政策,有力地促进了"中原农谷"人才的引进、培育、激励等机制的构建。

目前,"中原农谷"已入驻农业领域重点实验室和技术中心48家,院士工作站7家,省级以上科研平台27个,中试基地10个,高校科研单位7家。同时,我们可以看出,到目前为止,针对"中原农谷"的政策较少,推进"中原农谷"建设更多的是依赖普适性政策,这就导致"中原农谷"建设中,无法形成政策高地,创新发展的优势就不能得到有效发挥。围绕"中原农谷"的建设任务,结合创新驱动发展的薄弱环节,加强"中原农谷"政策体系建设,是"中原农谷"建设近期的重点任务。

第四节 "中原农谷"创新资源集聚情况

随着"中原农谷"建设的不断推进,大量的创新资源开始向"中原农谷"汇聚,人才、技术和资金等创新要素在农谷集聚,建设成为全省农业创新的策源地、人才高地和产业高地的目标正在实现。

一、汇聚了大量的国家、省部级科技创新平台

核心区平原示范区汇聚了六大国家级科研平台:分别是国家生物育种产业创新中心、国家小麦工程技术研究中心、中国农科院郑果所国家特色果树种质资源圃、小麦国家工程实验室、花生遗传改国家地方联合工程实验室、棉花生物学国家重点实验室。六大部级科研平台,分别是:农业农村部黄淮中部小麦生物学与遗传育种重点实验室、农业农村部黄淮海油料作物重点实验室、国家黄淮海转基因小麦中试与产业化基地、国家小麦改良中心郑州分中心、国家油料作物改良中心河南花生分中心、国家大豆改良中心郑州分中心。14个省级涉农科研平台,分别是:神农种业实验室、河南省农科院现代农业科技试验示范基地、河南省生物育种技术创新中心、河南省主要农作物种业科技创新战略联盟、河南省小麦区域技术创新中心、河南省小麦遗传改良院士工作站、河南省小麦生物学重点实验室、河南省麦类种质资源创新与改良重点实验室、河南省油料作物遗传改良重点实验室、河南省小麦遗传育种国际联合实验室、河南省花生遗传育种国际联合实验室、河南省小麦产业技术创新战略联盟新品种实验联合体、河南省小麦品质改良工程研究中心、河南省绿色油料作物工程研究中心。

二、集聚了顶尖创新人才队伍

着力打造以人才为核心支撑的"中原农谷"竞争优势,确保"中原农谷"始终处于管理和技术提档升级的最前沿,不断构建高质量可持续绿色发展的动力源,进一步为河南

农业高质量发展提供人才支撑。目前"中原农谷"集聚了河南省种业领域顶级人才队伍,有中国工程院院士、国家花生产业技术体系首席科学家张新友,中国工程院院士、中国农业棉花产业体系首席科学家喻树迅,中国工程院院士、小麦国家工程实验室主任许为钢,欧亚科学院院士、国家棉花产业技术体系首席科学家李付广,河南省小麦抗病虫育种首席专家、河南省小麦技术产业体系岗位专家茹振钢等知名专家学者。

三、支持农谷建设政策正在密集出台

从《"中原农谷"建设方案》颁布后,从河南省各厅局到新乡市、平原新区,均根据建设情况出台支持政策,在宏观支持政策、创新人才引进、创新平台建设等方面,出台了一批文件。2022 年 9 月,河南省财政厅印发《"中原农谷"投资基金实施方案》的通知,设立总规模 30 亿元的"中原农谷"投资基金,以期带动更多社会资本支持"中原农谷"产业培育,加快推进"中原农谷"创建国家级农业高新技术区。正在研究制定《关于支持"中原农谷"建设的若干政策》,将从 32 个方面给予"中原农谷"建设全方位支持。同时,省政府先后出台《关于加快推进农业高质量发展建设现代农业强省的意见》《关于坚持三链同构加快推进粮食产业高质量发展的意见》《关于加快畜牧业高质量发展的意见》《关于加快发展农业机械化的意见》《关于加快推进农业信息化和数字乡村建设的实施意见》《关于加强高标准农田建设打造全国重要粮食生产核心区的实施意见》等,构建推动农业高质量发展"1+N"政策体系,为推动"中原农谷"建设提供了坚实的支撑。2023 年 1 月,《河南省人民政府关于加快建设"中原农谷"种业基地的意见》出台,按照"坚持政府主导,市场运作推动;坚持问题导向,服务国家战略;坚持整合资源,打造一流平台;坚持制度创新,重塑创新生态"的原则,通过集聚种业领域科技创新资源,共建共享重大科技创新平台,建设农业科技基础设施集群、科研试验示范基地集群、种业产业集群,把"中原农谷"建设成为汇聚全球一流种业人才、掌握全球一流育种技术、具备全球一流科研条件、培育全球一流农业生物品种、拥有全球一流种业企业的种业基地,成为引领我国种业跨越式发展并参与国际竞争的战略科技力量。

四、探索"中原农谷"的建设模式

"中原农谷"建设围绕农业创新高地、人才高地和政策洼地,全力打造"五个谷",即"创新之谷、开放之谷、绿色之谷、智慧之谷、融合之谷",重点突出"三个强化"——强化战略引领;强化区域布局;强化创新载体支撑。建设方案下发后,新乡市加快推进规划布局、建设管理、开发运营等各项任务落地见效,结合"中原农谷"建设方案和发展定位,高标准编制《"中原农谷"建设总体规划》,从财政、土地、科技、人才、金融、产业、开放、特别合作区政策等8个方面提出51条具体发展措施,确定了实施"管委会+公司"的架构体系,实行扁平化管理,市场化运作。结合"中原农谷"建设进展,创新运营模式,强化土地运营开发,加快科技成果转化,打造产业集群,做强关联服务。依托农业优势资源,以平原示范区国家现代种业产业园、延津县食品加工产业园、原阳县中央厨房产业园等为载体,孵化培育产业链上下游企业,打造多条集"科研、繁育、生产、销售、转化、深加工"于一体的种业和粮食产业链条。目前新引进产业项目共21个,先正达夏玉米研发中心、河南大学农业科技园等项目正在加快建设,国家生物育种产业创新中心、神农种业实验室即将投入使用。截至2022年,已引进产业项目10个,在建4个,签约6个,总投资17.45亿元,在谈项目11个。

"中原农谷"的建设,必将使我省农业创新力量更加集聚、创新政策更加集成、创新环境更加优化、创新体制更加灵活,有效推动全省农、科、教、研等资源进一步整合聚集,充分发挥"拳头"作用,形成整体优势,加速成为全省农业创新的策源地、人才高地和产业高地,从而进一步贯通产学研用等关键环节,激发科技龙头企业的创新活力,强化供应链、提升价值链,促进种业、粮食、食品三体聚合,构筑更高层次、更高质量、更有效率、更可持续的粮食安全保障体系,加快农业农村现代化步伐,推动乡村振兴走在全国前列。

附:典型案例选登

广西作为欠发达地区,在集聚创新资源、吸引高层次创新人才等方面与河南省存在的问题比较相似,近年来,广西探索在全球范围内集聚和整合创新链、产业链、供应链等要素,充分发挥科技创新在促进生产、流通、消费过程中的作用,打通全流程的创新链条,推动创新链与产业链深度融合,促进高端资源、高端产业向广西汇聚、延伸、融合,其取得的经验非常值得我们学习。

集聚创新资源　赋能产业发展
——来自广西壮族自治区的经验

（原载于《广西日报》2022 年 3 月 18 日第 7 版）

抓创新就是抓发展，谋创新就是谋未来。习近平总书记指出："创新就是生产力，企业赖之以强，国家赖之以盛""企业持续发展之基、市场制胜之道在于创新"。当前，新一轮科技革命和产业变革正在重塑世界经济结构和竞争格局，创新资源开放性、流动性显著增强，已经成为促进经济结构调整优化和产业转型升级的战略性资源。目前，广西传统产业居多，大多数产业处于产业链低端，以低端产品为主，高端产品缺乏。要在高质量发展轨道上跑出工业加速度，必须依靠创新引领和推动产业发展，以创新驱动培育发展新动能、打造发展新引擎、厚植竞争新优势，创造一个新的更长的增长周期。然而，广西作为后发展欠发达地区，存在着创新资源不足、资源配置分散，创新人才不足、高端人才匮乏，创新投入不足、经费效益不高，创新平台不足、创新载体不强，企业创新能力不足、核心竞争力不强等问题。解决产业发展困境，必须以壮大"工业树"、繁茂"产业林"为目标，按照"前端聚焦、中间协同、后端转化"的要求，在全球范围内集聚和整合创新链、产业链、供应链要素，发挥科技创新在促进生产、流通、消费过程中的作用，打通全流程的创新链条，推动创新链与产业链深度融合，促进高端资源、高端产业向广西汇聚、延伸、融合，推动产业链从下游向中上游发展，实现价值链从低端向中高端转型，推动产业高质量发展。

一、多措并举引育创新人才

习近平总书记会见清华大学经济管理学院顾问委员和中方企业家委员时（引者注）强调："人才是创新的根基，是创新的核心要素""走创新发展之路，首先要重视集聚创新人才"。大力引进和培育更多创新型人才，才能夯实广西产业高质量发展的根基。

吸引区外高层次人才创新创业。突出"高精尖缺"人才导向，针对糖业、铝业、汽车、机械、冶金、有色等传统优势产业转型升级和发展新一代电子信息、数字经济等战略性新兴产业的技术需求，引进一批战略科技人才、科技领军人才、高技能应用人才、企业管理高级人才和高水平创新团队。

深化国际人才引进与合作。持续组织"海外人才广西行"活动，实施"港澳台英才聚桂计划"，完善海外留学人员创业园的基础设施，出台更开放的出入境政策，积极开展外籍人才管理改革试点。

建立高层次人才梯次培育模式。加强高层次人才培养，深入实施广西院士后备人选培养工程，继续推进八桂学者、特聘专家、海外高层次人才等重点人才计划，吸引和培养高水平行业领军人才。深入实施首席技术官培养计划，培养一批企业科技创新领军人才。

强化招商引资与招才引智融合。坚持招商与招才并举，引资与引智并重，引导产业链与人才链、创新链衔接，推动项目、人才"打包"招引。在积极引进企业的同时，更加重视引进研发机构，争取"落地一个项目，落户一个团队，打造一个创新平台"，实现"引进一个人才，带来一个团队，培育一个产业"。

二、优化创新资源区域配置

着力优化创新资源配置，提升创新整体效能，以创新资源集聚与流动促进产业高质量发展。

打造以南宁为中心的创新资源集聚区域。立足南宁市区位、交通、产业、科技、人才、平台及创新资源集聚能力等方面的比较优势，发挥南宁国家创新型试点城市、国家知识产权试点示范城市、国家海外人才离岸创新创业基地、国家"双创"示范基地等平台作用，汇聚创新资源，布局建设南宁创新中心，努力把南宁打造成为广西新技术、新产品的策源地，以及新产业、新业态发展的引领地，并以南宁创新中心辐射带动全区科技创新。

集中财力强化专项攻关。继续加大自治区创新驱动发展专项资金投入力度，整合地市一级科技、工信、人社等部门的资金，解决科技资金配置"碎片化"问题。以产出效益为核心、实施效果为导向，找准切入点、抓住关键点、聚焦发力点，将科技资金和创新资源优先用于科技重大专项实施、重大科技创新基地建设及重大产业、高新技术产业的科技攻关。

三、高水平建设创新平台

围绕"开拓增量、巩固存量、提质增效"，加大创新平台支持力度，培育一批创新引领型平台。

积极争取建设国家级重大创新平台。发挥广西资源禀赋及特色产业优势，积极争取建设体现国家战略的重大科学装置、国家实验室等重大科技基础设施和创新平台。在糖业、有色金属、工程机械、内燃机、碳酸钙、新材料、新能源汽车、绿色食品、生物医药等优势领域及新兴产业，争取创建更多国家技术创新中心、国家产业创新中心、国家制造业创新中心等国家级创新平台。

高标准建设自治区级创新平台。围绕自治区重点培育的绿色化工新材料、电子信息、机械装备制造、汽车、金属新材料、精品碳酸钙、高端绿色家居、生物医药、轻工纺织等九大产业集群，新建一批自治区级技术创新中心、企业技术中心、研发中心、产业技术创新战略联盟。促进人才、技术、资金、项目等创新资源聚集,为产业高质量发展提供科技支撑。

加强新型创新平台建设。大力培育无行政级别、无主管部门、无事业编制的新型研发机构,破解科技与产业对接、科研与生产对接"两张皮"难题,加快科技研发、成果转化及产业化。选择一批技术创新能力较强、创新业绩显著、具有重要示范和导向作用的企业开展制造业创新中心建设。推进企业院士专家工作站、博士后科研工作站建设,促进企业"借用外脑""巧借外力"实现"借梯登高"。

大力发展创新创业孵化平台。完善"众创空间—孵化器—加速器—产业化"全链条科技企业孵化育成体系,建设一批公共技术创新平台及科技企业孵化器、众创空间等孵化基地。支持区内有条件的企业围绕自身产业发展需求,在创新资源丰富的先进地区或国(境)外建立"创新飞地""离岸创新孵化中心""海外创新中心"。

四、做大做强创新资源集聚载体

加快培育创新型企业集群,促进园区提质增效,增强创新资源集聚承载力。

提升大中型企业集聚能力。围绕重点发展的九大产业集群,选择创新能力强,企业带动作用突出的企业,从实施重大科技专项、搭建高层次创新平台、集聚高端创新人才等方面予以倾斜扶持,培育形成一批创新型大中型企业。

培育壮大科技型领军企业。按照"培育一批、认定一批、壮大一批"的思路,持续实施高新企业倍增计划。聚焦创新基础好、发展潜力大的科技型中小微企业,建立挂钩帮扶机制,实施"一对一"辅导等措施,引导其申请进入自治区高新技术企业培育库培育,加大高新技术企业认定工作力度,推动科技型企业做大做强。

建立科技型企业梯度培育机制。重点在智能制造、新能源、新材料、生物医药、电子信息等领域,遴选一批创新能力强、成长速度快、发展潜力大的科技型中小企业进行重点扶持,促进其加快成长为"科技小巨人""瞪羚企业""独角兽",成为行业领军企业和创新龙头企业。

着力推进园区高质量发展。把园区打造成为创新资源集聚地、创新孵化器、产业发展高地,大力建设高水平创新平台,完善孵化育成体系,提升园区自主创新水平及辐射带动区域协同创新能力。围绕主导产业打造高新技术企业集群,推动创新资源向高新技术企业集聚,不断提升园区高新技术企业集聚度。

五、拓宽创新资源来源渠道

以产业需求为导向,以科技合作为手段,推进各类创新资源集聚。

强化与粤港澳大湾区合作。利用毗邻粤港澳大湾区的地缘优势,主动对接大湾区科技创新资源,推动大湾区科技创新走廊延伸至广西,促进广西与大湾区科技创新融合发展、产业创新平台对接联动。在梧州、贺州谋划建设高水平科技创新产业园,使之成为对接粤港澳大湾区、连接广深港澳科创走廊、承接科创成果转化和聚集高端产业的平台。

深化与创新活跃地区合作。主动对接先进地区创新资源,与泛珠三角、长三角、京津冀等区域建立常态化交流合作机制,在产业协作和科技协同等方面深化合作,推进广西产业发展关键核心技术攻关,提升产业链现代化水平。

加强与国家部委、科研机构、知名高校合作。加强与国家相关部委联系沟通,争取更多国家级创新平台布局广西。深化与科技实力强的科研机构、知名高校开展科技创新合作,以共建联合实验室、联合研究中心、科技创新基地、产业合作园区及引进技术成果、专家团队、科技服务等形式,弥补广西创新资源不足、创新能力不强的短板,提升广西科技创新支撑产业发展能力。

加强国际科技合作交流。构建与"一带一路"沿线国家科技合作新机制,深化与越南、泰国、印尼、马来西亚、新加坡等国在农业、新能源、生物技术、海洋资源开发、信息通信、农业机械、高端装备制造等领域的科技合作。加强与欧美、日韩、以色列等发达国家(地区)合作交流,推进合作项目提质提效。鼓励有条件的园区和企业"走出去",在科创资源丰富的国家(地区),通过自建、并购、共建等方式建立研发中心、科技产业园区、技术示范与推广基地,实现与全球科技创新的深度对接。

(广西壮族自治区人民政府发展研究中心课题组)

第八章

全球科创中心建设对"中原农谷"建设的经验借鉴

进入 21 世纪以来,积极谋划建设科技创新中心日益成为世界上众多发达国家应对新一轮科技革命挑战、增强国家竞争力的重要举措。全球科技创新中心这一概念最早于 2000 年由美国《在线》杂志提出,杜德斌(2015)在借鉴相关概念的基础上,将其定义为:科技创新资源密集、科技创新活动集中、科技创新实力雄厚、科技成果辐射范围广大,从而在全球价值链中发挥价值增值功能并占据领导和支配地位的城市或地区。"中原农谷"建设是促进河南省尽快发展成为世界一流农业科技创新高地的重要举措,是河南省委、省政府打好种业翻身仗、推进种业创新发展的重大战略项目。在建设初期,借鉴发达国家和地区科技中心建设经验,有助于更好更快地把"中原农谷"建设成为国家农业科技创新高地。

第一节　国内外科技创新中心建设经验

创新资源的集聚和创新活动的空间分布极不均衡,一些区域因为优越的地理位置、良好的创新环境,能够吸引更优质的创新资源,从而成为全球创新网络的枢纽,形成全球科技创新中心。在当今全球一流科技中心建设中,美国硅谷、波士顿、纽约,英国伦敦,德国柏林,法国巴黎-萨克雷地区,日本东京等地区在建设全球科技创新中心过程中,在政商环境、高校院所、创新型企业、资本市场、区域创新体系和开放式创新等方面积累了丰富经验,其建设科技创新中心的路径与模式值得深入分析和总结。

一、国外一流科技创新中心建设情况

1.美国旧金山-圣何塞科技创新中心

以全球创新"圣地"硅谷为中心的美国"旧金山湾区",通过长期发展构筑了一个"科技（辐射）+产业（网络）+制度（环境）"的全球科技创新中心。旧金山-圣何塞科技创新中心有以下特点:一是多样性人才集聚,硅谷拥有大量的高素质人才,包括工程师、科学家、企业家、投资家以及专业金融和法律服务人员,技术移民人口创建的企业占硅谷全部高科技企业的1/3多;二是产学研集群效应显著,由斯坦福大学师生或校友创建的企业产值占硅谷总产值的50%到60%;三是科技服务支撑体系完善,多样、畅通的融资渠道,使硅谷的企业尤其是新建企业取得资本支持易得性强;四是成熟的创新资源网络,高校、企业、研发机构、风险资本和各类中介机构紧密互动,形成了开放创新资源网络,为新技术、新商业模式的诞生提供最佳的土壤。2022年11月,华东师范大学全球创新与发展研究院发布了全球科技创新中心发展指数,美国旧金山-圣何塞科技创新中心不仅综合排名全球第一,在创新要素集聚力、技术创新策源力、产业变革驱动力三个单项排名上均居全球第一。

2.英国伦敦科技创新中心

伦敦是具有全球影响力的科技创新中心,凭借"知识（服务）+创意（文化）+市场（枢纽）"模式而成为世界城市可持续发展的榜样。伦敦汇聚了世界知名的大学和研究机构,集结了数万家高科技企业、数十万名来自世界各地的科技精英,科技创新实力在欧洲处于顶尖位置,特别是数字经济产业和生命科学产业优势突出。从创新生态系统角度总结伦敦打造全球科技创新中心的举措和经验:一是雄厚的教育和科研实力是科技创新中心建设的基础,二是良好的商业环境有利于创新要素的聚集,三是独立专业的投资和运作组织有利于政策的实质性落地,四是金融领域的改革为科技创新提供了重要保障。

3.日本东京科技创新中心

日本政府从国家到地方共同明确了东京成为全球创新网络枢纽的发展目标,并为进一步优化东京投资环境、加快创新要素集聚、激发创新活力制定了一系列政策与措施。2014年3月,日本政府正式指定东京圈、关西圈、福冈县福冈市、冲绳县四个地区作为国家战略特区。其中,东京圈定位为"国际商务创新中心",战略任务是促进国际资本、国际人才、国际企业聚集东京,开创具有国际竞争力的东京新产业。东京科技创新中心的发展属于典型的政府主导型模式,更多地体现为集群模式与国际枢纽模式的融合,东京都市圈为创新系统的良性发展提供了结构保障。经过多年转型和升级，东京逐渐从战后的传统工业城市转变为现代化的创新型城市，并且形成了独具一格的"工业（集群）+研发（基地）+政府（立法）"的创新模式，使得东京成为集制造业基地、金融中心、信息中心、航运中心、科研和文化教育中心及人才高地于一体的科技创新中心。

4. 德国柏林科技创新中心

柏林转型成功最关键的因素是建立了良好的创新生态系统，依靠蓬勃发展的文化创意产业、包容开放的城市氛围吸引了全球具有创意和冒险精神的人才。在激发民众创新方面，柏林建立了多种模式的创新实验室，如大众实验室、共享办公空间、企业能力中心、孵化器/加速器等，这些与初创企业、中小型企业、高等院校、科研机构形成了一个动态的创新体系。在完善创新基础设施、提供必要服务方面，柏林政府不仅出台了多项发展规划为创新主体建设营造良好环境，同时也发展了各类专业的服务机构，如为创业者、初创企业和中小型企业提供全方位服务的柏林伙伴公司。同时，区域内部和区域间合作协同是柏林发展战略的一个突出特点。对内，政府牵头围绕高校建立了多个未来之地园区，为创新思想提供交流机会和物理空间，实现创新创业项目与大型企业需求的对接；对外，联合勃兰登堡州推出联合创新战略，通过跨区域集群促进区域资源共享，用产业分工优化投入效率。

5. 法国巴黎-萨克雷地区科技创新中心

法国中央政府和巴黎大区政府于 2008 年全球金融危机爆发前后正式提出建设具有全球影响力的巴黎-萨克雷科技集群的战略构想，实施三项举措：一是持续鼓励并支持坐落于巴黎市区的高等院校外迁至萨克雷创新高地；二是创建世界一流研究密集型大学——"巴黎-萨克雷"大学，包括 17 家国立高等院校和 6 家国立科研机构；三是创建若干新型科学研究实体，如分子科学研究所、法兰西岛光伏研究所等。得益于法国中央政府的顶层设计和巴黎大区政府的配套措施、资金支持等，这里凝聚和整合了巴黎大区的产学研力量布局，培育和造就了数个优势学科和支柱产业，优化和提升了巴黎大区的创新水平和生态系统，巴黎-萨克雷由一个工业欠发达的地区蜕变成具有欧洲乃至全球影响力和辐射力的创新高地。

二、我国科技创新中心建设现状

党的二十大报告指出，统筹推进国际科技创新中心、区域科技创新中心建设。"十四五"规划也明确提出，支持北京、上海、粤港澳大湾区形成国际科技创新中心。种种迹象表明,国家已将建设国际科技创新中心作为科技现代化助推中国式现代化的战略支撑点。

从目前情况来看,三大国际科技中心建设快步推进,北京国际科技创新中心立足首都实际,坚持首善标准,充分利用其优质的科教资源和央企资源,开展"三城一区"主平台、中关村国家自主创新示范区主阵地建设,结合北京高校院所和央企疏解进程,辐射带动天津、河北发展,加快推动京津冀协同创新。2022年12月7日,中国科学技术发展战略研究院在北京发布《中国区域科技创新评价报告2022》。报告显示,北京加快建设具有全球影响力的全国科技创新中心,2022年综合科技创新水平指数达到86.2分,比上年提高1.6分,综合排名全国第2位,R&D经费投入强度达6.44%,位居全国第1位,万人科技论文数36.2篇,居全国第1位,发明专利拥有量33.6万件,居全国第2位,技术市场输出技术成交额6316.2亿元,占全国总额的22%。同时,京津冀协同创新共同体建设效果显现。报告显示,北京输出到津冀的技术合同成交额达347.5亿元,比上年增长了22.9%。天津综合科技创新水平比上年提升1位,重回前三名。河北科技意识指数、科技活动产出水平指数和环境改善指数排名均提升2位。

上海国际科技创新中心面对新形势、新使命,对标全球最高标准,确定了两步走的发展战略,中心基本框架体系已经形成,中心建设取得了一系列成果。上海作为长三角龙头,加快推进长三角科技创新共同体建设,辐射带动江苏、浙江、安徽发展。其综合科技创新水平多年排名全国第1位,科技活动财力投入指数排名全国第一,R&D经费支出1615.7亿元,与GDP的比值为4.17%,位居全国第2位,万人科技论文数14.7篇,居全国第2位。在上海的引领下,长三角地区已成为国内最具竞争力的区域共同体。江苏和浙江综合排名稳居全国第5位和第6位,安徽上升至全国第10位。长三角开放创新水平不断提升,技术国际收入已接近全国的50%。

粤港澳大湾区国际科技创新中心从建设之初就充分利用政策优势,支持香港、澳门更好融入国家发展大局,加快建设粤港澳科技创新合作,在河套深港科技创新合作区、横琴粤澳深度合作区进行国家科技体制改革的政策试验和压力测试。粤港澳大湾区扎实推进国际科技创新中心建设,展现强劲势头。2022年数据显示,广东综合科技创新水平排在全国第4位。其中,科技活动人力投入、技术成果市场化、资本生产率等方面表现突出,均居全国首位。粤港澳大湾区已成为具有重要国际影响力的科技集群,根据世界知识产权组织的报告,"深圳-香港-广州"科技集群连续多年位列全球第二。

在一系列政策措施引导带动下,我国创新高地建设取得明显成效,对社会经济发展产生巨大推动作用。2021年,京津冀、长三角、粤港澳大湾区内地9市地区生产总值分别达9.6万亿元、27.6万亿元、10.1万亿元,总量超过了全国的40%,发挥了全国经济压舱石、高质量发展动力源、改革试验田的重要作用。同时,区域创新发展的辐射带动作用也在不断增强。通过加强东中西部科技创新合作,推广创新模式和方法,加快创新成果共享与价值转化,有力促进区域协调发展战略的实施,进一步增强区域发展的平衡性和协调性。世界知识产权组织近日发布2022年全球创新指数显示,2022年中国创新能力综合排名全球第11位,较上年提升1位,较2012年跃升23位。2022年全球创新指数还显示,中国进入全球百强的科技集群数量达21个,比2017年增加14个,数量首次与美国持平,这也表明我国区域创新发展成效显著。

第二节　全球科技创新中心的特征

当前全球科技创新活动已经进入一个新的时期,新一轮科技革命和产业变革正在加速演进,给全球经济增长注入了新的动能。新科技革命既是全球科技创新驱动的结果,也是世界各国发展的客观要求,正在深刻改变人们的生产生活,推动全球创新格局发生大的改变,做出重大调整。城市和城市群已演化为创新活动的核心载体,成为创新活动的主要集聚地。科学研究呈现出研究重心向下游移动,愈加依赖巨大投入和大型科学装置平台。科创中心作为全球创新网络重要节点,加速推动技术进步向经济社会全面扩散,科研组织模式多元化、开放性、体系化的特征也更加明显。总结发达国家科技创新中心的情况,有以下几个显著特征:

一、全球顶级创新人才云集

全球顶级创新人才云集是全球科技创新中心最基本特征。科技创新人才主要包括基础类研究人才、应用类研究人才、开发类研究人才和科技管理类人才,他们是新知识的创造者、新技术的发明者、新学科的创建者,是科技创新突破的开拓者。例如,硅谷地区吸引全球100多万的高科技人员,被誉为硅谷"栖息地"的圣何塞市,其高科技人员超过30万。硅谷地区的创业公司有近85%都是从事高新技术行业,近年来新增高科技就业岗位数量占全年新增就业岗位总数量之比达90%,其中近50%的高科技初创企业集中在计算机系统设计和相关服务行业,而超过1/4的企业是从事互联网、电信和数据处理行业,并且这两个行业的企业新增高科技就业岗位占全年的62%。

二、研发资金的高强度投入

高强度的研发投入是许多全球知名科技创新中心的重要特征之一,也是各科技创新中心形成并保持竞争优势的重要因素。例如,硅谷地区的创新投入就保持着较高强度。有关研究表明,2014—2016 年间,硅谷的研发投入增长了11%,比波士顿(8%)、奥斯汀(8%)、西雅图(7%)和南加州(1%)都要高。近二十年来,微软的研发费用占比稳定在12% ~20% 之间;苹果公司的研发费用三十年间从 6 亿美元增至 219 亿美元。美国研发投入持续位居全球第一,1981 年美国研发投入为 727.5 亿美元,2020 年升至 7209 亿美元,四十年增幅近 9 倍;从研发强度来看,1981—2020 年美国研发投入占 GDP 比重从2.27% 升至 3.45%,而 2020 年 OECD 国家的平均水平为 2.68%。这也是美国及美国的高科技企业在全球竞争中处于依靠地位的主要原因。同时,科技创新中心也是风险投资"活跃区",创新创业的高风险性、不确定性等特征都需要有持续的资本支撑。据了解,仅仅 2014 年,硅谷总共收到了 145 亿美元的风险投资,占全美风险投资总额的比例高达43%,到 2020 年,硅谷收到的风险投资达到了 264 亿美元,层出不穷的创业企业与风险资本形成了良性互动,一方面,创业企业吸引大量风投基金落户硅谷地区;另一方面,众多企业家退休后成为风险投资人,扶持其他创业企业成长,让湾区涌现出更多的企业,形成了"旋转门文化",风险资本产业也成为硅谷崛起的经济引擎。

三、高水平研究型大学提供领先技术的供给源

全球科技创新中心往往都与高水平研究型大学有着密切关联,高水平研究型大学往往是科技创新中心的重要组成部分,是先进技术的供给源。如波士顿区域具有超越 100 所大学,比如哈佛大学、麻省理工学院、塔夫茨大学、波士顿学院、波士顿大学等,其中全美高校排名前 50 的有 7 所,是名副其实的美国高等教育核心区。大学的云集使科研人员在提供领先科技的同时,通过多种方式参与到技术转移的过程中。研究表明,科研机构及其科研基础设施也是支撑科技创新中心创新发展的重要因素,美国硅谷周边的航空航天局艾姆斯研究中心、128 公路周边的林肯实验室等,这些科研机构的科研资源能够为科技创新中心的相关创新活动提供支撑。波士顿的发展证明了人才对城市发展的重要作用,17 世纪中叶到 20 世纪初,波士顿经历三次大的发展危机,但都因其雄厚的人力资源优势使城市化危为机。波士顿发达的高等教育为该地区建立了丰厚的人力资本,世界一流的研究机构和公司集聚于波士顿也对人才形成了巨大的吸引力。据统计,2010—2014

年波士顿就职于高新科技领域的雇员每年以 4.6% ~ 6% 的增速逐年增加。2016 年，通用电气（GE）决定把公司总部迁至波士顿，其中一个重要原因是波士顿能够比较容易地吸引多元化科技人才。

四、企业家精神活跃

国际科技创新中心普遍都是企业家精神极为活跃的社会。著名经济学家熊彼特（Joseph A. Schumpeter）指出，创新是经济发展最重要的驱动力，而创新的推手就是企业家和企业家精神。但熊彼特所定义的是英雄式企业家精神，强调破坏性及革命性的大变革，这种企业家精神在发展中国家并不常见。硅谷是英雄式企业家精神极其活跃的地区，这与硅谷的嬉皮士文化及移民文化息息相关。"硅谷人"勇于冒险、热爱挑战，创业已经成为一种习惯或是生活方式，宽容失败甚至是背叛的文化特质使得人们对创业失败的容忍度很高，硅谷文化中把失败作为宝贵的财富，激发了人们大胆尝试、勇于探索的创新热情，因此也成为科技创业公司的栖息地，企业家精神所特有的英雄主义情结在这里体现得淋漓尽致。硅谷科技创业公司发展的主体是大批复合型的企业家群体（科技企业家为主）和创业团队。同时，硅谷很多企业家都有连续创业经历，这就提高了创业公司的成活率和成功率。例如，著名的企业家吉姆·克拉克（Jim Clark），先后创办了网景（Netscape）等 7 家公司。埃隆·马斯克（Elon Musk）先后创办了贝宝（PayPal）、太空探索技术公司（Space X）、特斯拉等数家公司。很大程度上，英雄式企业家精神推动了硅谷的持续创新和繁荣。与英雄式企业家精神相对应的另一个概念是适应性企业家精神。奥地利学派的柯兹纳（Israel M. Kirzner）认为模仿创新，或者只是小幅改良创新，能灵敏觉察出市场上微薄的获利机会，都是企业家精神的体现，这种企业家精神可称为适应性企业家精神。在实践中，适应性企业家精神在东亚地区推动创新发展过程中扮演了关键角色。

五、构建了一流区域创新生态系统

全球科技创新中心都形成了产学研紧密结合的一流区域创新生态系统，包括基础设施、学术机构、产业链、人才、资本、信息以及创新创业文化等。在这个系统中，科技企业、中介机构、金融机构、科研机构等主体相互协作，实现技术、资金、人才等创新要素的协同配置，世界级创新企业与创新企业集群不断涌现，进而强化其所在城市或地区的国际科技创新中心地位，如此形成良性循环。例如，在硅谷，区域创新生态系统使创新链、人才链、产业链相互融合,信息和资本以人为载体进行快速流动,使创业公司不断发明和推广新技术和新模式,不断提升各相关企业间的协作效率,形成创新资源的高效配置。

六、实行高度国际化的开放式创新

多元、开放、包容的创新环境,特别是国际化的开放式创新,是全球科技创新中心的重要特征。硅谷的企业、大学、研究机构、风险资本和各类中介服务机构等主体紧密互动,形成了开放式创新网络,信息、知识、技术、资本、人才等创新要素能在不同组织间自由流动。良好的创新环境吸引了大量国际化创新人才,目前在硅谷企业工作的外国员工超过三成。正是得益于这种开放式创新生态系统,硅谷才能保持经久不息的创新活力,促进着新技术、新产品和新商业模式源源不断的诞生。伦敦一直奉行全球化的人才观,既不限制本国人才的流动,也不拒绝使用外国人才,并努力创造人才回流的宽松环境。伦敦政府完善人才引进机制,将人才引进权下放到各个著名的跨国公司、科研机构和高校等,授予他们自行签发工作许可证的权利。伦敦每年招收的国际学生超过 20 万人,来自全球 200 多个国家,是目前世界排名第一的国际留学生城市。2013 年,英国政府启动"天狼星计划",旨在为创业者提供创业资金与优秀培训资源。该计划要求创业团队成员至少两人以上,且一半必须是非英国居民,借此吸引更多优秀的国际人才。此外,伦敦政府为优秀的国际科技创业人才提供免雇主担保签证。英国科技型企业家网络的管理机构 Tech Nation 发布的 2018 年报告——《联系与合作:推动英国科技和经济发展》显示,伦敦的国际科技创业公司数量位居全球第四,超过一半的创业者在英国以外出生。打造国际化的科技创新中心也是东京的战略目标。东京市在一系列相关政策和措施的实行中,给予外来人才多方面照顾与支持,在外籍人才创业方面适当放宽限制,从而吸引了大量国际化人才。

第三节　我国现代农业产业科技创新中心建设情况及经验

一、我国现代农业产业科技创新中心建设情况

从 2016 年开始,按照建设"农业硅谷"的思路,建设了南京、太谷、成都、广州、武汉 5个国家现代农业产业科技创新中心,大力推动关键技术集成、创新要素集聚、关联企业集中、优势产业集群,搭建科学家与企业家同台唱戏、创新要素与产业发展深度融合的平台。截至目前,共有 389 个高水平科研团队、420 家高科技企业、30 支高质量基金入驻 5个科创中心,"农业硅谷"效应逐步显现。现将建设情况作简要介绍。

1. 成都农业科技创新中心

2017 年 8 月,成都市政府与中国农业科学院签署战略合作框架协议,双方共同出资在天府新区鹿溪智谷核心区建设国家成都农业科技中心。成为全国继江苏南京、山西太谷之后第三个、西南地区唯一一个农业农村部批复建设国家现代农业产业科技创新中心。力争通过 5 ~ 10 年的建设,努力把中心建成国际一流的技术创新基地、成果孵化基地、人才培育基地和国际交流合作基地。成都农业科技创新中心为"一心、一区"两个板块。"一心"包括重点建设国家重点实验室、农业农村部学科群重点实验室、国家工程技术中心等国家级平台,占地 284 亩。"一区"是指在 3000 亩土地上建设现代农业技术集成示范区。该中心包含中国农科院成都院士工作站和"四大平台、十大研发单元"等重点内容,并协调对接国内外一流农业科研机构入驻,组建 20 ~ 30 个农业科研创新团队。中心紧紧围绕国家和西南地区农业科技需求,重点开展应用基础性、战略性、前瞻性科技创新,力争在都市农业、智慧农业、农村环境与新能源、动植物疫病控制、生物营养强化与功能食品研发等前沿领域取得重大突破。力争建成创新链、产业链、资金链联动,集农业科研、国际交流、产业孵化、综合服务 4 大功能区于一体,引领四川、带动西南、服务全国、达到国际水准的特色生态农业"硅谷"。

2. 太谷国家现代农业产业科技创新中心

该中心以山西农大和省农科院为依托,以发展有机旱作农业为主题,以杂粮、畜牧、

园艺三大产业为重点,加快创新要素集聚、关键技术集成、关联企业集中、资源配置集约、优势产业集群,构建科技经济一体化平台。中心自 2018 年设立以来,组建了山西功能农业(食品)研究院、国家功能杂粮技术创新中心等"四院八中心"创新平台。先后出台了《关于加快推进山西农谷建设的指导意见》《支持山西农谷建设若干政策》等支持政策。组建山西农谷建设投资有限公司,设立 20 亿元的 5 只基金,为基础建设、产业发展提供资金保障。搭建市场化运作的山西农谷生物科技研究院,组建了 25 个应用技术研究所,成立山西农谷标准化技术委员会和山西农谷品牌创新与标准化促进会。构建了以山西农谷为核心,以晋中 10 个县(区、市)和辐射全省的"1+10+X"创新融合发展模式。截至目前,入驻太谷国家科创中心的高新技术企业达 42 家,初步形成肉制品、主食糕品、酿品、功能食品、果品、乳品、药品、饮品八大产业集群,带动晋中市建成有机旱作农业示范基地 29.6 万亩,辐射山西省各类基地建设 70 余个。

3. 广州国家农业科创中心

该中心于 2018 年 8 月获批建设,是我国在南方布局的"国字号"农业科技创新与产业孵化平台。建设四年来,该中心在广州市天河区建起 1.8 万平方米的现代化支撑载体,布设了 9 大分中心、20 个研究院,并分类设置了山区农业(肇庆)、都市农业(黄埔)、海洋渔业(珠海)三大类型示范孵化"副中心",总面积超 1.7 万亩。探索了科技产业融通互促的"133N"模式,即通过"1"系列各类、各级"比武"对已汇聚的 18 类海量要素进行鉴评、分类、分级,发挥科创中心"超级媒婆"的公正、公平力量,将"比武"分化的"3"大类要素进行技术转化,再根据广东农情构造山区农业、都市农业、海洋渔业"3"大类孵化模式,面向全省和粤桂、粤黔东西协作平台进行科技产业融通合作。该模式已链动全球 40 多个国家及国内 19 个省区的 12 万家企业法人、3.2 万名专家、3000 余个种质圃、4096 名律师、336 亿产业发展基金、50 万方物业、36 万名新农人等要素资源,"数字港"平台可直通服务 30 万家商脉终端。

4. 武汉国家现代农业产业科技创新中心

该中心于 2020 年 6 月获批,是全国第五个、华中唯一一个国家现代农业产业科技创新中心。2022 年 8 月,武汉国家现代农业产业科技创新中心正式实体运作,以"一核两翼一芯两园多基地"为空间布局,以打造全国领先、全球知名的"武汉·中国种都"和"农业硅谷"为目标。武汉国家现代农业产业科技创新中心以发展生物育种、动物生物制品、生物饲料添加剂三大主导产业为基础,总体布局为"一核两翼三园多基地"。其中"一核"是指位于东湖高新区高农生物园的"核心功能区","两翼"是指位于东湖高新区的武汉国家农业科技园"创业孵化区"和光谷中华科技产业园的"产业融合区";"三园"是指位于黄陂区的武湖现代农业展示园、武湖淡水渔业科技园和汉南现代种业小镇科创中心构成的"示范展示区";"多基地"是指围绕优质水稻和油菜、水生蔬菜、优质种猪、淡水鱼和动物疫苗、食用菌、茶等产业建设的各类资源圃、示范基地、成果转化基地,构成"辐射拓展区"。

5. 南京国家现代农业产业科技创新中心

该中心是农业农村部于 2016 年 12 月 18 日在全国范围内批复建设的首家也是华东地区唯一的现代农业产业科技创新中心。南京国家农创中心建设以来,坚持"以产业需求为导向,以体制机制创新为动力,以创新研发为基础,以产业技术孵化、产业化"为重点,打造全域性开放共享农业创新创业平台。南京国家农创中心围绕生物农业、智慧农业、功能农业三大主导产业,着力集聚高层次人才团队、高科技农业企业、高水平基金、高转化性农业科技成果"四高"资源,努力成为江苏农业现代化重要引擎、长三角乡村振兴探路先锋。农创中心实体运行 6 年来,已集聚赵春江、邹学校、李德发、赵其国等近 10 个院士团队,初步打造全国唯一的农业集群式院士创新基地;累计引进和签约项目 248 个,注册企业 199 家,实现入驻企业 109 家,总注册资本金约 45 亿元。

总体来讲,我国农业科技创新中心已经受到国家及相关部委、科研院所的高度重视,建设正在如火如荼地推进,于辉、刘现武在中国农业科技导报撰文认为,我国农业科技创新中心建设存在三大问题:一是建设定位交叉重复。5 个国家现代农业产业科技创新中心在科技创新中心发展定位方面交叉重复,不能实现错位协同发展,如生物育种,在高校、科研机构经常交叉重复建设。二是重大科技基础设施建设水平不足。我国农业科技创新中心的建设工作整体起步较晚,农业领域尚无系统规划重大科研设施布局设计,数量相对滞后,截至目前农业领域国家重大科研设施数量(3 项)仅占全国所有建设运行重大科研设施数量(55 项)的 5%;没有形成国际知名科研设施群,对高水平原始创新的支持不够。三是体制机制创新有待提高。科技管理体制机制、创新人才聘用、培养、考核与激励机制、产学研机制、政府服务机制、科研成果转化机制、金融支持机制等方面仍不完善,已有科技中心及属地政府,在机制体制创新方面有待进一步提高。四是建设进度缓慢。5 个国家现代农业产业科技创新中心从审批立项到现在,建设进度都比较缓慢,存在创新能力提升慢、创新人才引进难、政府和企业投入资金较少、技术转化率低、技术推广难度大、服务平台不完善等共性问题,在未来的发展中,要充分吸取国内外成功经验,重点从科学顶层设计、明确功能定位、基础设施引领、体制机制创新等方面入手,推动我国农业科技创新中心高质量发展,为促进我国农业科技高水平自立自强作出更多贡献。

二、国家现代农业产业科技创新中心发展经验分析

纵观我国农业产业科技创新中心（以下简称农创中心）建设，基本处于起步阶段，在建设过程中都形成了自己的特色和特点。

1. 突出智慧农业发展方向

纵观已成立的五大农业科技创新中心，在建设过程中均提出了明确的科技创新和产业发展方向，虽然主攻方向各不相同，但均把智慧农业作为未来发展的主导产业。在科技创新方向上，重点突破基于物联网的农情感知、基于大数据的农业分析、基于云计算的数据处理等"卡脖子"关键技术，加快推进农业与大数据、云计算、区块链、人工智能等新兴技术的融合。积极探索智慧农业应用场景，加快推进5G、物联网、人工智能、北斗系统、卫星遥感等现代信息技术在育种、种植、畜牧、渔业、农产品加工业等行业中的集成应用。

2. 注重汇聚创新人才和创新要素

全球顶级创新人才、创新要素高度集聚是全球科技创新中心最基本特征。目前已有389个高水平科研团队、420家高科技企业、30支高质量基金入驻5个农创中心。南京农创中心集聚了赵春江、邹学校、李德发、赵其国等近10个院士团队，初步打造全国唯一的农业集群式院士创新基地；武汉国家农创中心累计引进院士11位；成都农创中心引进农业科研机构及创新团队25个、高新技术企业32家。因此，在"中原农谷"建设过程中，大批高校和顶尖科研院所入驻，进而吸引全球顶尖科学家汇聚，提升"中原农谷"原始创新能力，是将"中原农谷"建设成为世界一流农业科技创新高地的基础条件。

3. 强化政府引导资金的支持

纵观全球著名科技创新中心，在建设初期都是在政府的引导下开展建设的。目前国内五大农创中心在建设初期，地方政府均投入了引导资金用于中心的建设。江苏省财政从2018年起连续3年每年专项支持5000万元，浦口区每年配套5000万元，并提供4000万元政策兑现资金，用于南京农创中心建设；山西省政府每年拿出4亿元，太谷市政府每年支持2亿元用于支持山西农谷建设；成都市每年支持2亿元项目建设资金和3000万元科技研发、基本运行项目资金，连续5年支持农创中心建设。政府通过加大在基础研究领域的经费投入、建设高水平基础和应用研究平台、提供科技创新的公共产品、确立激励创新的产权制度、提供竞争性的市场环境，等等，引导有组织的科技创新，构建一流创新生态体系和一体化创新发展制度环境和政策体系，强化协同创新顶层设计，为创新中心初期提供强大的基础支撑。

4. 加大高水平大学和科研机构汇聚力度

高水平和科研院所一方面为科技创新中心建设输送源源不断的创新人才，还承担着吸引全球科学家汇聚的任务。正在建设的我国五大农创中心，高度重视高水平大学和科研机构入驻。广州农创中心已有华南农业大学、华大农业等79家高校和科研机构入驻；太谷农创中心依托山西农大和山西农科院组建山西功能农业（食品）研究院等"四院八中心"创新平台，吸引高水平科研团队30个、高科技企业20家、高质量基金5支。南京农创中心与中国农业科学院、中国农业大学、南京农业大学等十余所高校和科研院所建立广泛合作关系。通过高水平大学和科研机构入驻，形成了由政府部门、大学、科研机构、企业家、风险投资家以及各类中间机构、非正式社区组织等创新要素构成的创新核心网络，为创新的持续发展提供环境、制度保障和支撑。从整体来看，高水平大学和科研机构汇聚是农创中心建设的重点，也是弱点，"中原农谷"建设要把高水平大学和科研机构汇聚作为工作的重中之重。

第四节　科技创新中心建设对"中原农谷"建设的启示

放眼全球创新格局，我们可以清楚地发现：发达国家已经把位于国际经济中心、金融中心、贸易中心地位的城市或都市圈建设成为科技创新中心，许多国家或地区正在谋划把优势城市和区域建设为科技创新中心，以抢占经济发展先机和竞争主导权。正在建设的"中原农谷"，肩负着我省打造世界一流农业科技创新高地的重任，如何推进河南农业科技创新体系的建设，是摆在我省决策者面前的一道新课题。全球著名科技创新中心的建设经验为"中原农谷"建设提供了重要启示。

一、在区域科技中心建设中，政府是第一推动力

全球著名科技创新中心几乎都是在政府的引导下开展建设的，政府的引导和扶持是创新中心建设的一个重要因素。除了积极引导之外，政府也会通过营造良好的市场和营商环境，简化行政手续、降低商务成本来优化创新环境。美国国防部高级研究计划局从1958年创立以来，持续引领着美国以至全世界的科技创新，成功阐释了政府对科技创新的引领作用。纽约之所以能够在短短十年时间内建成全美第二大科技创新中心，原市长布隆伯格功不可没。因此，政府通过加大在基础研究领域的经费投入，建设高水平基础

和应用研究平台、提供科技创新的公共产品,确立激励创新的产权制度、提供竞争性的市场环境,等等,引导有组织的科技创新,构建一流创新生态体系和一体化创新发展制度环境和政策体系,强化协同创新顶层设计,为"中原农谷"建设的初期提供强大的基础支撑,为"中原农谷"建设进入快车道打下坚实的基础。

二、在区域科技中心建设中,教育科研资源是原始创新的策源地

高校和科研机构不但是新知识和科研成果的提供者,也为创新活动培养了丰富的人力资本,世界著名科技创新中心的兴起都与所在地的高校院所有密切联系。硅谷所在的旧金山湾区是世界上智力资源最为密集的区域之一,除了享誉世界的斯坦福大学外,还有加州大学的伯克利分校、戴维斯分校和旧金山分校等著名大学。同时,旧金山湾区也是世界知名实验室的集聚地,包括航空航天局埃姆斯研究中心、能源部劳伦斯国家实验室、斯坦福线型加速器中心、农业农村部西部地区研究中心等国家实验室。高校和科研院所一方面为科技创新中心建设输送源源不断的创新人才,还承担着吸引全球科学家汇聚的任务。深圳通过引进一批国内外名校共建深圳校区和特色学院,吸引了以颜宁为代表的大批全球顶尖科学家到深圳工作,为推动粤港澳大湾区科技创新中心建设注入了新生的力量。因此,在"中原农谷"建设过程中,大批高校和顶尖科研院所入驻,进而吸引全球顶尖科学家汇聚,提升"中原农谷"原始创新能力,是将"中原农谷"建设成为世界一流农业科技创新高地的基础条件。

三、在区域科技中心建设中,大量企业云集是科技中心成长的发动机

创新成果迅速从科研价值向商业价值的转化是区域科技中心建设最终结果,也是科技创新中心发展的终极目的。创新型企业作为创新的引领者和财富的创造者,不仅是全球科技创新中心的标志,更是其成长的发动机。不同企业的集聚产生溢出效应,加快了技术和产品开发的进程。而世界级的创新型引擎企业是全球科技创新中心的典型标志,它们是全球科技创新中心成长的发动机,发挥着巨大的乘数效应。梳理全球知名的科技创新中心,标志性特征是拥有一批世界级企业和强大的创新企业集群。旧金山-硅谷地区拥有英特尔、苹果、甲骨文、思科、脸书等 165 家世界级企业。纽约拥有辉瑞制药、IBM、百事公司、再生元制药、康宁公司等 58 家世界级企业。一大批世界级的科技创新龙头企

业带动小微企业、专精特新企业的成长,形成了良好的创新生态。对比全球科技中心,甚至与国内的深圳、上海等相比,缺乏世界级企业是制约"中原农谷"建设的最大短板。下一步"中原农谷"建设过程中,必须采取培育本土"引擎"企业和引进全球知名种业公司两条腿走路,最终孵育出一批具有核心竞争力的本土种业龙头企业。

四、在区域科技中心建设中,一流创新生态是可持续发展的基础

建设全球科技创新中心的首要任务是营造环境,即建立公平竞争、保护产权的市场体系,培育开放合作、多元融合、宽容失败的文化氛围,降低各类制度性交易成本,以此吸引创新要素集聚,激发了科技创新人员大胆尝试、勇于探索的创新热情,也是促使区域变革性科学、颠覆性技术、产业主导技术策源地的重要推手。党的十九届五中全会强调,"坚持创新在我国现代化建设全局中的核心地位,把科技自立自强作为国家发展的战略支撑",为我国及各地创新发展提供了方向和根本遵循。贯彻落实党的二十大精神,打造一流的创新生态,促进科技创新内部发展与外部环境的有机整合,提升创新生态系统有机协同,优化配置创新资源是"中原农谷"建设的必经之路。因此,要加大创新创业环境建设,营造一流创新生态,不断发挥市场机制在创新资源配置中的决定性作用,保证各类创新主体公平获得创新资源的环境。要大力推行公平竞争政策,消除政府垄断和限制不正当竞争,激发企业对技术创新的需求。要加大知识产权保护力度,保护企业家和创新人员的创新收益,充分调动科技人员创新的积极性。

五、在区域科技中心建设中,开放式创新是全球科技创新中心的重要推手

多元、开放、包容的创新环境,特别是国际化的开放式创新,是全球科技创新中心的重要特征。硅谷的企业、大学、研究机构、风险资本和各类中介服务机构等主体紧密互动,形成了开放式创新网络,信息、知识、技术、资本、人才等创新要素能在不同组织间自由流动。良好的创新环境吸引了大量国际化创新人才,目前在硅谷企业工作的外国员工超过三成。正是得益于这种开放式创新生态系统,硅谷才能保持经久不息的创新活力,促进着新技术、新产品和新商业模式源源不断的诞生。伦敦一直奉行全球化的人才观,既不限制本国人才的流动,也不拒绝使用外国人才,并努力创造人才回流的宽松环境。伦敦政府完善人才引进机制,将人才引进权下放到各个著名的跨国公司、科研机构和

高校等,授予他们自行签发工作许可证的权利。历史经验表明,中国是开放创新的受益者。改革开放以来,中国顺应了世界生产力发展的趋势与潮流,实行对外开放政策,积极引进资金、技术与管理经验,成为世界第二大经济体。近年来,贸易保护主义不断抬头,开放创新面临前所未有的挑战,中国坚定不移地践行多边主义道路,借力"双循环"发展格局实现了更高水平的对外开放。在"中原农谷"建设过程中,要加大科技人才国际交流、加强国际科技创新平台合作、积极引导企业积极"走出去",不断完善国际合作政策、优化国际合作环境,全方位谋划国际合作布局,为"中原农谷"更高质量建设、更高质量发展奠定基础。

附:典型案例选登

2022年12月19日,施普林格·自然集团、清华大学产业发展与环境治理研究中心面向全球发布《国际科技创新中心指数2022》。该指数显示,北京首次超越伦敦,在全球国际科技创新中心中位列第三位。粤港澳大湾区、上海均进入全球前十强,分别位居全球第六、第十位。2022年7月15日,《深圳特区报》报道了北京加快打造国际科技创新中心的经验、做法,通过北京打造国际科技创新中心的经验,为河南省建设"中原农谷"提供借鉴。

北京加快打造国际科技创新中心

(原载于《深圳特区报》2022年7月15日 A08版)

为构建新发展格局,北京把国际科技创新中心建设作为关键"第一子",着眼更好服务创新驱动发展等重大国家战略,为创新型国家和科技强国建设提供重要支撑,努力把北京建设成为世界主要科学中心和创新高地。

近日发布的北京市第十三次党代会报告(以下简称报告)显示,北京正加快建设国际科技创新中心、推进"两区"建设、打造全球数字经济标杆城市、以供给侧结构性改革创造新需求、推动京津冀协同发展,以"五子"联动的重大举措,推动高质量发展迈出坚实步伐。

一、"三城一区"构筑科技创新主平台

一个直径 3 米的 LED 版"模拟地球"上"风起云涌",模拟展示着不同时期地球的大气、海洋、植被等状况。今年 3 月,位于怀柔科学城东区的地球系统数值模拟装置,成功完成联调联试和工艺验收……五年来,怀柔科学城与中关村科学城、未来科学城和创新型产业集群示范区已取得了重要进展和多项重大成果,"三城一区"共同构筑起北京国际科技创新中心建设的主平台。

此次报告对中关村科学城、怀柔科学城、未来科学城的发展,指出了明确的目标和方向。如报告要求,进一步聚焦中关村科学城,加强基础研究和战略前沿高技术创新,培育人工智能、区块链等新兴产业集群,率先建成国际一流科学城。进一步突破怀柔科学城,深化院市合作,加快形成重大科技基础设施集群,打造世界级原始创新承载区。进一步搞活未来科学城,深化央地合作、校城融合,推进"两谷一园"建设,打造医药健康和国际先进能源产业集群等。

同时报告提出,深入推进北京经济技术开发区和顺义创新产业集群示范区建设,承接三大科学城创新效应外溢,打造具有全球影响力的高精尖产业主阵地。

"北京建设国际科技创新中心是党中央赋予北京的重要使命,过去几年成效显著。"国家发改委区域战略中心研究室主任刘保奎接受深圳特区报记者采访时分析指出,北京一些做法对其他同类城市具有启示价值。特别是北京注重关键载体支撑,发挥"三城一区"主平台和"一区十六园"主阵地作用。"三城一区"发展活力持续增强,以不足 6% 的土地面积贡献了北京全市 GDP 的三分之一。2021 年,中关村示范区总收入 8.3 万亿元,规模以上企业总收入同比增长 20% 以上。

二、实现更多从"0"到"1"突破

马约拉纳任意子、新型基因编辑技术、天机芯、量子直接通信样机、"悟道"人工智能大模型、"长安链"……从"0"到"1",短短数年间,北京在基础前沿、共性关键技术研究方面,涌现出一批世界级重大原创成果,同时国家实验室等一批战略科技力量落地,12 个超算中心、46 台全球算力 500 强的超级计算机先后建成运行。

报告提出,未来北京将积极打造国家战略科技力量,高水平建设国家实验室,推进在京全国重点实验室体系化发展。加紧怀柔综合性国家科学中心建设。推进前沿信息技术、生物技术等领域世界一流新型研发机构布局建设。坚持"四个面向",开展"卡脖子"关键核心技术、颠覆性技术攻关,实现更多从"0"到"1"突破。

"北京注重基础前沿创新,布局若干高水平的国家实验室和新型研发机构,支持建设了北京量子通信研究院、北京脑科学与类脑研究中心、北京人工智能研究院、北京生命科学研究所等一批高水平研究机构。北京还加紧建设怀柔综合性国家科学中心,产生一批世界级引领性原创成果。"对此,刘保奎表示,创新的窗口稍纵即逝,北京高度重视抢抓前沿创新,前瞻布局前沿技术、颠覆性技术攻关,始终把基础研究、核心技术攻关作为工作重点,实现更多从"0"到"1"突破。

三、营造一流创新创业生态

此次报告提出,大力推动中关村国家自主创新示范区开展高水平科技自立自强先行先试改革。同时深化科技体制改革,强化科技成果转化应用,激发创新主体活力,加强知识产权保护,营造一流创新创业生态。

刘保奎认为,北京注重机制创新,发挥在京高校院所、企业、医院等创新主体作用,建设一批前沿科学中心、创新联合体和共性技术平台,搭建了一些新体制的创新网络,形成央地协同、政企结合、研产融合、国际合作的创新格局,同时围绕加强科技成果转化、激发创新主体活力等,深化体制机制改革,营造一流创新生态。

"深圳要在粤港澳大湾区国际科技创新中心建设中发挥更大作用,北京的做法可以借鉴,把抓平台建设、抓前沿创新、抓机制创新作为主要努力方向。"刘保奎说。

(深圳特区报驻京记者:庄宇辉　李　萍)

第九章
"中原农谷"建设路径及运行模式研究

　　建好"中原农谷",打造中国的"种业硅谷",河南的"农业芯片",为粮食稳产增产提供核心支撑,既是种业安全的"国之重任",也是关乎河南全省高质量发展的"省之要者",更是新乡市的重大历史机遇。它的意义和价值必将随着时间的推移而越来越得到清晰的呈现,必须按照国际视野、国家标准、前瞻30年的眼光去建设"中原农谷",不断探索"中原农谷"建设路径及运行模式,尽快将"中原农谷"打造成为国家现代农业科技创新高地。

第一节　"中原农谷"建设的支撑条件分析

　　"中原农谷"位于河南省新乡市,总规划面积1476平方千米。按照建设方案,实施"一核三区"发展战略。其中"一核"指农谷建设的核心区,位于平原示范区,规划面积206平方千米,功能定位是种业创新高地,依托国家生物育种产业创新中心、神农种业实验室和国家现代化农业示范区,打造国家级、国际化的种业创新高地、科技新城。"三区"是指以延津县部分区域为主体的东区,以新乡县、获嘉县部分区域为主体的西区,以原阳县部分区域为主体的南区,区域面积共1270平方千米,主要功能是立足产业基础,承接中原农谷科技创新成果转化和产业化应用,重点发展农副产品加工业、农机装备制造业、现代种养业等,建设生产加工基地和智慧农业示范基地。

一、"中原农谷"建设优势分析

1.科教资源加快集聚

2020 年,新乡市与中国政法大学签署战略合作协议,在平原新区建设中国政法大学中原研究院项目。2020 年 6 月 5 日,华北水利水电大学与新乡市签约建设国际校区暨黄河流域生态保护和高质量发展研究院揭牌仪式在新乡市政府行政办公大楼顺利举行,标志着华北水利水电大学国际学院和黄河流域生态保护和高质量发展研究院正式签约落地。2022 年 4 月 29 日,河南师范大学官网更新《落实省委部署 我校与新乡市人民政府共建"河南师范大学科技创新港"》文章,宣告河南师范大学正式进入平原新区。10 月 16 日,河南省市场监督管理局与新乡市政府签约,决定在新乡市平原示范区建设河南省质量技术职业学院(暂定名)。目前,平原示范区已建成并招生的高校有 2 所,分别为:新乡医学院三全学院平原校区和河南物流职业学院。河南航空产业学院、郑州铁路职业技术学院欧亚学院已达成建设意向;河南轻工职业学院、河南科技职业大学、河南经济技术学院、郑州信息科技职业学院、河南广电传媒职业学院等高校正在与平原示范区对接洽谈。为了加快平原新区高校汇聚,平原示范区规划了 50 平方千米的平原科教城。平原科教城计划运用"1+3+N"投融资运营模式,分期进行建设,其中一期总规划面积约 10 平方千米。平原科教城以打造全国科教新高地为目标导向,突出"理工农医+职业教育"的发展特色,计划到"十四五"末期,实现 10 所普通高校、10 所职业高校、20 万大学生的"112"建设目标。项目建成后,将给河南省建设科教城高校合作模式提供范板。平原示范区作为黄河流域生态保护和高质量发展的核心区、郑新深度融合发展的桥头堡,区位优势明显、政策机遇叠加,已成功获批以种业为建设内容的国家现代农业产业园,正在依托现有资源,加强对外交流合作,全力打造"中原农谷"。

2.农业科技创新优势突显

"中原农谷"所在的新乡市处中原腹地,北依太行,南临黄河,是中原城市群重要组成部分,是黄河流域生态保护和高质量发展战略、郑洛新国家自主创新示范区建设等一系列国家战略实施的重要区域。农业基础设施完善,农业特色优势显著,是国家粮食生产核心区、全国优质小麦生产基地和种子基地、金银花等中药材生产基地,具备高质量发展的基础。拥有多家驻新涉农高校和国家、省级农业科研单位,农业科研机构之密、农业专家之多、农业成果之丰,在全省乃至全国领先,特别是国家生物育种产业创新中心建设,为加快农业科技创新和科技成果转化应用、抢占新一轮现代农业科技制高点提供了有力支撑。"十三五"以来,在以良种为重点的农业科技创新上取得新突破,通过国家和河南省审定的主要农作物品种达到 80 个,居各省辖市首位,比"十二五"增加 41.2%。培育出的百农、新麦系列小麦品种已成为河南小麦的当家品种,种植面积已占全省 45%,其中百农 207、新麦 26 已成为河南省种植面积最大和加工企业最抢手的优质强筋小麦品种。国家生物育种产业创新中心已落户平原示范区,以"立足河南、服务全国、面向全球"的生物育种创新引领型新高地正在快速崛起。平原示范区以国家生物育种产业创新中心为基础,整合全省种业科技资源和力量,高水平开展种业基础理论研究、种质资源创新、分子生物育种、种苗培育、种子加工等多领域技术研发,农业科研资源聚集度位居河南前列、全国领先。成立神农种业实验室,中国农科院、河南省农科院、河南农大、河南大学、河南科技学院、河南省水产研究院、河南省科学院等一大批科研院所及高校、科创载体先后入驻,中农发集团、先正达集团中国、登海先锋、隆平高科、秋乐种业、百农种业等一批国内、省内领先的种业研发企业相继落户。拥有自主知识产权和开发权的农作物品种 50 余个,其中郑单 958、秋乐 218、秋乐 368 等玉米品种 20 多个,秋乐 2122、郑麦 101 等小麦品种 10 多个,国审远杂 9102、豫花 9326 等花生品种及大豆、棉花、油菜品种等 20 个。以河南省农业科学院为代表的优势科研院所培育的小麦、玉米新品种获得国家科技进步一等奖 3 个、二等奖 4 个,秋乐 368 已成为黄淮海地区主栽品种之一。

3.科技创新平台和人才不断集聚

平原示范区国家、省、市多级种业科创平台体系已基本建成,拥有国家生物育种产业创新中心、国家小麦工程技术研究中心等多个国家和省级农业科技创新平台,建设中国农科院、河南省农科院、中国科学院南京土壤研究所等多家国家、省、市农业科技创新示范基地,中国农业科学院郑州果树所、先正达(中国)、中农发种业等优势科研院所和种业企业相继入驻,生物种业创新高地雏形初显。积极推广优良品种和农业新技术新成果,加快农业科技成果的转化与推广应用,年引进推广经费支出达 8000 万元,良种化率达 98%。推进科教资源引聚,建设以"生物工程+职业教育"为发展特色的平原科教城,与"中原农谷"协同发展形成教育教学、科技研发、中试、实训实习、成果转化等于一体的农业创新高地。由河南省农业科学院成立的现代农业科技试验示范基地既是国家专业技术人员继续教育基地、河南省科普教育基地,也是国家培养培训高层次、急需紧缺和骨干专业技术人才的服务平台,为创新人才集聚提供巨大吸引力。平原示范区先后引进并培养国家级人才 120 人,其中中国工程院院士 6 名,全国杰出专业技术人员 1 名,中原学者 3 名,研究员 10 名,副研究员 12 名,博士 31 名。建立种业发展智库,组成了中国工程院院士刘旭等权威专家学者参与的专家咨询委员会。

4. 交通优势明显

"中原农谷"建设的核心平原示范区地处黄河北岸,是郑州"半小时"都市圈核心的重要组成部分,郑州向北经济辐射带动发展的桥头堡,是郑洛新融合发展的重要节点、沿黄生态经济带建设的核心区域。与郑州市依河相望,25 分钟可达河南省政府、郑州高铁东站,40 分钟可达新乡市政府、新郑国际机场、郑州航空港。区域内京港高铁、京港澳高速、郑焦晋高速、107 国道、327 国道、郑平公交等四通八达,郑济高铁、郑新高速、郑州地铁 6 号线、龙凤大道等一批轨道、快速路正在加快建设推进,平原示范区是豫北地区联系郑州的重要节点,也是郑州辐射豫北的"桥头堡"。近年来,新乡市抢抓郑州都市圈建设重大战略机遇,围绕打造"两地三区一枢纽",推进郑新交通一体化,一方面大力推动黄河上下游、左右岸基础设施互联互通,加强沿黄、跨黄通道建设,另一方面,统筹传统和新型交通发展,推行先进运输方式,提高交通保障能力和运输服务水平,着力推动交通区位优势向枢纽经济优势转变。

二、"中原农谷"建设存在的问题分析

1. 对创新人才长期扎根入驻吸引力还不够强

建设"中原农谷",离不开国内外农业领军人才和高水平团队的创新创造。引得进、用得上、留得住高层次人才,建立畅通有序的人才资源配置机制,是"中原农谷"建设的关键。山西农谷自设立以来,大力开展招才引智,从政策支持、配套服务、平台建设等方面发力,聘请一大批农业领域的拔尖人才为特聘专家,引进了 7 名院士,吸引百名人才建立山西农谷专家库,为山西农谷建设注入了强大的人才力量。"中原农谷"因所在的地理位置原因,基本条件不能与北上广深等发达城市相比,缺乏对高层次人才的吸引力,导致高层次人才长期扎根"中原农谷"的意愿不强。面对农谷建设亟需大量农业领域拔尖人才和人才匮乏间的矛盾,必须建立更有吸引力的人才引进政策和完备的人才服务机制,细化完善人才安居、子女就学、家属就业等服务措施,解决创新人才的后顾之忧,这也是近期从省级层面需要解决的问题。

2. 农业科技研发力量整合的步伐还不够快

高校和科研院所是科技的主要供给方,也是农业科技创新的重要力量和生力军。但目前从管理体制上看,科研院所与高校是两个系统,导致双方在科技创新协同中缺乏有效衔接和有机融合。当前,我省农业科技创新体系主要是依靠国家、河南省农业科研院所和涉农业高校,体系成员间缺乏明确的科研分工,存在各级、各类科研单位科研工作同

质化倾向。由国家发改委批复，河南省农科院牵头组建，旨在培育和打造未来引领我国种子产业发展的战略科技力量的国家生物育种产业创新中心和神农种业实验室，高校还没有深度参与，对接还处于被动状态。由于高校与科研院所之间存在的条块分割、资源分散等现象，科研单位之间缺乏相互开放的环境，学术交流、人才交流和科研协作氛围不浓，在很大程度上制约了"中原农谷"建设进程。

3. 管理体制机制还不够顺畅

目前成立的"中原农谷"建设领导小组、"中原农谷"建设管理委员会、"中原农谷"建设运营发展有限公司与平原新区管委会等管理职能交叉重叠的比较严重，"中原农谷"建设管理委员会现有的各项管理职能和权限涉及不到省属院校，而农业科技创新资源最集中的在河南农业大学、河南科技学院和河南农业科学院。借鉴其他省自主创新示范区的经验，合并平原新区和"中原农谷"管理职能，统一组织协调、统一产业布局、统一创新激励政策、统一科技统计口径、统一推进体制机制创新，充分发挥河南农业优势、体现河南农业特色、探索"中原农谷"建设经验，形成核心引领、龙头带动、合力协同、共赢发展的良好格局。

4. 推进农谷建设的支持政策还不够全面

刚刚结束的"两会"，河南代表团向十四届全国人大一次会议提交了《关于恳请国家支持河南建设"中原农谷"的建议》，彰显了我省打造国家农业创新高地的信心和决心。在"中原农谷"建设过程中，从省市层面虽然出台了一系列激励政策，但政策分散且缺乏条理，没有形成系统合理的政策体系，目标性政策多，体制机制改革的政策少。山西农谷在建设初期，非常注重支持政策的出台，2016年至今，山西省委省政府及驻地各级政府制定出台系列化配套的政策文件和政策的落实细则80余份，有力推动了山西农谷的建设与发展。河南省在推进"中原农谷"建设过程中，目前省市级层面仅出台文件10余个。支持政策的滞后，导致了"中原农谷"建设在统一组织协调、统一产业布局、统一创新激励政策、统一科技统计口径、统一推进体制机制创新等方面合力不够，创新主体、创新资源、创新基础设施和创新环境等方面建设推进还不够快，核心引领、龙头带动、合力协同、共赢发展的良好格局还没有出现，需进一步制定和完善相关配套政策，创造有利于创新的政策环境，加快"中原农谷"建设。

5. 种业企业集中度不够高

河南省种业科技创新水平国内领先，种业市场规模全国第一，种业企业数量众多，但都没有形成大的规模，大多数属于小、全、散的小型企业，种业企业的集中度仍然不高，彼此之间并没有明显的专业化分工，企业之间同构现象严重，缺乏具有国际竞争能力的"种业航母"。目前河南省拥有农作物持证种子企业 698 家,占全国的 9.7%,其中资产总额 1 亿元(含)以上的企业 23 家。在 A 股上市公司中,仅秋乐种业 1 家豫企在去年上市,河南德宏、金博士和中棉种业科技股份有限公司在新三板挂牌。加快培育一批育种能力强、生产技术先进、营销网络健全、技术服务到位、具有较强竞争力的"种业航母",鼓励和支持我省种业企业积极融到"中原农谷"建设中去,是"中原农谷"建设过程中必须高度关注的问题。

三、"中原农谷"建设机遇分析

1. 实现高水平农业科技自立自强成为国家安全的必然选择

当今世界百年未有之大变局加速演进,国际环境错综复杂,全球产业链供应链面临重塑,不稳定性不确定性明显增加。科技创新成为大国战略博弈的主战场,生物技术和信息技术等前沿领域科技制高点的竞争空前激烈,发达国家围绕未来农业发展开始了新一轮科技战略部署,着力保持领先优势,俄乌冲突又为全球农业和粮食安全带来很多不确定因素。面对新的发展趋势和挑战,保障国家粮食安全、农业生物安全和重要农副产品有效供给,迫切需要建立起农业科技攻关新型举国体制,强化有组织的科学研究,加快实现高水平农业科技自立自强,走中国特色农业科技现代化之路。在战略必争的农业前沿科学领域,持续开展原创性探索与前瞻性研究,勇闯创新"无人区",突破农业科学重大基础理论和前沿技术,打造原始创新策源地,奋力实现更多从"0"到"1"的创新成果,抢占世界农业科技制高点,推动农业高质量发展,把"中原农谷"建设成为河南的"农业芯片",中国的"种业硅谷",不仅是满足人们对美好生活向往的必然要求,更是国家安全的重要保障。

2. 从中央到地方高度重视农业科技创新为"中原农谷"建设打下良好基础

2017 年,习近平总书记给中国农科院建院 60 周年发来贺信,强调"农业现代化关键在科技进步和创新。要立足我国国情,遵循农业科技规律,加快创新步伐,努力抢占世界农业科技竞争制高点,牢牢掌握我国农业科技发展主动权,为我国由农业大国走向农业强国提供坚实科技支撑"。2018 年,中共中央、国务院《关于实施乡村振兴战略的意见》颁布实施,提出了坚持把解决好"三农"问题作为全党工作重中之重,坚持农业农村优先发展。农业农村部建设了南京、太谷、成都、广州、武汉 5 个国家现代农业产业科技创新中心,《"十四五"全国农业农村科技发展规划》明确提出到 2025 年,农业科技整体实力稳居世界第一方阵,力争在基因组学、作物杂交育种理论等方向取得一系列基础理论突破,支撑更多领域实现从"0"到"1"的原创性突破创新,农业科技进步贡献率达到64%。河南始终把农业科技创新摆在各项工作重中之重的位置,河南省第十一次党代会旗帜鲜明地提出,锚定"两个确保"、全面实施"十大战略"的战略决策,把实施创新驱动、科教兴省、人才强省战略作为"十大战略"之首,出台了《关于加快建设现代种业强省的若干意见》,布局建设了国家生物育种产业创新中心,组建了神农种业实验室。从中央到地方,农业科技创新以前所未有的力度强力推进,为"中原农谷"建设打下良好的基础。

同时,当今世界种业历经矮秆化、杂种化、生物技术三次科技革命后,正迎来以"生物技术+信息化"为标志的第四次科技革命,基因编辑、合成生物学、遥感监测、大数据等前沿性、颠覆性技术创新加快应用,对育种模式和农业生产方式带来革命性影响,推动品种创新"按需订制"成为现实。同时,国际种业巨头通过并购重组,不断融合种子、农机、化肥、农药、气象、市场、金融等产业要素,打造"为农民提供全套解决方案"的综合服务模式,产业规模急剧扩大。在此时代背景下,平原农高区依托自然资源禀赋优越、紧邻国家中心城市区位优势、郑洛新国家自主创新示范区政策优势和生物育种产业创新中心平台优势,将不断吸引科研单位、种业企业及关联企业等主体入驻园区,为顺应行业形势变化,集合各方力量探索开展生物育种联合攻关、农业社会化综合服务等种业发展新模式,引领我国生物育种创新和产业变革提供难得的战略机遇。

3. 全面推进乡村振兴亟须科技塑造农业科技创新新优势

我国经济已由高速增长阶段转向高质量发展阶段,统筹发展与安全,最重要的是国家粮食安全,要害是种子,根本出路在科技创新。近年来我省在农业科技创新取得了显著成就,但也还存在明显短板和薄弱环节,智慧农业、绿色投入品等关键领域核心技术和产品自主可控能力不强,基础研究和原始创新能力不足,创新链与产业链融合不够,高效集成的科技创新组织模式亟待完善,创新成果转移转化效率亟待提升,农业科技创新的贡献率与农业大省身份严重不匹配。探索建立政府牵头,企业主体,高校与科研院所支撑,金融资本参与,政产学研用协同创新,育繁推一体化的农业科技创新体制;建立健全协同创新和资源共享机制、种质资源收集与保护机制、创新成果收益分享机制等农业科技创新机制,是我省新时期农业科技创新面临的新问题。"中原农谷"作为河南省打造的种业"国之重器",在建设过程中,依托国家生物育种产业创新中心这个龙头平台探索体制机制创新,目前已实施了平台共享机制、人才集聚机制、商业化育种体系、岗位制为核心的人员管理机制、协同创新机制、多元化资金投入机制等六大机制。通过"中原农谷"建设,把"中原农谷"建成国家级、国际化农业科技研发和成果转化中心的同时,助力我省全面推进乡村振兴,在保障国家粮食安全和推动河南现代农业发展进程中,谱写新时代中原更加出彩的绚丽篇章。

第二节 "中原农谷"运行模式分析

目前,正在建设且比较典型的农谷建设,主要有山西省太谷县的"山西农谷",湖北省荆门市的"中国农谷",由于各省农业自然禀赋、发展战略、发展目标、生态类型和社会经济条件不同,因而在建设和运行模式上各异,并无可供借鉴的经验,必须结合自身情况,建立符合自身实际的运行模式。

一、"中原农谷"运行模式设计的原则

1. 坚持设计先行和稳步推进的原则

纵观国内近年来建设的农业科技创新中心和农业创新园区,往往开始出现时轰轰烈烈,过一段时间便沉寂下来,在推进过程中遇到了很多问题,最后不了了之,严重浪费了国家的财力、物力、人力,造成了资源浪费。"中原农谷"建设任务重、压力大、困难多,要严格树立"规划引导发展"的意识,科学制定具体实施规划,远近结合,分步实施。防止急于求成和盲目攀比,不搞形式主义。在农谷建设的规模和范围上要视具体情况而定,不盲目扩充建设范围。建设过程中要通过遵循科技创新规律和农业科学发展规律,坚持设计先行,稳步推进,合理安排建设的各项事宜。

2. 坚持三方协同联动的原则

"中原农谷"建设是一个系统的工程,不可能只依靠平原新区单方面的努力,需要政府、知识创新主体和企业的共同配合,不分谁主谁辅。作为河南省政府主导的"中原农谷"建设,在建设初期,一定是政府主导,过多地强调市场的主导地位和企业的主体地位会让政府变得消极被动。在建设过程中要充分调动国家、地方政府和"中原农谷"管理部门三方的积极性,通过各自分工、相互配合努力,同时兼顾河南省省情、地方发展实际和"中原农谷"自己的思路,将它们高度整合,形成"中原农谷"的现实发展策略。要避免在建设过程中盲目追随国家意志或地区思路,脱离"中原农谷"实际,还要避免"中原农谷"在建设过程中只顾短期目标不顾未来发展,在政府的引导下,努力建立以市场规律为指引,以企业为发展主体,政府给予充分支持的推进机制。

3. 坚持改革驱动和创新引领相结合的原则

以改革创新激活创新主体、激活创新要素、激活市场,引领和支撑农业现代化,增强农业创新发展的内生动力。加大科技体制机制改革力度,打造农业科技体制改革"试验田",进一步整合科研力量,深入推进"放管服"改革,调动各方积极性,激发农业科技创新活力。加强先行先试和"放管服"改革,做大做强创新主体,探索适应新产业、新业态发展的制度,优化创新创业生态和营商环境,激发各类主体活力。把握世界农业科技前沿和国家粮食安全需求,集聚高端农业创新资源,强化农业基础研究和应用基础研究,加强原创性、引领性科技攻关,突破种业领域关键核心技术,培育一批农业领域高新技术企业和种业企业,构建更多先发优势。

4. 坚持以人为本与和谐管理的原则

"中原农谷"建设和发展离不开大批具有创新意识和创业意识的农业科技创新人才汇聚,要想留住人才,必须为各类创新人才提供良好的发展环境,不断提升"中原农谷"吸引优秀技术人才的能力,才能不断发展壮大。"中原农谷"所在的平原新区,地理位置优越,交通便利,环境优美,社会经济发展水平和综合实力在河南省名列前茅,在吸引和留住人才方面有很大优势。"中原农谷"建设要充分利用好这些条件,重视人才的价值,为让他们更好地发挥自己的才能创造各种社会和生活条件。一是要形成鼓励和支持创新,宽容失败的文化氛围。二是在工作条件的改善和生活上的便利等方面给予创新人才各种优惠和福利,让优秀人才更加愿意为"中原农谷"建设的发展贡献力量。所谓和谐管理,则是要实现农谷与地方各地区之间的和谐共处,"中原农谷"建设不能一枝独秀地发展,而是要充分发挥自身增长极的作用,不断向周围辐射,带动周边的全面发展,形成和谐的氛围。

二、"中原农谷"运行模式的基本框架及分析

1. "中原农谷"不同发展阶段的模式分析

"中原农谷"建设与全国其他的创新集聚区一样,是由于生产行为和交易行为带来的一种空间聚集模式,初期的聚集所带来的相关功能需求和衍生经济行为,造成了"中原农谷"不同发展阶段的聚集方式和空间特征,也成为我们定义发展阶段特征的主要依据。我们在这里把"中原农谷"的发展定义为四个阶段:第一阶段是创新要素聚集阶段。这一阶段主要是在"中原农谷"建设初期3~5年的时间,其核心驱动力主要是由政府完成。政府通过顶层设计,制定优惠政策,形成产业聚集动力。由于优惠政策的吸引,生产要素

的低成本,导致人才、技术、资本的流入,形成"中原农谷"建设的蓄力阶段。第二个阶段是产业主导阶段。通过第一阶段的工作,完成了创新要素的汇聚,形成了政策的高地,吸引了一大批创新人才和企业,开始进入了产业主导阶段。这一阶段的核心驱动力是政府和企业市场竞争力驱动双重作用,通过产业链导向,各种生产要素重新整合,形成稳定的主导产业和具有上、中、下游结构特征的产业链,具有良好的产业支撑和配套条件;这一时期企业创新主要依靠外部科学机构和大学的支持,企业自身创新能力较弱,我国大多数科技园区都处于这一阶段。第三个阶段是创新突破阶段。发展进入了创新突破阶段,企业创新主体地位得到了真正的确立,成为技术创新决策、研发投入、项目组织和科技成果转化的主体。这一阶段"中原农谷"自身造血功能不断增强,已经具有产、学、研良性循环功能。发展的核心驱动力是内力为主,技术推动、企业家精神、产业聚集动力是创新文化,这是一种比较理想的园区建设阶段。第四个阶段是建立现代科技都市阶段。在这一阶段,产业链导向是高势能优势,"中原农谷"建设主要依赖自身形成的高价值的品牌、高素质的人才资源、高增值能力和高回报率的巨额资本,获得发展。这时的"中原农谷"已经具有现代化综合城市功能,产业空间形态是综合新城,在空间上城市功能和产业功能完全融合,形成了独具特色的农业产业集聚地、人气的集聚区、文化的扩散区、资本的融通区。这个阶段是我们需要努力建设的阶段,也是"中原农谷"建设方案中没有涉及的阶段。

2."中原农谷"运行模式的构成要素分析

"中原农谷"建设不同于传统高新产业园区,它是一个区域创新系统,包含了创新主体、创新资源、创新基础设施和创新环境在内的四个相互联系、相互作用、相互协调的要素。创新主体指企业、大学、科研院所和孵化器、中介等。大学和科研院所是研发中心,承担科技园区的知识创新和技术创新的职能,与企业的合作可以不断提高科技成果的转化率。孵化器主要进行技术的初试和中试,可以加速培育高科技中小企业。中介机构是科技园区服务体系的一部分,它是农谷各种功能之间的黏合剂,完善的中介机构服务帮助园区内创新主体的交流和活动更加方便。创新资源是指创新过程中需要的各种投入,包括人力、物力、财力各方面的投入要素,这些既是需要流动的商品,也是需要加以保护的重要资源。创新资源都是有限的,社会对创新的需要与创新资源之间永远处于一种矛盾对立状态。科学的创新资源配置,正确的创新发展战略规划,有助于利用有限的创新资源获取更多的创新成果。创新环境指的是政策与法规、管理体制、市场与服务等机制的统称,创新主体的创新活动离不开创新资源的保障,创新资源包含"中原农谷"创新活动所需的人、财、物以及信息和知识等,是"中原农谷"发展的基础。创新基础设施是指信息网络、图书馆、公共基础设施等。它们是"中原农谷"发展的软硬件基础。庞大的数据库服务、良好的信息网络服务和较为完善的基础设施让创新主体之间的联系更加高效。

这几个方面的因素都不是孤立起作用的,它们之间通过一系列作用机制互相联系,推动"中原农谷"不断运行和发展。

3. "中原农谷"运行模式的作用机制分析

"中原农谷"在建设和运行中,主要构建以下几个方面的机制。一是企业自主创新机制。根据区域创新系统理论,企业、高校和科研机构是主要的创新主体,在这三者之中,企业的地位最重要,这是由市场经济条件下企业的性质决定的。在"中原农谷"建设发展中,企业首先根据经济社会发展需求提出创新新产品设想,然后通过已有技术落实为产品的原形,进而进行产品的生产,产业化的结果是实现商业利益。企业要在市场经济条件下不断完善建立起来的现代企业制度,以及科学的企业治理模式和制衡机制,这也是为更好地发挥创新主体的作用。同时企业要针对市场变化和顾客需求不断完善业务流程再造,组建模块化的虚拟网络组织,提高网络中企业的专业技能和获得竞争优势。二是人才引进培养机制。在"中原农谷"引进人才方面,为了让更多的创新人才快速聚集,要打破传统人才引进机制的一些硬性不科学的要求,建立柔性的人才引进机制,打破户籍、地区、国籍等约束条件,鼓励产学研之间人才流动的自由化,便于集中智慧进行创新活动。"中原农谷"本身作为重要的人才培养基地,也提供多样的人才培养方式,如校企联合培养、校所联合培养、订单式培养等方式,培养更符合"中原农谷"建设的人才。三是协同创新机制。除了企业自主创新之外,企业要注重其他创新主体参与创新活动,如高校和科研机构,通过产学研的紧密协作,可以把基础研究、应用研究和实用研究进行很好的结合,提高研究开发的效率和成果产出率。通过产学研平台建设,是推进协同创新机制运行的重要途径。除此之外,还应该继续积极探索创新主体之间的合作方式。四是科技成果转化机制。科技成果转化的过程,本质上是一个科技供给与市场需求对接的过程,科技供给主体根据市场实际需要,创造出符合市场需求的新技术、新产品,市场自然会为科技成果提供转移转化、价值变现的渠道。因此,建立以需求为导向的科技成果转化机制,是打通我国科技与经济发展之间通道的主要方式,也是供给侧结构性改革的重要着力点。通过各种制度建设和鼓励支持政策,推动企业努力创造知识产权。通过大力保护知识产权和科技成果,维护技术创新的公平竞争,促进科技成果的顺利转化和产业化。科技园区还要建立科技成果风险转化基金,通过园区财政预算增加,积极吸收社会资金建立风投机构,同时利用国际资本为技术成果的转化以及向工农业生产应用的延伸提供支持。五是政府协调机制。"中原农谷"建设目前是以政府主导为主,创新系统的协调和进度是由政府掌控的。政府对"中原农谷"的协调功能体现在通过发挥政府的宏观调节功能,制定"中原农谷"的战略定位和具体的发展目标,为创建工作指明方向;为培育创新源泉,不断加大对基础研究的投入,争取 R&D 投入占 GDP 的比重稳步增长,不断改革管理体制,设立"中原农谷"管委会,逐步放掉市级权限,使其在自己的职责范围内灵活推进,制定有利于创新的各种政策、机制,大力加强和改进"中原农谷"的管理和服务水平。同时不断优化高新技术产业的政策环境,充分利用财政手段,在完善基础设施和创新平台建设方面做出了一系列举措,为"中原农谷"的创新建设培育良好的社会环境。

第三节　"中原农谷"建设路径研究

依据河南省关于"中原农谷"发展的战略布局,在未来一个时期内,围绕河南省建设国家创新高地的目标,紧密把握农业科技创新的大方向,加快创新资源向"中原农谷"集聚,不断提升"中原农谷"在农业科技创新的核心竞争能力,为我省创新驱动战略实施作出应有的贡献。

一、着力打造全国知名的农业科技创新中心

我国目前成立的 5 大农业科技创新中心,在推进和建设方面均刚刚起步,我们必须以时不我待的信心和决心,抢抓机遇,加快把"中原农谷"建设成全国知名的农业科技创新中心。集聚优势理论指出,创新资源的集聚需要依靠一定的集聚基础,集聚能力与集聚基础相互促进相互提升,二者紧密联系。在知识经济时代,创新资源在全球范围内流动,"中原农谷"要集聚优质创新资源,首先要把自己打造成为农业科技创新中心,才能吸引全球农业创新资源向"中原农谷"集聚。要围绕"中原农谷"主导产业,吸引高端科研团队、高科技企业、高水平基金入驻,形成各类创新要素各得其所、融合发展的良好创新创业生态。这样才能使各类主体能够"活起来",科技成果能够"用起来",入驻企业能够"强起来"。作为河南省的战略,应集中资源投入农业前沿学科的研究和发展中,激励河南省涉农高校和农业科研机构在基础研究、前沿科学技术研究等方面的技术突破和创新,在"中原农谷"建设过程中培育一批涉农学科成为世界一流学科,提升我省在全国农业科技创新格局中的影响力,提升对全国、全球优质农业创新资源的吸引力。与此同时,应该结合河南特色和农业优势,大力推进重大农业科技创新工程和创新产业技术项目,促进基础研究、应用研究和实验发展三者的结合,促进基础研究成果的商业转化,力争在农业特别是种业关键领域实现重大突破,力争短时间内将"中原农谷"建设成为河南的"农业芯片",中国的"种业硅谷"。

二、着力破除科技创新过程中的体制机制障碍

习近平总书记在 2014 年两院院士大会上的重要讲话中指出："实施创新驱动发展战略，最根本的是要增强自主创新能力，最紧迫的是要破除体制机制障碍，最大限度解放和激发科技作为第一生产力所蕴藏的巨大潜能。"体制机制创新是当前"中原农谷"集聚全球创新资源，提升创新资源集聚能力的关键问题，同时也是瓶颈所在。要破除现有的体制机制障碍，关键是要改变现有的产学研分割、创新资源分散、管理僵化的体制机制，着力促进产学研合作，建立产学研用一体化的体制机制，提升创新资源配置能力，最大限度地发挥创新活力。要着力破除影响科技创新的体制机制障碍，按照市场化思路推进改革，主动与市场对接、与资本对接，整合各种创新要素，构建基础研究、应用开发、成果转化、产业发展等一体化链条，促进产学研协同创新。要充分发挥"中原农谷"科技创新体制机制改革试验田的作用，大胆推进改革创新，在深化科技体制改革上率先探索、率先突破，以敢为天下先的劲头，大胆试、大胆闯，努力蹚出一条不同于一般农业园区建设的新路子。政府要给"中原农谷"在科技创新体制机制改革方面更多的自主权，更大的审批权，除法律、法规和规章规定不能下放或委托以及不具备下放条件的事项外，省级审批权限原则上要均下放至"中原农谷"。要加快对现有国家层面、省级层面出台的科技创新规章条例进行细化，出台细则，增加政策的可操作性，为科研人员、基层科技管理部门在改革过程中明确导向。要营造鼓励竞争的社会环境，着力在营造好的信用环境、准入环境、市场环境、消费环境和政务环境上下功夫，不断完善创新金融体系，建立有序的市场规则。要注重培育企业家精神，鼓励农业科技人员在"中原农谷"创办企业，鼓励高校和科研院所的专业技术人员创新创业，使有创新能力的农业企业能够在较为自由的市场环境中发展和脱颖而出。力争"中原农谷"经过 2～3 年的建设，在先期政府主导建设的基础上，逐步从政府主导，企业、高校、研究机构参与的模式向以企业为主导、政府引导的建设模式转变，推动创新链、产业链、人才链、资金链、政策链融合对接。

三、加大力度从全球范围内集聚创新人才

创新目标的实现，创新资源的快速集聚，必须有一大批创新人才汇聚。创新人才的集聚会带来新知识、新技术，与此同时，创新人才的集聚又会产生大量的新知识、新技术，从而吸引其他的创新资源向创新人才丰富的区域集聚。美国之所以能汇聚全球科学家和创新人才，主要在于其发展环境的强大吸引力。"中原农谷"建设，必须用好人才第一

资源,从全球招揽创新人才,在优化创新人才政策的同时,把"中原农谷"打造成创新人才向往的孵化园,才能让创新人才落地生根。在不同类型的创新资源中,创新人才是创新过程中最为活跃也是最为重要的因素,能否集聚和用好一批优秀的创新人才,是"中原农谷"提升创新资源集聚能力,建设农业科技创新中心的关键。要结合产业升级的人才需求,积极引进国内外的创新人才,以满足产业发展的需求。同时,更加重要的是要强化自身的创新人才培育能力,培育一批具有国际视野、专业技能较强、创新能力和创新活力较强的人才。一是继续完善高端领军人才的引进和培养机制,不断优化引才育才软环境,深化与外国专家的联系,强化"线上+线下"双渠道。二是打造建设"一带一路"国际农业科技创新院网络,通过组织赋能形成有机体,围绕重点产业、核心专业打造中外农业科技创新院,推动学术交流合作、科学传播、人才流动、技术转移等多层次立体合作,促进农业科技经济融合发展,积极融入全球创新网络。三是完善外国专家信息库建设,积累国内外各类农业创新人才资源,加强农业国际合作信息服务平台建设,分产业建立外国专家库,促进国际农业技术合作和转移。四是要积极推动教育综合改革,升级高等教育人才的培养模式,按照教育部、农业农村部、国家林业和草原局、国家乡村振兴局联合印发《关于加快新农科建设推进高等农林教育创新发展的意见》,加快新农科建设,对接国家重大需求,加快布局新农科专业,探索推进涉农专业订单定向人才培养计划,推进高等农林教育创新发展,全面提高农科人才培养质量。

面向全球汇聚一大批顶级科技创新人才。一是做好农业人才回流和引进工作。要以美国对留学生、华人学者的限制为契机,加快推动国外农业科学家引进和回流,吸引他们到河南工作,这是我省当前最紧迫的任务,也是"中原农谷"建设面临的历史机遇。二是强化种业科技领域的情报能力,储备一批经过审查的国外科学家,打造全球农业专家人才库,为"中原农谷"科技创新方向和政策制订提供决策建议。三是鼓励入驻"中原农谷"企业设立海外研究机构、探索项目经理制等方式面向全球选聘优秀技术创新人才和成果转化人才,打造世界领先的海外农业创新团队,一体化参与全球竞争,形成对全球资源的配置力和农业科技创新要素跨境流动的控制力。四是加快出台政策,引进培育一批敢闯"无人区"、能闯"无人区"的农业科技基础研究人才和团队,在薪酬待遇、科研经费等方面给予长期稳定支持。

四、聚焦重点加快生物育种育繁推一体化的商业模式

我国农业正从传统农业加快向现代农业转型,科技的重要性更加凸显。农业科研与农业生产脱节、推广服务体系不健全,是影响我国农业科技创新的两大障碍。科技部近

年来重点抓好四件大事:构建"三位一体"的农技推广服务体系、探索现代农业技术创新示范体系、培育商业化育种新模式、推进农村信息化。"中原农谷"建设方案把建成国内一流的种业创新平台,国家生物育种产业创新中心建设作为首要任务。农业育种自身具有高投资、高风险、周期长的特点;孟山都等国际种业巨头的成功经验证明,良种培育必须以企业为主体,实行育繁推一体化的商业育种模式。当前,我省良种繁育体系还处于较低效状态,与外国或先进省份相比,种业科技创新还有较大差距,要赶上国内外水平,构建高效生物育种繁育体系显得尤为关键。一是精心谋划好生物育种创新顶层设计,聚焦小麦、玉米、大豆、花生等品种,拓展技术路径,打造竞争优势,抢占现代生物育种技术制高点,把握生物种业发展主动权,为促进河南种业振兴和实现农业农村现代化提供科技支撑。二是要科学规划生物育种创新主攻方向,立足国情、瞄准短板,坚持有所为有所不为,以创制培育重大战略性品种为目标,力争在农业生物关键基因功能解析、优异基因型智能设计等重大基础研究领域取得重大发现;突破转基因、基因编辑、全基因组选择、干细胞育种、智能设计等关键核心技术;构建种业全链条溯源,高通量、智能化、大规模筛选测试等种业科技创新支撑体系,促进高质量生物育种创新应用。三是合力保障好生物育种创新组织实施,统筹国家农业生物育种领域战略科技力量,充分发挥"中原农谷"创新力量,在建好国家生物育种产业创新中心、神农实验室的基础上,强化产业链与创新链融合,坚持市场导向,构建企业主体、专业化分工、产学研协同、全国布局的现代高效生物育种创新体系,力争短期内神农种业实验室成为国家实验室或成为国家实验室的重要组成部分,种业产业化实力迈入全国第一方阵。四是做大做强种业企业,遴选一批基础好的种业企业予以重点扶持,不断强化其自主创新能力,推动河南从种子大省向种子强省转变。

五、探索"中原农谷"更加高效的农业科技创新模式

科技创新正以革命性力量改造传统农业的发展业态、发展链条与生态,驱动现代农业高效化、品质化与智慧化。"中原农谷"在建设过程中,始终要以科技创新领航的标准进行建设更加高效的农业科技创新体系,加快培育新型研发机构,提升自主创新能力。一是在农业科技创新重大攻关工程中采取"点将配兵"模式。从科技创新发展情况来看,重大战略科技任务的凝练和组织成为科技创新的关键环节,重点科技领域实现重大突破需要特殊的体制机制构建,以及定向性、稳定性资源支持。"点将配兵"是我省育种业科技领域实现重大突破的必要途径。"点将配兵"模式是在项目、资源均相对明确的条件下,由知人善任的高层科技领导人在众多科技人才中,选择"将才"来发挥领军作用,并为

"将才"配备或由其自主遴选一定数量的科技队伍和科技资源开展重大任务攻关,努力在涉及国家安全、国家战略、国计民生的重大领域实现重大突破。这非常适合"中原农谷"建设模式,实际上,目前国家生物育种产业创新中心、神农实验室建设过程中也正在实施这一模式。二是实施"科技创新—示范推广—生产服务"一体化农业生产新模式。通过构建技术创新、示范展示平台,建设技术创新、示范和应用一站式通道,形成创新科研与推广有机结合的高效模式,保证了科技研究、示范推广、技术服务紧密结合,推进了研、用、推深度融合。三是创新农业科技成果转化收益分配方式。建立针对研发团队内部成员、基于转化贡献指标考核体系,包括创新构思、研发设计、试验推广、商业化等各个环节下所承担的工作量及工作进展情况,每个环节赋予一定权重,在确定科技成果转化价值的基础上,根据研发团队内部成员在研发和转化过程中的贡献确定个人积分。发挥农业科技成果转化收益分配结果的使用,每次分配结果作为职称评审、职务晋升以及各级科技成果奖项申报认定的依据,使研发团队内部成员的利益与实际贡献挂钩,激发其主动参与到科技成果转化的过程中,提高农业科研机构科技成果转化效益。

附:实践案例选登

"中国农谷"位于湖北省荆门市屈家岭管理区,2007年初,屈家岭管理区正式启动现代农业示范区建设,当年3月被国家农业部农垦局确定为全国农垦系统百家现代农业示范区之一。2011年3月,被湖北省政府批准设立为省级现代农业综合开发示范区试点单位。2012年3月,被湖北省委、省政府确定为省级战略荆门"中国农谷"的核心区。2021年4月20日,屈家岭遗址入列湖北省文化遗址公园。"中国农谷"建设以创建国家现代农业示范区为主题,紧紧围绕建设"中国农耕文化的传承地、农业产业化的展示地、现代农业科技的应用地、未来农业发展方向的引领地"的目标任务,以生态文明为总要求,以市场为导向,立足资源优势,突出发展特色,着力在农业主导产业发展、农业科技示范、休闲观光农业展示、农耕文化传承、体制机制创新等方面进行集中探索实践,奋力打造"产业之谷、绿色之谷、创新之谷、富民之谷"。

十年磨一剑，农谷如何再沸腾——来自荆门"中国农谷"的思考（节选）

（原载于《湖北日报》2022年12月16日）

十年磨剑，"中国农谷"建设成效如何？未来何去何从？初冬时节，记者踏访"中国农谷"建设核心区、先行区屈家岭，实地感受农谷今昔巨变，并在汉采访了"中国农谷"概念首创者以及有关专家，为"中国农谷"发展把脉问诊。

一、5000年农耕文明+半世纪农垦文化孕育了农谷

美国有硅谷，武汉有光谷，何谓农谷？在知名经济学者赵凌云看来，"谷"即要素汇聚"洼地"，创新发展"高地"，要成为"农谷"，须具备以下条件：要素高度密集、创新动能强劲、核心优势彰显、政策汇聚高地等。

"中国农谷"战略的实施，让2001年从五三农场属地化管理而来的屈家岭管理区在经历迷茫后明晰了发展路径，看到了未来大发展的希望，屈家岭管理区党工委书记曹红姣认为，屈家岭打造农谷核心区的优势，首先是深厚的人文底蕴，20世纪50年代修水库时发现的屈家岭文化遗址，是长江中游地区发现最早、最具代表性的新石器时代大型聚落遗址，屈家岭文化距今约5000年，是长江三大古文化区之一。长江中游的稻作遗存碳化稻粒最早发现于屈家岭。1988年，屈家岭遗址被国务院公布为全国重点文物保护单位，现为全国100处大遗址之一。

其次，屈家岭丰富的国有土地优势。屈家岭地处鄂中，处于大洪山南麓与江汉平原的过渡地带，素有"鄂中桃花源"之誉，是全国农垦系统和湖北省重要的商品粮棉油基地。承接全省规模最大的国有农场，屈家岭耕地、林地、果园、水面面积达29万亩，农业人均耕地4.4亩以上，远高于全省全国平均水平。

同时，屈家岭"农业+文旅"产业特色也很鲜明，拥有中南地区最大的梅花鹿养殖基地（存栏5000头），拥有全省规模最大的黄桃种植园和供港生猪养殖基地。耗资3亿多元建成的屈家岭国家考古遗址公园，投资2亿多元、7年累计接待海内外40万人的国家级研学基地金色农谷，以及汇聚多位省级工艺美术大师的屈陶屈窑公司等，都是屈家岭文旅产业发展的重要支撑。

二、"农业+文旅"主导产业稳步发展

走进屈家岭经开区内的湖北田野农谷生物科技有限公司展厅，黄桃汁、苹果汁、葡萄汁、椰汁、橙汁、草莓汁等果汁琳琅满目。"田野股份是2015年进驻农谷的，以3700多万

元收购了当时停产欠薪的罐头生产企业艾斯曼公司,新上了国内一流的果浆生产线,2018 年 7 月投产,公司所产果浆的 80% 供应奈雪の茶、茶百道、沪上阿姨等知名连锁茶饮品牌。"该公司副总经理罗毅龙告诉记者,公司在农谷累计投资 4 亿多元。

今年前 10 个月,田野农谷销售额已达 1.1 亿元,利润突破 1000 万元,同比分别增长 60%、90%。还有湖北京辉牧业有限公司,可生产鹿茸片、鹿鞭、鹿筋和鹿茸鹿血酒等 20 余种产品,去年销售额达 2000 万元。据统计,屈家岭农产品加工园已入驻企业 60 家,年产值 27 亿元,其中规上企业 25 家。

屈家岭文旅产业也是相当红火。2017 年至 2019 年,屈家岭连续举办三届"TAO"文化节,届届热闹非凡。屈家岭党工委宣传统战部部长王豫鄂介绍,"TAO"有三重含义,一指桃花,屈家岭有 5 万亩桃园,代表了农谷的农业底色;二指屈陶,代表了屈家岭文化的传承;三指淘宝,代表了线上线下交易平台的定位。每届文化节为期两周,配合乘直升机"空中看农谷"、大学生文创市集、屈陶屈窑开窑仪式、农产品展销会等,单届节会综合收入超过 4000 万元。2021 年,屈家岭管理区还开展了屈家岭文化 IP 全球征集活动,共收到来自国内 28 个省市区和 10 多个国家的创意作品 2000 多件,反响热烈。

目前,屈家岭国家考古遗址公园已通过国家验收,有望成为我省继武汉盘龙城、荆州熊家冢之后第三个国家考古遗址公园。该公园今年 10 月试运行以来,线上线下观众达 130 万人次。湖北农谷实业集团旗下的屈陶屈窑文化有限公司打造了屈陶产业园,开发了 100 多种屈陶文创产品。

三、十年建设,农谷核心区面貌焕然一新

"农谷战略实施前,屈家岭主城区只有几条小街,到处是低矮破旧的红砖房,现在道路六纵五横,商铺林立,漂亮的住宅小区比比皆是,真是大变样了!"抚今追昔,67 岁的五三农场"农二代"、屈家岭管理区史志办主任吕心海不胜感慨。

而在屈家岭交通运输局局长黄斌眼中,农谷十年最大的亮点之一,就是修通了从武荆高速到易家岭的主干道——农谷大道。"从武荆高速下来,驶上 25 米宽、四车道的农谷大道,全长 21 公里,两边青山绿野,真有点'小欧洲'的感觉。"黄斌笑着说。

如今,107 国道横穿屈家岭,武荆高速、随岳高速、襄荆高速、汉宜高速在周边形成四通八达的"井"字形交通网。随着沿江高铁京山南站的建设,屈家岭正积极推进 S311 省道的改造升级,将修一条 12 公里的一级路,十几分钟可直达京山南站,助推屈家岭深度融入武汉 1 小时经济圈。

为确保"中国农谷"品牌的唯一性和完整性,农谷公司还抢注了"中国农谷"系列中英文域名及国际域名,大力实施"荆品名门"区域公共品牌推介,涵盖荆门全域优质稻米、高油酸油菜、漳河清水小龙虾、生猪加工、花卉苗木、食用菌、果冻橙、长寿食品等优势主导产业。2017年4月,中国农谷品牌荣获"2016—2017年度中国诚信品牌"。

四、由热渐"冷",发展瓶颈日益凸显

"世界眼光、国内一流、湖北样板""产业之谷、绿色之谷、创新之谷、富民之谷",2012年3月,省委省政府印发的《关于支持荆门市加快创建中国农谷的意见》,就对中国农谷建设的目标、路径给予了清晰的定位。

采访中,不少人提出,农谷建设前五年,省、市支持的力度很大,但近几年政策倾斜度不高,随着原来支持的项目陆续完成或进入收尾阶段,在建大项目数量明显减少,昔日"沸腾"的农谷,感觉渐渐"冷"了下来。整个屈家岭,目前非常缺乏像北大荒、隆平高科、涪陵榨菜、湖北农发集团这样带动力强的知名品牌企业入驻,且人才难引进、难留住。在创新之谷打造中,虽然屈家岭建了院士村,先后与20多位院士专家进行了科技成果转化合作,设立了院士工作站,如华中农大傅廷栋院士在农谷建立了高油酸油菜育种基地,推动了高油酸油菜在荆门大面积推广至40万亩;与中国农科院等科研院所合作建立国家甘薯产业技术体系良种繁育示范基地等,但无论是合作项目数量还是合作深度上,都还处在初级阶段。

对比一下我国首个农高区——陕西杨凌农业高新技术产业示范区,区内聚集了农林水等70多个学科、7000多名农业科教人员,中国工程院院士康振生担任杨凌种业创新中心主任。25年来,杨凌农高区通过审(认)定的动植物新品种达768个,目前世界小麦累计推广面积最大的"碧蚂一号"、第一例成年体细胞克隆山羊等数以千计的重大农业科技成果均诞生在杨凌。

五、放眼未来,农谷发展何去何从?

"作为一项省级战略,'中国农谷'的定位是很高的,但建成绝非易事,需持续用力,久久为功,保持战略定力。"省社科院经济研究所所长叶学平表示,在农谷建设前期,省市政策的倾斜非常重要,需进一步明确相应的配套支持政策,比如在省财政设立农谷专户或设立省级支持农谷发展专项基金,湖北省及荆门市还应在干部配备、人才政策、金融政策、发挥地方资本运营平台的杠杆作用等方面持续给予政策倾斜,让农谷成为名副其实的"三农特区",沿着当初制定的规划一步步扎实推进。

曹红姣认为,着眼于夯实农业现代化之"基",屈家岭应深入推进"建设大基地、培育大企业、打造大品牌、形成大产业"等四大工程,突出梅花鹿和黄桃等果蔬地方特色农业全产业链发展,完善冷链物流、保鲜仓储、信息平台、检验检测等配套设施,建设生态农产品精深加工集聚区,打造长江中游地区生态农产品生产交易中心。保护和利用好屈家岭生态环境优势,增加绿色优质农产品供给,打造一批在全国全省有影响力的农业品牌,争创国家农业高新技术产业示范区。

叶学平表示,发展重点靠要素,战略规划落地的过程就是要素聚集的过程。农谷土地面积广,农耕文化积淀深厚,发展现代农业优势明显。在乡村振兴的大背景下,农谷发展一定要聚合资源做出特色,农谷最大的特色和优势是农耕文化和已打出的农谷品牌,要把农产品加工和农耕文化结合起来,通过农谷品牌,让农产品市场化。要实现买全国卖全国、有生产有流通,不能本地有什么就仅加工什么,要变种植为加工、流通基地。近年来,宜昌利用柑橘种植优势,发展柑橘加工、物流等,值得借鉴。

他建议,农谷一定要有全国性的特色产品,特别是金融产品,否则就缺少支撑。目前,天门有棉花指数、仙桃有黄鳝交易指数、浠水有禽蛋价格指数,农谷可以搭建平台,将全省农产品价格指数集中发布,具体操作可借鉴以色列、美国等农业发达国家的经验。

(湖北日报全媒记者:李剑军　祝　华　童晨曦　通讯员:李慧敏　梁　刚)

第十章
提升"中原农谷"建设绩效的政策建议

建设"中原农谷"是贯彻落实习近平总书记重要指示在乡村振兴中实现现代农业强省的重大行动,是锚定"两个确保"、实施"十大战略"的重大布局,是立足河南省情实现农业农村现代化的重大举措。在建设初期,全局如何谋划、体制如何理顺、政策如何制定、定位如何完善、资源如何汇聚、平台如何建设、影响如何扩大等,都是摆在管理者面前的问题。对于"中原农谷"建设绩效的提升,提出如下建议。

一、建立一套完备的政策体系,推动"中原农谷"创新驱动发展

科技创新政策是引导、激励和规范科技创新活动的政府措施和行为,是提升科技创新能力、实现创新目标的重要支撑。"中原农谷"的建设和发展,首先必须有一套完备的政策体系作保障。借鉴中关村、郑洛新国家自创区等国家自主创新示范区建设经验,提出"中原农谷"建设的政策体系创新思路。

1. 把支持"郑洛新自主创新示范区"的政策适用于"中原农谷"建设

郑洛新国家自主创新示范区于2016年3月获批后,从省委、省政府和相关厅局,对自主创新示范区的顶层设计、体制机制改革、创新环境优化、创新主体培育、人才培养引进、创新平台建设等方面,出台了近30项支持政策,郑州市、洛阳市、新乡市均积极制定了支持郑洛新高新区本片区发展的全方位、多层次的试点政策。特别是2020年7月31日由省十三届人大常委会第十九次会议审议通过,并于9月1日起正式施行的《郑洛新国家自主创新示范区条例》,是河南省首次为国家自主创新示范区立法。该条例以法规的形式对我省各类科技创新政策进行系统整合和集中优化,对提升政府公共服务水平,有效整合各类资源,破解发展难题具有重大而深远的意义。郑洛新国家自创区作为全省创新

驱动发展的试验田,在先行先试、探索经验、做出示范的重要使命驱动下,为我省建设国家创新高地做出了巨大贡献。"中原农谷"肩负着打造世界一流的农业科技基础设施集群、科研试验示范基地集群和全球粮食科技创新高地的重任,在建设初期,支持政策的出台需要探索过程。鉴于"中原农谷"所在区域在郑洛新自主创新示范区内,建议省政府明确政策,把对郑洛新自主创新示范区的支持政策适用于"中原农谷"建设。一方面确保我省科技创新支持政策对于创新特区的一致性,防止政策在执行过程中打架;另一方面也为"中原农谷"体制机制创新探索留下足够的时间。

2. 构建以多部门联合协同政策为主的政策链条

目前从国家层面到省级层面,许多科技政策之所以落实不到位,与不同部门出台的政策文件互相"打架"有关。基层的科技管理部门普遍反映,中央各部委、地方各部门出台的政策协同性不够,使科技政策基层执行者无所适从。因此,在政策制定和出台前一定要找准政策落实不到位的痛点,先从顶层设计上尝试解决问题,才能确保那些具有突破性的新政策真正落实。在出台政策前,要强化部门间协同配合,多部门加强沟通,力争达成一致意见,将问题前置,在政策出台前就实现部门间的认识统一,在政策出台后,推动部门间形成执行政策的合力,共同推动政策的落实落地,真正做到出台一个政策,动员一批部门,解决一系列问题,真正发挥政策的作用。实现"政策链""实施链""结果链"和"反馈链"的良性循环推进。同时,在重要政策出台后,相关单位要及时制订细则,只有政策而无细则,势必导致出现政策棚架。在"中原农谷"建设中,河南省人民政府印发《"中原农谷"建设方案》后,各厅局要及时根据方案制订可操作性的实施细则,从落实程序、执行流程等方面进行细化,提出任务分工表和落实具体举措,做到出台的政策真的有用,出台即可用。

3. 围绕"中原农谷"建设的目标任务,扩大政策体系的覆盖面

要用好用足国家粮食生产核心区的政策,这是金字招牌,这项国家战略是河南不可多得的战略优势,必须强化战略意识,用足现有政策,争取出台需要但现在还没有的政策,始终保持战略和政策的领先性。要在创新驱动的各个环节、各个领域出台一系列的政策措施,不仅在创新主体培育、人才培养引进、科技成果转化、知识产权发展与保护等创新领域加强政策出台,还要在区运行体制机制、管理服务保障等环境营造方面补齐政策短板,做到政策体系对创新活动的全覆盖。围绕创新主体培育、成果转移转化、人才培养引进、对外开放合作、科技金融结合等科技创新的关键领域开展政策创新。加大对农业高新技术企业引进培育力度,探索完善创新成果收益分配制度,鼓励和引导科研人员加强科技创新、成果转化,让科技成果更好与市场对接、与企业对接、与经济对接,解决好

科技与经济"两张皮"、成果与市场"不搭界"的问题。在人才培养引进方面要破除人才流动的体制机制障碍，加速创新人才在高校院所和企业间的交流合作，让各类创新主体有更多活力和更大空间去创新创业。要着眼未来，及时建立政策储备。从科技创新政策的发展历程来看，政策实践经常走在理论创新前面，创新理论发展滞后于创新政策实践需要。"中原农谷"建设中，国内外的理论积累和政策经验不能满足建设需求，需要进一步强化"中原农谷"建设战略研究，建立多渠道的政策需求收集机制，建立政策储备，为"中原农谷"建设的可持续做好保障。

二、统筹优化"中原农谷"创新布局，着力提升创新要素集聚能力

"中原农谷"在建设过程中，应该建立完善的区域创新网络，构建开放自由、资源共享、优势互补的区域协同创新体系，增强"中原农谷"内协同创新资源供给，营造良好科技协同创新环境。

1. 改革"中原农谷"的组织管理体制

"中原农谷"建设正处于起步推进阶段，从目前的运行情况来看，迫切需要加强统一组织管理，赋予其更多权限，从省级层面进行顶层设计，协调推动"中原农谷"建设和发展中的重点难点工作。一是进行区划调整，将平原新区划归郑州管理，把黄河打造成郑州的"内河"，让新乡特别是平原示范区真正融到郑州大都市圈内，缩短"中原农谷"与郑州中心城市的时间距离和空间距离，依托中心城市良性发展的闭环。二是将"中原农谷"建设管委会与平原新区管委会作为一个有机整体来统筹运行，实现两块牌子、一套机构、一套人马，推行项目一体化安排、资金一体化统筹、资源一体化共享，形成推进"中原农谷"建设的强大合力。三是成立"中原农谷"专家咨询委员会，充分发挥专家咨询委员会在"中原农谷"顶层设计规划、建设规划编制、重要政策出台、重大问题决策中的作用，不断创新思维、拓宽思路，以科学咨询支撑科学决策，以科学决策推动"中原农谷"持续健康发展，不断提升"中原农谷"建设过程中决策的科学化水平。

2. 整合河南省农业科技创新资源

从区域科技创新中心建设情况来看，建设的初期一般是由政府主导，明确发展战略规划、制定科技创新发展的产业政策，营造良好的创新创业环境，吸引创新平台、创新人才加入，后期则主要靠企业驱动。整合"中原农谷"所需要的资金、技术、设备、渠道等要素，形成合力，促进"中原农谷"对周边省市农业资源的吸附力，推动"中原农谷"发展30

个左右农业龙头企业,带动万亿级产业市场发展。一是推动河南农业大学、河南科技学院等涉农高校和河南省农科院在"中原农谷"建设新校区,涉农专业及研发平台迁入"中原农谷",按照《"中原农谷"建设方案》,一体化建设、错位发展。二是紧紧抓住科技创新这一农谷发展的核心,深化改革,共建共享一批科技研发平台、检验检测中心、发展研究院、开放性实验室、工程技术研究中心等农业科技创新和服务平台,实现资源共享,优势互补,强强联合。积极融入"国家农业科技创新联盟"建设,打破学科界限,整合自身创新力量,形成"上下贯通、左右联合、前后衔接"的协同创新局面,改"单兵作战"为"协同作战"。三是根据"中原农谷"建设和国家粮食安全重大需求,鼓励企业、行业管理部门和科研院所在一流创新主体培育、一流创新团队集聚、一流创新课题凝练等方面联合攻关,打通高校、科研院所与企业创新主体间合作通道。2022年,教育部、工信部和国家知识产权局联合印发《关于组织开展"千校万企"协同创新伙伴行动的通知》,探索协同创新的新机制、新模式,根据农业龙头企业和创新型中小企业的需求,实现精准对接,力争短期突破一批农业领域关键核心技术和共性技术,为把"中原农谷"打造成为国家农业创新高地奠定基础、创造条件。

3. 推动河南农业大学与河南农科院合并

作为农业大省的河南,可以考虑借鉴山西经验,整合农业院校,将省农科院与河南农业大学合并,共同进步发展,从而助力河南农业大学进入"双一流"建设序列,为河南的教育、科研、农业添砖加瓦。从地理位置和科研性质来讲,河南省农业科学院都是非常适合并入河南农业大学的,两个单位都在郑州市,方便统一管理。河南农业大学和河南省农业科学院都是发展农业领域,发展方向相同,科研性质相同,便于合作发展。同时农科院不缺项目和基地,缺的是人,农大不缺人,却缺少项目和基地,两者正好形成互补。在科研上,农大的强项是基础研究,农科院的强项是应用研究,合并之后也形成了优势互补,科研队伍更加强大。合并后,更加有利于各种创新资源要素的合理流动并且高效高质量组合,打破行政壁垒,避免资源重复浪费,以此支撑"中原农谷"协同创新能力发展,最终促进河南省农业创新资源协同。合并后,河南农业大学与河南农科院充分发挥即将建设的河南神农种业实验室、国家生物育种产业创新中心平台优势,在作物学和兽医学等学科上集中资源,围绕国家种业振兴战略和河南现代种业强省建设,集中发力,争取在新一轮"双一流"的创建上实现新的突破。

三、构建"政产学研用金介"多位一体的协同创新体系，全面提升服务经济高质量发展能力

当前，我省经济已由高速增长阶段转向高质量发展阶段，与全球新一轮科技革命和产业变革形成历史性交汇融合，为加快非对称赶超提供了重大机遇。通过金融资本和科技服务的支持，实现科技成果的转化运用，形成新产业和新经济，这是一个相互联系、相互支撑、内在统一的有机整体。因此，通过集聚一批创新主体和创新要素、培育一批各具特色的创新共同体，通过"政产学研金介用"七要素协同联动、融合发展，支撑"中原农谷"高质量发展。

1. 政府营造协同创新良好环境

良好的市场环境、创新的文化环境、公平的法治环境，是区域协同创新发展的重要保障。政府要强化政策的激励引导作用，为企业、高等院校、科研院所营造有利于协同创新的政策环境，引导创新要素向"中原农谷"企业汇聚。省政府层面要尽快制定"中原农谷"整体发展建设规划，新乡市及相关区县要在此基础上，制定差异化的发展战略和实施方案，出台与科技政策相协调的财税政策、金融政策、产业政策和科技政策。要加快吸引、培育涉农高新企业、大型农业企业特别是世界500强企业，在提升入驻企业自主研发和技术创新能力的同时，逐步使企业成为"中原农谷"研发投入主体、技术创新主体、创新成果应用主体，提升企业的核心竞争力，使企业健康发展，进而更好地服务社会。

2. 高校要让科研成果走出实验室

高校是河南科技创新的排头兵，高校承担着培养高级专门人才、发展科学技术文化、促进社会主义现代化建设的重大任务。在"中原农谷"建设中，高校特别是涉农高校要面向国家、省农业重大科技需求，瞄准国家、省创新驱动发展中的重大关键技术、核心技术，科学布局创新资源，突出创新重点，使高校真正成为对接国家、省重大战略需求和开展重大科技攻关的高地。但是，我国的高等教育和科技创新在一定范围内还存在着理论和实际脱离、科技创新与经济发展脱节的问题，高校科技工作者对基础学科和技术科学探索情有独钟，对应用技术和科技开发缺乏研究热情，创新成果游离于企业和市场之外。至今仍存在这样的现象：一方面是高校大量的科研论文和科技成果束之高阁，另一方面是企业技术匮缺，国家原本有限的科技投入，没有发挥应有的效益。高校特别是涉农高校、农业科研院所要创新机制，创造条件，积极融入"中原农谷"，通过在"中原农谷"建校区、建基地、建实验室等方式，推动科技创新与"中原农谷"产业深度对接、全面融合，尽快使

高校的创新成果走出实验室、走向大市场,在转化应用中创造更大价值,进一步加快将科教优势、人才优势转化为发展优势。

3. 明确"政产学研用金介"各方责权关系

"政、产、学、研、用、金、介"协同创新平台亟须解决的核心问题是要完善组织模式和运作方式,让各方责权关系清晰。一是政府要制定协同创新的相关法规、政策,建立科研成果向企业转化的中介机构,通过建立协同创新的战略联盟等方式,为"政、产、学、研、用、金、介"协同创新平台提供创新载体,使法律法规保障合作利益得到长远的体现。二是要明确各方的利益和责任,尤其是明确规定"政、产、学、研、用、金、介"七个环节的利益分配原则,同时兼顾七个环节内部所有参与者的权益,充分调动参与者积极性和能动性。三是加强产学研之间的协同,高校在加强科技创新产出的同时,要更加重视创新成果的转化工作,逐步完善以加快科研成果转化和产业化为主导的激励机制,引导高校与企业高效合作,更好地为我省经济建设、为社会发展服务。企业环节应更广泛、更深入地同高校合作,将创新成果尽快地应用到生产过程中,不断降低生产成本,提高生产效益,增强企业的竞争力。

4. 统筹推进"政产学研用金介"融合创新

一是以我省聚焦"六个一流"为契机,促进产学研融合创新。按照"需求导向、产业出题、智库论证、政府决策"的原则,创新重大科技项目立项机制,支持行业骨干企业从市场需求出发,提出产业技术研发方向,整合省内外高校、科研机构研发力量联合攻关,加快重点领域关键技术突破。二是突出创新资源的优化配置,推动科技金融深度融合,强化对科技型小微企业的金融支持,在"中原农谷"采取"孵化+投资"的模式,直接对在孵企业进行天使投资,解决在孵企业融资难题。三是优化科技服务生态,坚持科技企业孵化器专业化发展方向,推动科技企业孵化器在研发、融资、创业辅导、技术转移、知识产权等方面提供专业化服务,为科技型小微企业发展提供有力支撑。

四、实施绿色农业科技工程,提升农产品的竞争力

2022年8月,国家发展改革委、工业和信息化部、农业农村部、商务部、国务院国资委、市场监管总局、国家知识产权局等部门发布《关于新时代推进品牌建设的指导意见》,提出要打造提升农业品牌。实施农业品牌精品培育计划,聚焦粮食生产功能区、重要农产品保护区、特色农产品优势区和现代农业产业园等,打造一批品质过硬、特色突出、竞争力强的精品区域公用品牌。深入实施农业生产"三品一标"(品种培优、品质提升、

品牌打造和标准化生产)提升行动,加强绿色、有机和地理标志农产品培育发展,打造一批绿色优质农产品品牌。开展脱贫地区农业品牌帮扶,聚焦特色产业,支持培育一批特色农产品品牌。加强科技创新、质量管理、市场营销,打造一批产品优、信誉好、产业带动性强、具有核心竞争力的合作社品牌、家庭农场品牌和农业领军企业品牌。发展乡村新产业新业态,围绕休闲农业、乡村服务业等,打造一批新型农业服务品牌。在"中原农谷"建设过程中,要引导企业加强品牌建设,营造品牌发展良好环境,促进质量变革和质量提升,努力在推动中国制造向中国创造转变、中国速度向中国质量转变、中国产品向中国品牌转变过程中,发挥更大的作用。

1. 打造提升农业品牌

实施农业品牌精品培育计划,聚焦粮食生产核心功能区、重要农产品保护区、特色农产品优势区和现代农业产业园等,打造一批品质过硬、特色突出、竞争力强的精品区域公用品牌。深入实施农业生产"三品一标"(品种培优、品质提升、品牌打造和标准化生产)提升行动,加强绿色、有机和地理标志农产品培育发展,打造一批绿色优质农产品品牌。开展脱贫地区农业品牌帮扶,聚焦特色产业,支持培育一批特色农产品品牌。加强科技创新、质量管理、市场营销,打造一批产品优、信誉好、产业带动性强、具有核心竞争力的合作社品牌、家庭农场品牌和农业领军企业品牌。发展乡村新产业新业态,围绕休闲农业、乡村服务业等,打造一批新型农业服务品牌。

2. 培植优势特色产业

以我省原产地、原风味、高值化为目标,围绕小麦、玉米、果蔬、畜禽等地方名优特色农产品,着力突破种质优化、标准种植、适宜采收、风味保鲜、规模养殖、产地环境保护等关键技术,健全产前、产中、产后全过程相配套的标准化技术体系,实现标准化生产、区域化布局、品牌化经营和高值化发展,形成具有鲜明特色的区域优势产业。同时在"中原农谷"内开展精深加工技术示范,以延长产业链、提高综合效益为目标,围绕主要农产品精深加工及资源高值化利用,重点开展主要农产品高值化加工与综合利用关键技术及产品研究与示范。突破农产品活性营养物质提取制备技术,开发高附加值农业精深加工产品,形成一批推动农业产业拓展和农产品价值提升的关键技术和特色产品,提高农业产业质量效益。

3. 建立健全食品质量保障技术体系

重点突破高效生物制剂、生物反应器等农业生物关键技术,加快创制高效新型生物疫苗、生物肥料、生物农药、可降解地膜、饲料用酶制剂、生物土壤修复剂等研发和使用。突破农业面源污染防控技术,实现农业生产无害化。重点突破农业化学品(化肥、农药、添加剂等)减量化、水肥利用低影响一体化、重金属原位钝化、农业废弃物综合利用、农业生产措施调控等关键技术,提升农产品产地环境质量。进一步完善病虫害监测预警与防控、畜禽粪便处理等关键技术,建立高效健康种养模式,实现农产品清洁生产,促进现代农业高产、高效、优质、安全、生态发展。提升农产品质量检测控制技术,实现安全可追溯化。开展农产品质量可追溯技术创新,重点突破人工智能生产、精准监测控制、农产品药残快速诊断检测等关键技术。综合运用现代网络技术、数据库管理技术和条码技术,实现食品链从生产、加工、包装、运输到存储、销售所有环节的信息查询,建立健全食品质量保障技术体系。

五、建立科技创新交流共享机制,促进农业科技创新要素共生发展

创新要素是地区发展最宝贵的资源,是提升"中原农谷"农业科技创新核心竞争力的关键。因此,需要建立创新交流共享机制,打破区域、单位等限制,加强不同创新体间和产业间合作共赢的农业科技创新体系,形成高效的农业科技创新交流共享机制,快速提升"中原农谷"种业科技创新核心领域和产业技术水平。

1. 加快打造农业科技创新中心

《"中原农谷"建设方案》明确提出:到 2035 年,把"中原农谷"建设成世界一流的农业科技基础设施集群、科研试验示范基地集群和全球粮食科技创新高地,"中原农谷"成为国家区域性农业创新核心力量的目标。省长王凯在调研"中原农谷"时指出:"建设'中原农谷'是贯彻落实习近平总书记视察河南重要讲话重要指示精神的重大举措,是锚定'两个确保'、实施'十大战略'的重要抓手,是推动河南高质量发展的内在要求。要高起点规划、高标准建设、高水平运作,以前瞻性思维和战略性眼光编制规划,努力把中原农谷建成国家级、国际化农业科技研发和成果转化中心。"因此要按照区域农业科技创新中心的标准建设"中原农谷",推动"中原农谷"与郑洛新国家自主创新示范区联动发展。要坚持创新引领,协同发挥高校、科研院所优势,搭建一流创新平台,打造一流创新生态,多出一流创新成果。要突出技术攻关,聚焦种业种质种苗种群,全力加大世界前沿引领技术、"卡脖子"核心关键技术攻关力度。要加强人才引育,鼓励研发平台、科研机构、种业企业和高端人才加速聚集,加大涉农科创资源整合力度,尽快形成科研集聚中心。

2. 加强农业科技领域的开放合作

在推动"中原农谷"进程中,要多方位、多渠道开展国际科技合作,深度参与"一带一

路"科技创新行动,打造科技创新国际交流合作新高地。要注重引进国内外农业科技中心、产业集聚区管理经验,利用农业农村部《农业对外合作"两区"建设方案》,加快境外农业合作示范区建设试点和农业对外开放合作试验区建设试点建设。重点加强与以色列、俄罗斯、欧盟等农业科技领先国家和地区的交流与合作,推动我省现代种业、节水农业、农产品质量安全、设施农业、农副产品深加工、农业信息化等快速发展。围绕我省农业科技创新要求,组织重点领域、重点国别技术交流对接活动,鼓励科研院所、高等院校和农业企业引进国际先进技术与人才。依托国家生物育种产业创新中心、"中原农谷"、神农实验室等创新载体和平台等开展专业对接,通过签署重点合作协议,创建一批国际科技合作园区和基地,引进重大技术和项目,实现转化应用。要支持河南农科院、种子研发企业在海外设立研发中心,与国外知名农业大学和研究机构联合布局一批研发机构。要深化与京津冀、长三角、粤港澳等经济发达地区科技创新合作,强化与国内知名科研院所和高校进行战略合作。围绕涉农央企、世界500强企业产业链布局"中原农谷"的创新链,推动高端农业创新资源集聚"中原农谷"。河南省涉农企业要深度参与全球农产品供应链建设,打破大型跨国农企的垄断局面,提高农产品贸易的话语权,保障国家粮食安全,提高重要农产品的供给韧性。

3. 探索创新资源共建共享机制

一个有竞争力的创新生态,必然需要各创新主体之间同频共振,形成科技创新的强大合力。"中原农谷"建设,作为河南省举全省之力打造种业创新高地中国的"种业硅谷",已经进行了总体布局和系统谋划,未来发展的关键,是要联合更多创新要素,探索市场化共建共享机制,快速提升科技创新能力,打造国内一流、国际先进的创新生态。要加快构建种业龙头企业牵头、高校院所支撑、各创新主体相互协同的创新联合体,发展高效强大的共性技术供给体系。一是在"中原农谷"建立"育种创新联合体",引导农业创新资源向根据创新联合体需求配置,推进创新体制机制创新,优化科技布局,提升创新效能,推动育种创新联合体在关键育种科技创新领域从跟跑向并跑、领跑转变。二是建立和完善科技资源开放共享与服务平台建设,在"中原农谷"建立大型科技创新服务平台,构建开放技术创新、科技文献、大型仪器、专家咨询、行业检测、成果转化、创业孵化、科技金融、地方资源、科技惠农、区域合作、科技管理等科技创新共享服务平台,创新平台建设运行机制,鼓励企业、个人、社会团体、国内外投资者以及中介机构投资,参与平台建设。逐步形成由政府投入为主、多元资金投入为辅的投融资模式,过渡到政府引导金融机构、科研机构、企业、中介机构和社会创业风险投资者等资金投入的模式。

六、加快涉农高校建设,解决"中原农谷"建设中人才短板问题

面对粮食安全保障、生态文明建设、乡村振兴与共同富裕以及健康中国等国家重大战略需求,迫切需要涉农高校在新农科专业建设中树立国家导向的原则,想国家之所想、急国家之所急、应国家之所需,加强农业农村现代化重点领域急需学科专业建设,切实解决农业产业关键技术领域人才短板问题。

1. 大力支持河南省涉农高校发展和学科建设

当前形势下,世界新一轮科技革命和产业变革迅猛发展,科技创新在现代农业发展中的作用进一步凸显,生物技术、工程技术、信息技术等前沿技术不断向农业领域渗透推动新的农业科技革命,与此同时,现代农业产业转型升级加速,农业新业态、新模式不断涌现,农业产业工程化、信息化趋势明显,为涉农高校学科专业布局和人才培养提出新的挑战与需求。一是制定支持河南省涉农高校发展规划,重点支持河南农业大学、河南科技学院等农科优势突出的高校,在生物育种等领域打造成国际一流的特色学科。通过国际一流学科建设,吸引一批有国际影响力的科技创新领军人才,为"中原农谷"建设和可持续发展提供人才支撑。二是鼓励涉农高校以科技创新教育为牵引加强教育改革,鼓励涉农高校开展科技创新教学,将科技创新内容纳入大学的教学体系,培养学生参与科技创新的能力。三是支持涉农高校与海外高校合作办学,实施人才联合培养模式。目前河南农业大学与加拿大卡普顿大学、澳大利亚新英格兰大学、美国爱荷华州立大学进行了合作办学;河南科技学院与乌克兰国立苏梅农业大学、澳大利亚南澳大学合作办学。两所学校均依托特色优势学科,充分利用国外优质教育资源,引入国外先进的教育理念、课程体系、教学方法和教学管理经验,为培养一批国际化的农业人才打下了良好的基础。

2. 加快推进中国式的涉农教育现代化进程

在推进高等教育现代化进程中,涉农教育要更加注重中国特色农林教育的理念、模式、内涵,加强系统性的重构和整体性的重塑。要通过做好大学和中小学的衔接、设立专门的奖学金机制、加大对推免生的倾斜和支持、提供急需紧缺人才培养相应的配套措施等方式来提升院校吸引力。在重构人才培养模式方面,由注重培养支持转向提升学生创新能力,在人才选拔、培养、评价、使用和保障等方面进行整体考虑和链条式设计,促进新农科发挥更好的贡献和作用。教育和农业主管部门、涉农高校要聚焦农业现代化的时代使命,持续推进农业教育供给侧改革,转变教育教学理念,以新农科教育为统领,从国家

重大发展战略、地方经济社会和行业产业发展需求出发,突破农业领域"卡脖子"关键核心技术,打赢"三农"问题翻身仗;加快培养农业现代化建设急需的创新型人才,不断提高人才对未来农业的适配度。

3.着力培育有责任担当的知农爱农新型人才

把习近平总书记关于"三农"工作的重要论述作为涉农高校教书育人的重要内容,融入课堂教学,贯穿人才培养各环节,引导学生学农知农、爱农为农。中国式现代化离不开农业农村现代化,实现建设现代化强国这一宏伟目标,"三农"是基础、是短板,更是潜力和动力。涉农高校必须紧跟时代步伐,加快培育能够在新的伟大征程中担负起历史重任的新型人才。要引导学生争当现代农业建设的"排头兵"。要实现农业大国向农业强国的跨越,就必须培育更多的知农爱农新型人才。通过新型人才培养推动现代农业生产体系建设,引导学生积极投身到创业热潮中去,成为能够引领农民增收致富的新型人才,通过他们以知识技能引导农民、组织农民、带领农民,使广大农民走上增收致富的康庄大道。带领广大农民共同建设"产业兴旺、生态宜居、乡风文明、治理有效、生活富裕"的美丽家园。

七、构建一流创新生态,建设国家农业创新高地

2021年12月,省政府印发了《河南省"十四五"科技创新和一流创新生态建设规划的通知》,拉开我省建设国家创新高地新征程的序幕。《河南省"十四五"科技创新和一流创新生态建设规划的通知》明确提出,"十四五"末,我省一流创新生态基本形成,形成政、产、学、研、金、服、用深度融合,人才、金融、土地、数据、技术等要素汇聚,创新活力充分涌流、创业潜力有效激发、创造动力竞相迸发的创新生态。作为肩负打造河南的"农业芯片"、中国的"种业硅谷"的"中原农谷",是河南省"十四五"期间国家创新高地建设的重要依托。

1.把"中原农谷"作为一流创新生态建设的试验区

《关于加快构建一流创新生态建设国家创新高地的意见》中明确提出,2021年完成创新生态建设的顶层设计,初步构建创新生态的"四梁八柱";2025年一流创新生态基本形成,国家创新高地呈现雏形;到2035年基本建成国家创新高地。一流创新生态如何打造,没有成熟的经验,也没有可借鉴的模式。为了实现2025年一流创新生态基本形成的目标,建议省政府将"中原农谷"作为一流创新生态建设的试验区,先行先试,在组织管理体制、行政审批权限、拔尖人才选聘、人事制度管理、创新政策支持、利益分配机制、资源

流动共享、创新绩效评价等方面支持农谷大胆探索,为我省一流创新生态建设探索出可复制、可推广的经验。

2. 加快一流创新生态政策的布局

创新生态不是完全依赖市场机制而形成的自然生态,而是带有明确导向性的"人工+自然"的融合生态。在一流创新生态建设中,科创政策不仅具有基础支撑作用,有利于保证创新生态的稳健性和可持续性,更应具有系统性、前瞻性和引领性。近年来,我省密集发布或修订了一系列科技创新激励政策,有力推动我省科技创新发展。不过,在基础科学研究、创新生态政策的布局等方面还不够细化,在科技政策系统布局、政策执行等方面还存在失灵的问题。完善我省科创政策,需要以生态化思维进行谋划。要牢固树立"创新为上"的发展理念,紧紧围绕国家创新平台建设,加强中试基地建设、突出抓好规上农业企业创新全覆盖,完善双创体系、加大人才汇聚力度,推动科技与金融深度融合。坚持以农业产业集群培育为主线,加快推动构建农业产业集群创新生态,打造创新生态技术体系,畅通产业链、创新链、要素链、制度链、供应链,通过多链聚合、有效耦合,贯通政、产、学、研、金(融)、服(务)、用各环节,整合人才、平台、资金、土地、数据各要素,推动产学研用深度融合,推动科技成果快速转化,以一流的创新生态引领全省创新高地建设。

3. 优化创新服务平台生态环境

优化服务平台生态环境,应着力做好以下几个方面:一是在"中原农谷"建设创新创业孵化平台,形成众创空间、科技企业孵化器、加速器等各类孵化服务链条。支持在细分市场实施精准孵化,建设特色产业孵化载体。二是支持高端研发服务平台,攻克关键核心技术。如加大对我省的神农实验室、生物育种产业创新中心、农机装备创新中心的支持力度,力争在培育的基础上建设国家实验室、国家重点实验室等,并实施研发平台与企业对接服务机制,协调解决企业创新发展问题。三是发展壮大科技企业全生命周期的天使投资、创业投资、发展投资机构,帮助创新主体获得金融服务。四是配套发展咨询、会展、设计、知识产权、科技转化等生产性服务业,聚焦数字经济,塑造数字服务新业态,形成全领域、全生命周期的新服务网络。

参考文献

[1]黄季焜,解伟,盛誉,等.全球农业发展趋势及2050年中国农业发展展望[J].中国工程科学,2022,24(1):29-37.

[2]毛艳华.粤港澳大湾区协调发展的体制机制创新研究[J].南方经济,2018(12):129-139.

[3]陈文胜.评价中国农业的误区与大国小农的共识[J].新疆农垦经济,2019(9):1-8.

[4]魏后凯,崔凯.建设农业强国的中国道路:基本逻辑、进程研判与战略支撑[J].中国农村经济,2022(1):2-23.

[5]姜长云,李俊茹,巩慧臻,等.全球农业强国的共同特征和经验启示[J].学术界,2022(8):127-144.

[6]王萌萌.创新资源集聚水平对高技术产业创新绩效影响的实证研究[D].长沙:湖南大学,2015.

[7]王福涛,钟书华.创新集群政策的兴起及其在中国的发展[J].科技管理研究,2009,29(7):396-399.

[8]胡汉辉,沈群红,胡绪华,等.产业创新集群的特征及意义[J].东南大学学报(哲学社会科学版),2022,24(5):34-44,146.

[9]杨连盛,朱英明,张鑫,等.从创新集群理念到创新集群实践:国外创新集群研究动态[J].南京理工大学学报(社会科学版),2013,26(1):77-85.

[10]曹路宝,何聪,王伟健.以创新集群建设引领高质量发展[N].人民日报,2022-03-25(05).

[11]韩言虎,罗福周,方永恒.创新集群理论溯源、概念、特征、启示[J].商业时代,2014(9):115-117.

[12]赵哲.大学与企业协同创新的影响因素及深化路径:基于大学创新主体视角的实证

研究[J].科技管理研究,2022,42(11):95-101.

[13]周学政.区域创新要素聚集的理论基础及政策选择[J].科学管理研究,2013,31(2):43-46.

[14]严建援,甄杰,董坤祥,等.区域协同发展下创新资源集聚路径和模式研究:以天津市为例[J].华东经济管理,2016,30(7):1-7.

[15]蔡银寅.生产系统理论[M].南京:江苏人民出版社,2008.

[16]李北伟,董微微,富金鑫.中国情境下创新集群建设模式探析[J].中国软科学,2012(11):161-169.

[17]李福,赵放.创新中心的形成:创新资源的集聚与利用模式[J].中国科技论坛,2018(4):7-14.

[18]黄茜.上海创新资源集聚能力提升研究[D].上海:上海工程技术大学,2017

[19]肖婷.创新要素集聚对区域创新效率的影响研究[D].深圳:深圳大学,2019.

[20]董微微.基于复杂网络的创新集群形成与发展机理研究[D].长春:吉林大学,2013.

[21]常爱华.区域科技资源集聚能力研究[D].天津:天津大学,2012.

[22]李北伟,董微微.创新集群研究进展与未来展望[J].技术经济与管理研究,2013(7):36-41.

[23]金世斌,刘亮亮.以科技资源集聚打造发展新动能:以连云港为例[J].唯实,2016(10):22-27.

[24]林健,倪渊.协同创新中心卓越绩效运行机制研究[J].中国高校科技,2013(8):30-33.

[25]赵德武.以绩效评价引导协同创新中心建设[J].中国高等教育,2014(9):23-25.

[26]王洁方.协同创新中心绩效评估体系研究[J].中国高校科技,2014(4):59-61.

[27]李爱彬,经曼.基于云模型的行业产业类协同创新中心绩效评价[J].中国科技论坛,2016(11):48-54.

[28]林健.基于平衡计分卡的协同创新中心绩效评价研究[J].国家教育行政学院学报,2016(1):19-23.

[29]李永周,黄珍珍.高校协同创新中心的创新人才网络嵌入与绩效评价指标体系设计[J].中国科技论坛,2015(10):142-146.

[30]王发银.面向行业的协同创新中心创新绩效评价研究[D].哈尔滨:哈尔滨工程大学,2014.

[31]芦苇.新常态下科技创新的困境与出路[J].经济问题,2016(6):19-24.

[32]陈四辉.我国省区规模工业创新绩效实证研究:基于 HCA-SEM(超效率)-SE 模

型[J].研究与发展管理,2017,29(2):103-113.

[33]侯启娉.基于DEA的研究型高校科研绩效评价应用研究[J].研究与发展管理,2005,17(2):118-124.

[34]胡德鑫,王轶玮.基于DEA的"985"高校科研竞争力评价[J].北京理工大学学报(社会科学版),2007(4):163-168.

[35]沈能,周晶晶.基于两阶段共同边界DEA的国家大学科技园创新效率研究[J].管理工程学报,2018,32(2):188-195.

[36]侯彬彬,周安宁,李红霞,等.基于DEA的我国高校科研投入与专利产出分析[J].技术与创新管理,2016,37(4):382-385.

[37]林健,陈希.基于平衡计分卡的协同创新中心绩效评价研究[J].国家教育行政学院学报,2016(1):15-21.

[38]赵德武.协同创新中心绩效评价体系的构建[J].中国高校科技,2014(Z1):14-16.

[39]王萧萧,蒋兴华,朱桂龙,等.伙伴特性、伙伴关系与协同创新绩效:基于"2011协同创新中心"的实证研究[J].中国科技论坛,2018(4):15-24.

[40]李爱彬,经曼,夏洪旺.基于云模型的行业产业类协同创新中心绩效评价[J].中国科技论坛,2016(11):48-54.

[41]刘芳,王炳富,王国雄.协同创新中心绩效评价研究:案例分析与逻辑框架[J],研究与发展管理,2014,26(6):130-134.

[42]陈颖.江苏高校文化传承类协同创新中心绩效评价研究[D].南京:南京师范大学,2018.

[43]杨洪涛.尊重科技创新规律 完善绩效评价体系[N].科技日报,2014-11-03.

[44]杨凤鸣,陈国生,彭立武.基于三阶段DEA模型的省域科技资源配置效率差异分析[J].湖南社会科学,2014(6):193-197.

[45]宋永忠.立德树人是教育的根本任务和时代主题[N].光明日报,2015-07-24.

[46]张占仓.河南经济创新驱动高质量发展的战略走势与推进举措[J].区域经济评论,2022(4):70-78.

[47]张仁开.上海创新生态系统演化研究:基于要素·关系·功能的三维视阈[D].上海:华东师范大学,2016.

[48]綦鲁明.构建科技创新生态体系面临的问题及建议[C]//中国国际经济交流中心.中国智库经济观察(2019).北京:社会科学文献出版社,2020.

[49]张燕生,马庆斌,逯新红.提升我国科技自主创新能力的几点建议[C]//中国国际经济交流中心.中国智库经济观察(2018).北京:社会科学文献出版社,2019.

[50]吕海萍.创新要素空间流动及其对区域创新绩效的影响研究[D].杭州:浙江工业大学,2019.

[51]郝汉舟,刘彦文,沈琼婕,等.创新要素流动及影响因素研究述评[J].技术经济,2020,39(5):142-148.

[52]贾宝余,应验,刘立."点将配兵"与重大突破:重大战略科技领域创新要素的配置模式[J].中国科学院院刊,2022,37(1):88-100.

[53]吴金希.创新生态体系的内涵、特征及其政策含义[J].科学学研究,2014,32(1):44-51.

[54]李钟文.硅谷优势:创新与创业精神的栖息地[M].北京:人民出版社,2002.

[55]翟媛媛,张瑞.河南省农业科技园区建设成效显著[J].河南科技,2021,40(11):5.

[56]李晓辉.科技支撑助力粮仓丰盈:河南农业科技发展十年成就综述[N].河南日报,2022-08-29.

[57]董豪杰.科技之火照亮农业高质量发展路:河南省现代农业产业技术体系建设成效综述[N].河南日报农村版,2021-07-20.

[58]赵成振,钟荣珍,周道玮,等.划区轮牧的若干研究进展[J].黑龙江八一农垦大学学报2018,30(2):38-42.

[59]李敬.科技创新驱动河南省现代农业发展的对策研究[J].中共郑州市委党校学报,2022(3):81-84.

[60]孙妍.基于中原现代农业科技示范区建设的河南省农业科技创新体系完善研究[D].郑州:河南农业大学,2018.

[61]睢利萍.河南省农业科技创新存在的问题及对策研究[J].现代农业研究,2018(8):5-7,22.

[62]王雯.加快构建我国农业科技创新生态的战略思考[J].中国发展察,2022(10):99-102.

[63]于辉,马凌珂.关于加强我国农业科技创新中心建设的思考[J].农业科研经济管理,2022(3):20-25,33.

[64]张乃千.科技中介机构:科技成果转化的助推器[N].学习时报,2017-12-06.

[65]李朝阳.美国政府推进产学研合作创新的政策考察及启示[J].中国科技信息,2009(12):241-242

[66]刘悦伦.协同创新已成为当今世界潮流[N].南方日报,2009-02-25(A12).

[67]陈劲.协同创新[M].浙江:浙江大学出版社,2012.

[68]王耀德.陈家琪,黄文华.论技术创新的起源和动力:技术创新的需求动力与科技推

力关系的研究[M].北京:北京理工大学出版社,2006.

[69]王庆玲,柏昕.关于资源型大学向创新型大学转型的研究[J].现代教育科学,2008
(6):15-17.

[70]黄学菱.区域经济互动的大学发展探析[J].华南热带农业大学学报,2006(6):
101-104.

[71]严全治.充分发挥高校在转变经济发展方式中的作用[N].河南日报,2010-07-20
(7).

[72]孔寒冰,陈劲.科技人力资源能力建设研究[M].北京:中国人民大学出版社,2010.

[73]郑秋生,张宏丽,李金惠.广东国家科技产业创新中心建设中企业研发机构的作
用[J].科技管理研究,2018,38(1):86-91.

[74]陈怡.华南科技创新中心创新载体和平台建设的研究[D].广州:华南理工大
学,2009.

[75]倪红红.浅析引进共建创新载体管理在我国科技管理工作中的机制研究[J].科技与
创新,2016(16):65-66.

[76]陈锐锋.山西"农谷"农业科技创新机制研究[D].太原:山西农业大学,2019.

[77]程海,何云峰,樊军亮,等.山西农谷建设进展及其政策结构优化研究[J].农业科研
经济管理,2021(4):40-47.

[78]陆园园.国外一流科技创新中心是怎样建设的[N].北京日报,2021-07-14.

[79]黎晓奇,罗晖.我国建设科技创新中心的战略研究[J].全球科技经济瞭望,2021,36
(7):9-14.

[80]眭纪刚.全球科技创新中心建设经验对我国的启示[J].人民论坛·学术前沿,2020
(6):16-22.

[81]廖明中,吴燕妮.国际科技创新中心的六大特征[N].深圳特区报,2019-07-09.

[82]高维和.全球科技创新中心:现状、经验与挑战[M].上海:上海人民出版社,2015.

[83]于辉,刘现武.我国农业科技创新中心建设现状及发展建议[J].中国农业科技导报,
2021,23(10):10-14.

[84]孔令兵.多维度构建一流创新生态[N].河南日报,2022-12-09.

[85]王珊珊.青岛高新区创新型科技园区发展战略和运行模式研究[D].青岛:中国石油
大学(华东):2013.

[86]李凤芝,索烨,朱云,等.贯彻"十三五"国家科技创新规划精神强化科技资源开放共
享与服务平台建设[J].科学管理研究,2017,35(5):22-25.

[87]朱乐宁.郑洛新国家自主创新示范区政策体系优化研究[D].郑州:郑州大学,2019.

[88] 刘人怀. 全力推动协同创新工作开展[J]. 中国高等教育,2012(20):1.

[89] 刘人怀. "政产学研金"合作 推动协同创新迈上新台阶[J]. 中国高校科技,2012(7):7-8.

[90] 何珺. 七部门描绘新时代品牌建设蓝图 推动中国产品向中国品牌转变[N]. 机电商报,2022-09-26(A01).

[91] 国家发展改革委,工业和信息化部,农业农村部,等. 关于新时代推进品牌建议的指导意见[R/OL]. (2022-07-29)[2022-08-25]. http://www.ndrc.gov.cn/xxgk/acfb/tz/202208/t20220825_1333667_ext.html.

[92] 张振刚,杨玉玲. 知识资源与创新绩效:网络知识异质性的调节作用[J]. 科技管理研究,2021,41(21):142-147.

 **附 录**

1.《河南省人民政府关于印发"中原农谷"建设方案的通知》,豫政〔2022〕15 号

2.《河南省人民政府关于加快建设"中原农谷"种业基地的意见》,豫政〔2022〕39 号

3.《河南省人民政府关于加快推进农业高质量发展建设现代农业强省的意见》,豫政〔2020〕21 号

4.《河南省人民政府关于坚持三链同构加快推进粮食产业高质量发展的意见》,豫政〔2020〕18 号

河南省人民政府关于印发"中原农谷"建设方案的通知

豫政〔2022〕15 号

各省辖市人民政府、济源示范区管委会,省人民政府各部门:

现将《"中原农谷"建设方案》印发给你们,请认真贯彻执行。

河南省人民政府

2022 年 4 月 13 日

"中原农谷"建设方案

为贯彻落实省第十一次党代会、省委工作会议精神,充分发挥我省农业创新优势,打造要素共享、协调创新、具有独特品牌优势的"中原农谷",特制定本方案。

一、总体要求

(一)基本思路

以习近平总书记视察河南重要讲话重要指示和关于农业科技自立自强的重要指示批示精神为根本指引,立足新发展阶段,完整、准确、全面贯彻新发展理念,瞄准世界前沿,聚焦国家种业、粮食安全重大需求,实施创新驱动、优势再造战略,整合农业创新资源,发挥科技龙头企业引领作用,围绕产业链部署创新链、围绕创新链布局产业链,强化供应链,提升价值链,促进种业、粮食、食品聚合发展,建立更高层次、更高质量、更有效率、更可持续的粮食安全保障体系,实现更高水平的农业科技自立自强,为建设现代农业强省、实现农业农村现代化奠定坚实基础。

(二)建设原则

1. 坚持创新驱动

强化科技创新引领,构建以企业为主体的创新体系,促进农业科技成果集成、转化,培育农业高新技术企业,发展农业高新技术产业,推动科研成果转化为现实生产力。

2. 坚持开放发展

突出对外开放对高质量发展的引领作用,立足区位优势和政策优势,实施农业科技"引进来""走出去"战略,完善体制机制,加强农业对外合作交流。

3. 坚持市场引领

充分发挥市场在资源配置中的决定性作用,更好发挥政府作用,围绕市场调整优化产业结构,加快培育创新市场,推动产业集约化、集群化发展。

4. 坚持绿色低碳

构建绿色低碳循环发展的农业产业体系,深化农业减排固碳技术研究,强化农业全产业链绿色循环发展技术攻关,推进农业绿色发展。

5. 坚持改革推动

加大科技体制机制改革力度,打造农业科技体制改革"试验田",进一步整合科研力量,深入推进"放管服"改革,调动各方积极性,激发农业科技创新活力。

(三)发展定位

以建设国家农业创新高地为引领,聚力打造"四大中心、两个示范区":

——国家种业科技创新中心。立足河南、服务全国、面向全球,实施制度创新与技术创新"双轮驱动",建设国际一流的生物育种技术研发平台,全力建设神农种业实验室,打造生物育种创新引领型新高地、种业发展体制机制创新的"试验田"和具备国际竞争力的种业"航母"集群。

——现代粮食产业科技创新中心。打造一流创新生态,创建国家小麦技术创新中心、全国粮食科技创新中心等,聚焦生物、信息、装备、减损等关键领域,打造具有引领型突破能力的粮食科技创新平台,助力国家粮食安全产业带建设。

——农业科技成果转移转化中心。集聚一批国内外粮农科技与加工企业、专业化知识产权服务机构,贯通粮食收储、加工、包装、物流、供应等环节,搭建种业等核心科技成果转化与知识产权交易平台,打造全国性现代种业和粮食科技成果展示交易基地。

——农业对外合作交流中心。依托中国(河南)自由贸易试验区、郑洛新国家自主创新示范区,广泛开展农业国际交流合作,建设国际科研创新合作平台和国际合作园,组建"一带一路"农业教育科技创新联盟,谋划举办生物育种国际高端论坛,打造国际生物育种学术交流永久会址。

——农业高新技术产业示范区。集聚优势农科教资源,推动农业高新技术企业集聚发展,提升农业产业发展质量、效益和综合竞争力,打造农业创新驱动发展的先行区和农业供给侧结构性改革的试验区,建设以现代种业为主题的农业高新技术创新高地、人才高地、产业高地。

——智慧(数字)农业示范区。率先在农业领域示范应用5G、物联网、区块链、人工智能等现代信息技术,发展大田作物物联网技术,建设智慧田园、智慧果(菜)园、智慧牧场等示范基地,打造种养业数字化和育种研发产业引领区。

(四)发展目标

到2025年,建成国内一流的种业创新平台,国家生物育种产业创新中心科技创新能力国内领先、国际知名,神农种业实验室成为国家实验室或成为国家实验室的重要组成部分,种业产业化实力迈入全国第一方阵;打造小麦、玉米等优势作物产业科技创新高地,创建国家农业高新技术产业示范区,初步成为具有一定影响力的种业、粮食科技创新中心;培育1家全国十强种业企业并实现上市,农业领域高新技术企业达到10家以上,培育3—5家国家级农业产业化龙头企业。

到2035年,建成世界一流的农业科技基础设施集群、科研试验示范基地集群和全球粮食科技创新高地,"中原农谷"成为国家区域性农业创新核心力量,我省全球十强种业企业实现零突破,农业领域高新技术企业达到30家以上,打造千亿级种业和粮食产业集群。

二、区域布局

以郑新一体化发展为牵引,构建布局合理、集约高效的区域发展空间,实施"一核三区"发展战略,总规划面积为1476平方千米,其中"一核"共206平方千米、"三区"共1270平方千米。

(一)"一核"

东至中州大道(101省道)、原阳县县界,南起黄河北岸沿黄生态观光大道,西至获嘉县、武陟县县界,北至新乡县县界,共206平方千米。包括国家生物育种产业创新中心、神农种业实验室、河南现代农业研究开发基地、国家现代种业产业园、国家小麦技术创新中心示范基地,以种子、种苗、种畜(禽)为主攻方向,打造以种业为突出特征的农业创新高地和农业科技新城。

(二)"三区"

以延津县部分区域为主体的东区,新乡县、获嘉县部分区域为主体的西区,以原阳县部分区域为主体的南区。

东区:东至封丘县县界,南至原阳县县界,西至新乡县县界,北至309省道,共498平方千米。包括延津县优质小麦国家现代农业产业园区和食品加工园区,以小麦全产业链、粮油等特色农产品加工为主要建设内容。

西区:东至中央大道、胡韦线,南至107国道(新乡县境内)、获嘉县县界、平原城乡一体化示范区区界,西至武陟县县界,北至新焦铁路(新乡县境内)、大沙河(获嘉县境内),共473.27平方千米。包括新乡县、获嘉县现代农业产业园,以小麦、大豆等良种繁育为主要建设内容。

南区:东至封丘县县界、南至原阳县幸福路、西至平原城乡一体化示范区区界、北距黄河大堤5千米,共298.6平方千米。包括原阳县稻米现代农业产业园、中央厨房产业园,以水稻种植、食品全产业链加工为主要建设内容。

三、重点任务

（一）打造种业创新核心增长极

1. 实施种业创新能力跃升工程

开展种子、种苗、种畜种质资源挖掘与创新利用、应用基础研究、育种技术和模式创新攻关，实现关键技术和新品种选育的重大突破。开展重要性状遗传解析、分子设计育种、智能化育种、基因编辑、规模化转基因、表型精准鉴定等关键技术攻关。构建以分子设计为目标、全基因组选择为手段的育种技术体系；集成利用遥感、人工智能、生物信息等技术，建立智能化生物育种系统；建立主要农作物基因编辑和规模化转基因技术体系。聚焦产业发展需求，培育一批高产优质绿色高效农作物新品种，推动农业生产全面转型升级。

2. 实施种业创新机制重塑工程

支持龙头企业构建商业化育种体系，优化配置科技资源，实现精准、高效育种。健全财政支持种业创新投入机制，引导金融机构加大商业化育种支持力度。建设关键共性技术平台，强化生物育种技术应用能力，提升共性基础技术供给水平。深入推进科企合作，推动科研力量优化配置和资源共享，支持企业牵头开展重大科研课题攻关，打造以企业为主体、科研单位为支撑的现代种业创新格局，奠定生物育种产业化应用基础。在延津县水产规划区内创建以繁育水产苗种为主的良种繁育基地。

3. 实施生物育种龙头种企培育工程

以产业为基础、企业为核心、创新为引领，采取市场化运作方式，创建国家现代种业产业园，全面提升龙头种企核心竞争力，构建"三链"（产业链、价值链、供应链）融合的现代种业产业发展体系。鼓励大型优势种企兼并重组，鼓励社会资本投入，积极引进战略投资者，发挥骨干种企优势，强力推动企业兼并整合，组建大型育繁推一体化种业集团，提升企业集中度，打造种业"航母"，倾力培育主板上市种企和特色优势明显的"隐形冠军"企业。

4. 实施种业国际合作交流工程

在建设联合实验室、育种技术联合研发、举办生物育种国际论坛等方面，加强与荷兰瓦赫宁根大学、国际玉米小麦改良中心、先正达等国际一流高校、科研院所和央企、民企、跨国企业的合作。与国内外优势团队合作，设立专业化分支研发机构，通过定制研发、"揭榜挂帅"等形式，协同解决生物育种领域"卡脖子"技术难题。在"一带一路"沿线国家建设若干不同生态区域试验站和特色育种工作站，打造若干海外农业创新中心。谋划举办生物育种国际高端论坛，促进种业资源、技术、人才等要素流动，打造国际生物育种学术交流永久会址。

（二）建设现代农业科技创新中心

1.打造科技创新重大载体

建设国家生物育种产业创新中心、神农种业实验室、国家小麦技术创新中心等高能级创新平台。争创国家实验室、国家重点实验室、国家技术创新中心、国家工程研究中心等国家级创新平台，打造农业科技协同创新、农业科技成果转化展示、国际合作发展平台。加快河南农业大学（国家小麦技术创新中心）平原城乡一体化示范区试验示范基地建设，推动中国农业科学院郑州果树研究所、棉花研究所、农田灌溉研究所、新乡综合试验基地整合，组建中国农科院中原研究中心，建设粮食作物高新技术试验示范区。加快河南农业大学国家"2011计划"现代农业科技研究实验基地、欧洲农业物理（新乡）研究院等重大平台和机构建设，形成世界一流的农业科技基础设施集群和科研试验示范基地集群。

2.建设粮食高新技术集成地

打造粮食科技创新中心，推动粮食生物技术研究院、粮食信息化研究院、粮食智能装备研究院、粮食减损研究院、粮食标准化研究院和中国粮食博物馆"五院一馆"建设。构建粮食科技发展轴，设立粮食产业技术研究院，推动形成粮食科技应用集合体和粮食科技转移转化体系。建设粮食高新科技园，完善粮食企业科技总部、粮食信息技术与应用、生物工程与制剂、电子商务、金融与科技成果转化孵化、国际粮食会展等功能区，推动我省黄淮海区域产粮大县科技应用转移转化体系建设。

3.打造粮食科技研发合作平台

积极引入国内外知名粮企，设立联合研发中心。加强与美国堪萨斯州立大学、加拿大曼尼托巴大学、英国瑞丁大学等国际一流粮食大学和粮食科研机构合作，建设粮食科技创新联合实验室，引进外籍院士、知名专家，开展重大粮食科技协同攻关。建设国际粮食安全研究基地、国际粮食标准中心，举办全球粮食高端论坛、食品世博会。建设中国粮食博物馆，推动粮食文化传承创新和展示。

（三）推动农业科技成果转化应用

1.创新成果转化应用机制

探索农业新品种、专利、著作权等知识产权的许可、作价入股、盈利分成等多种转化模式，促进科技成果转化应用。创新项目组织机制、投入方式及分配方式，撬动社会资本参与科技成果转化。建设现代农业科技成果中试基地，促进成果熟化转化。通过签订合作协议，输出创新技术和研发成果。鼓励园区科技人员和企业经营人员参加国际、国内农业领域重要会议和展销会，推广高效与标准化种植技术、农副产品精深加工产业关键技术，定期组织召开博览会、区域性农业科技创新交流会和技术培训会。

2. 完善农技推广服务网络

探索政府扶持和市场化运作相结合的农技推广模式,建设科技创新示范展示基地。采用产业链推广模式,有序衔接产业各环节,推广新标准、新品种、新技术。建设网络推广平台,横向连接国内外农业科教单位,纵向连接农业信息网、龙头企业、农民专业合作社,打造农业专家推广服务系统。探索建立农科教推"产学研用"一体化农技推广联盟,示范推广各类新品种、新技术。

3. 大力发展数字智慧农业

实施新一代农业农村信息基础设施建设工程,推动"全光网河南"全面升级,构建覆盖农村的高速光纤宽带网。加快北斗卫星导航系统和农业遥感技术应用,构建"天空地"一体化数据采集和监测预警系统。建设资源共享、数据安全的农业农村大数据中心,加强农业生产经营、管理服务、农产品流通等大数据平台建设。加快种养业数字化改造,带动全省农业互联网、物联网等深度融合,农业生产、经营、管理和服务信息化达到全国先进水平。建设电子商务综合服务平台,完善平原城乡一体化示范区冷链物流服务体系,打通农村双向物流"最后一公里",实施高效节水灌溉工程,打造智慧(数字)农业示范区。

(四)大力发展农业高新技术产业

1. 引进和培育农业高新技术企业

围绕"三链"同构主线,以"粮头食尾、农头工尾"为抓手,加大高新技术企业引进力度,推动农业高新技术企业集聚发展,支持平原城乡一体化示范区创建国家级农业高新技术示范区。依托郑洛新国家自主创新示范区,引导企业发起建立产业技术研究院等协同创新载体,探索产业同盟共性技术研发组织模式。积极发展一批农业"小巨人"企业,制定科技型企业成长路线图,培育涉农"独角兽"企业。采取"一对一孵化+平台增值服务+价值投资"模式,支持种子期、初创期和成长期科技企业发展。推动产业形态由"小特产"升级为"大产业",打造产业互联网,促进农业全产业链智慧升级,推动主体融合、业态融合和利益融合。

2. 推动粮食科技型企业集聚发展

集聚粮食龙头企业,孵化粮食产业新业态,打造粮食产业创新集成示范区。建设粮食科技小镇,设立粮食科技成果转化中心、知识产权保护与交易中心、科技应用法律咨询中心、人才交流中心、综合培育中心,构建粮食企业成长服务平台,推进粮食关键核心技术转移、中试和示范。加速孵化粮食龙头企业、高新企业和中小企业,建设绿色食品制造研发基地和粮果蔬及肉羊良种繁育种植养殖产业化基地,构建粮食产业经济发展轴,打造全国粮食产业经济创新发展试验田,推动企业参与"一带一路"沿线国家技术提升和产业链再造。

（五）重塑要素聚集创新环境

1.搭建农业科技要素融资平台

运用市场化手段,注册成立"中原农谷"开发有限公司、"中原农谷"建设投资有限公司,聘请专业化运营团队,积极与省科创、现代农业发展等基金对接,有效破解基础设施建设、科技研发、产业发展资金不足问题。以市场为导向,通过与种业、粮食龙头企业深度融合,将成果转化与企业对接端口前移,在研发阶段吸引企业的研发投入。拓宽融资渠道,争取政策性银行、风险投资等金融资本支持,撬动更多社会资本投入,开展知识产权交易、成果转化和企业孵化工作。积极开展农业信贷担保创新试点工作,构建政、银、担"三位一体"新兴农业信贷担保模式。积极推进农业保险试点工作,在保险和险种方面先行先试。

2.搭建农业创新政策集成平台

加大财税支持力度。落实研发费用加计扣除、高新技术企业税收优惠等普惠性政策,支持农业科技企业创新发展。综合运用财政贴息、投资补助、以奖代补、先建后补、担保和风险补偿等方式,撬动、引导社会资本进入农业高新技术产业发展领域。强化用地保障。有效保障农业科研用地。支持开展全域土地综合整治,推动土地要素在城乡之间有序流动、市场化配置。加大金融惠农力度。引导社会资本参与农业高新技术项目,助推重点产业技术研发和产业化进程。创新科技金融政策,以科技融资担保、知识产权质押等手段解决科技型企业融资难问题。积极发挥国家开发银行、中国农业发展银行、中国进出口银行等政策性银行在农业科技研发、开发性贷款、出口信贷等方面的引导作用,建设区域性金融服务集聚地。强化人才支撑。完善农科教协同育人机制,深化郑州大学、河南大学、河南农业大学、河南工业大学等高校与各地、科研院所、农业农村等部门建立协同育人机制,统筹推进校地、校所、校企育人要素和创新资源共享。探索建立以实际业绩和贡献为导向的人才评价机制,完善收入分配与激励约束机制,探索建立优秀员工股权期权激励制度。

3.培育高层次农业科技研发队伍

依托"中原英才计划"等重大人才项目,发挥区域创新发展联合基金(河南)和省自然科学基金作用,突出现代农业优势学科领域,引进、培养一批引领农业科技前沿、推动农业科技成果转化的高层次农业科技人才,实现农业科技创新和人才培养两促进。在农业领域建设一批中原学者科学家工作室,遴选、培育一批工作室首席科学家,积极推动国内外著名涉农高校、科研院所在"中原农谷"核心区设立分支机构或兴办农业科技企业,吸引国内外高层次农业科技领军人才。新入选一批两院院士,建设有竞争力的全链条产业技术创新团队,培养一批高素质的青年农业科技人才。

四、健全机制

（一）加强组织领导

省政府成立"中原农谷"建设领导小组，统筹指导"中原农谷"建设发展，研究决策重大事项，协调解决相关问题，指导做好建设方案编制、政策制定、项目谋划、综合协调等工作。

（二）制定建设规划

围绕"中原农谷"建设方案，新乡市政府、省直有关部门要制定具体的建设规划和年度推进计划，实施若干专项行动，将方案涉及的重大政策、重大工程、重大项目、重大平台建设进一步细化实化，落实到具体工程、具体项目，实行清单化、责任化、任务化。新乡市政府成立"中原农谷"建设管理委员会，推行"管委会+公司"管理模式，实施"三化三制"改革。

（三）强化动态考核

注重平时监管，加强"中原农谷"建设工作目标平时考核、动态考核、过程考核，充分发挥考核的"指挥棒、推进器"作用，推动各项目标任务有序完成。

"中原农谷"建设领导小组名单

组　　长：王　凯（省长）

副组长：武国定（副省长）

　　　　分管科技工作的副省长

成　　员：马　健（省发展改革委主任）

　　　　宋虎振（省农业农村厅厅长）

　　　　陈向平（省科技厅厅长）

　　　　魏建平（新乡市市长）

　　　　张新友（省农科院院长）

　　　　赵庆业（省财政厅厅长）

　　　　朱　鸣（省工业和信息化厅厅长）

　　　　陈治胜（省自然资源厅厅长）

　　　　王振利（省商务厅厅长）

　　　　黄道功（省粮食和储备局局长）

　　　　介晓磊（河南农业大学校长）

　　　　李成伟（河南工业大学校长）

领导小组下设办公室，办公室设在省农业农村厅，承担领导小组办公室日常工作，宋虎振同志兼任办公室主任。

河南省人民政府关于加快建设"中原农谷"种业基地的意见

豫政〔2022〕39号

各省辖市人民政府,济源示范区、航空港区管委会,省人民政府各部门:

为深入贯彻落实党中央、国务院及省委、省政府关于种业发展的战略部署,切实扛稳国家粮食安全重任,打造种业领域国家战略科技高地,现就集中优势力量加快建设"中原农谷"种业基地(以下简称种业基地)提出以下意见。

一、总体要求

(一)指导思想。以习近平新时代中国特色社会主义思想为指导,按照高质量发展的要求,坚持"立足河南、服务全国、面向全球"的发展定位,以"中原农谷"为依托,以体制机制创新为动力,以集聚一流创新人才团队和种业优势资源为途径,以开展种业基础研究、品种选育和繁种制种为主要任务,按照"政府主导、市场运作、企业主体、社会参与"的模式,加强政策支持,强化组织保障,全力打造我国乃至全球重要的种业创新高地,为推动我国种业科技自立自强、种源自主可控和保障国家粮食安全贡献河南力量。

(二)建设原则。

1. 坚持政府主导,市场运作推动。由政府发起和组织实施,先期安排建设引导资金,并给予持续政策支持。条件成熟时引入金融资本参与建设运营,充分发挥市场在资源配置中的决定性作用,不断提高市场竞争力和自身造血能力。

2. 坚持问题导向,服务国家战略。以保障国家粮食安全和农产品有效供给为导向,以满足种业领域国家重大战略需求、解决行业重大科技问题和产业重大瓶颈问题为使命,强化原始创新,加速集成创新。

3. 坚持整合资源,打造一流平台。整合集聚一批高校、科研院所和一流种业企业的优势科技资源,形成相互补充、相互支撑、相互促进的互动机制,打造具备国际一流水平的种业创新平台。

4. 坚持制度创新,重塑创新生态。从组织架构上破解科学研究与产业脱节问题,从体制机制上破解创新资源开放共享难题,建立更加科学、灵活、高效的管理运行体系,构建一流种业创新生态。

二、建设目标

(一)总体目标。通过集聚种业领域科技创新资源,共建共享重大科技创新平台,建设农业科技基础设施集群、科研试验示范基地集群、种业产业集群,把"中原农谷"建设成为汇聚全球一流种业人才、掌握全球一流育种技术、具备全球一流科研条件、培育全球一流农业生物品种、拥有全球一流种业企业的种业基地,成为引领我国种业跨越式发展并参与国际竞争的战略科技力量。

(二)阶段目标。

1.2025年。力争神农种业实验室融入国家实验室体系,国家生物育种产业创新中心创新能力达到国内一流水平;与中国农业大学、中国农科院等高校、科研院所联合组建研发团队15个左右,引育种业领域领军人才20人以上;突破一批育种关键技术,建成全国一流水平的品种选育核心基地15万亩以上、繁种制种基地100万亩以上,带动全省高质量建设农作物制种基地500万亩以上;引进培育育繁推一体化种业龙头企业5家以上,种业总产值达到100亿元以上。

2.2030年。汇聚全国一流种业人才,引育种业领军人才30名以上,集聚研发团队50个以上;育种理论创新取得一批突破性成果,育成优良新品种200个以上,育成的农作物品种种植面积占黄淮地区50%以上;引进培育育繁推一体化种业龙头企业8家以上,其中至少2家进入全国种业十强,种业总产值达到200亿元以上。

3.2035年。力争在"中原农谷"建成贯通种业领域基础研究、应用基础研究、应用研究、成果转移转化、企业孵化培育的全链条产业体系,打造千亿级种业产业集群。

三、主要任务

(一)高水平服务种业基础研究主体。构建以政府为主导、科研机构为支撑的基础研究机制,全方位服务种业基础研究主体,重点围绕小麦、玉米、花生、大豆、芝麻等开展基础研究与应用基础研究,破解种业领域重大科学问题。

1.建设种业领域基础研究平台。推动中国农业大学、中国农科院与省农科院共建全国重点实验室和研究基地,解决种业基础研究重大科学问题;支持中国农科院建设中原农业研究中心,攻克育种关键核心技术;高标准建设神农种业实验室,赋予实验室充分的人事自主权、经费使用自主权、技术路线决定权,到"十四五"末争取形成1000人左右的核心科研团队。支持河南大学、河南农业大学、河南师范大学、河南科技学院、新乡市农业科学院等省内高校、科研院所依托神农种业实验室开展基础研究。"中原农谷"足额保障种业基础研究用地,提供基础研究用地"一站式"服务。(责任单位:省科技厅、省农科院、河南大学、河南农业大学、河南师范大学、河南科技学院、新乡市政府)

2.引育种业领域基础研究人才。依托国家、省级重大人才项目,加快引进和培育一批活跃在国际学术前沿的科学家、学科领军人才和创新团队。与中国农业大学、西北农林科技大学等种业基础研究优势单位开展深度合作,通过设立院士工作站、博士后工作站,引进特聘研究员、访问学者,联合培养研究生等形式,培养一批高层次基础研究人才。

（责任单位：省委组织部、省科技厅）

3.突破种业领域重大科学问题。组建专门团队，开发计算机辅助育种系统，利用人工智能技术，采集和分析作物基因组—蛋白组—代谢组—表型组—环境组多组学数据，形成育种测算方法，系统解析重要性状形成的生物学基础，深度挖掘重要性状的控制基因，促进种质资源创制和新品种培育工作进入全基因组导航层面，大幅提高基因利用、性状聚合、品种培育的精准性；利用结构生物学、进化生物学、计算生物学等手段，以新型基因编辑、跨界改良、合成生物、倍性育种、数字智能等颠覆性育种技术理论为基础，构建新一代分子设计育种技术体系。（责任单位：省科技厅、省农科院）

（二）高标准打造品种选育基地。推动高校、科研院所和种业企业协同发力，精准对接市场需求，围绕小麦、玉米、花生、大豆、芝麻、棉花、果蔬、花卉、畜禽、水产等，培育一批高产、优质、绿色、高效的突破性新品种，把特色做优、优势做强。

1.搭建品种选育平台。加快推进国家生物育种产业创新中心建设，通过制度创新与技术创新双轮驱动，克服体制机制不活、创新动力不足、育种模式落后、种业企业创新能力不足等问题，打造我国种业发展体制机制创新的"试验田"和具备国际竞争力的种业"航母"，加大对外科技合作力度，深化与荷兰瓦赫宁根大学等国际一流高校、科研院所的合作，借助外力提升创新能力；协同推进国家小麦技术创新中心（筹）示范基地、河南大学农学院科研试验示范基地、河南省水产种质资源库、牧原集团育种测定中心等平台载体落户种业基地；吸引中国农业大学、西北农林科技大学、中国农科院等国内知名高校、科研院所在种业基地建立新型研发机构。（责任单位：省发展改革委、省科技厅、河南大学、河南农业大学、新乡市政府）

2.提升育种基础设施建设水平。依托种业新型基础设施项目，对育种基础设施设备进行信息化智能化改造，建立智慧育种管理模式。在种业基地建设全国一流水平的农作物品种选育基地12万亩以上，林果品种选育基地2万亩以上，畜禽品种选育基地1万亩以上。根据"中原农谷"不同区域的生态特点和资源禀赋，围绕不同育种创新主体和种子、种苗、种畜等不同物种的需求安排育种用地，建成国内规模最大、条件最好、品种最全、服务最优的农作物育种基地和亚洲最大的种畜禽冻精生产基地。（责任单位：省农业农村厅、新乡市政府）

3.强化企业育种创新主体地位。支持河南种业集团落地种业基地，引导资源、技术、人才、资本等要素向重点优势企业集聚，打造一批具有核心研发能力、产业带动能力、国际竞争能力的航母型领军企业、"隐形冠军"企业和专业化平台企业，加快形成优势种业企业集群。培育大型育繁推一体化种业龙头企业，以高校、科研院所的原始创新和基础研究成果为支撑，形成公立机构基础性、公益性科学研究与种业企业应用性、产业化技术

攻关之间合理分工、紧密协作的育种体系,解决育种研发与市场脱节问题。(责任单位:省农业农村厅、省科技厅、省农科院)

4.攻克育种关键共性核心技术。针对当前育种效率低、周期长、经验依赖性强、育种资源匮乏等难题,重点攻克一批育种关键核心技术,建立高效、定向、精准、可预测的设计育种体系。利用光谱学、图像分析、人工智能等技术,发展农业生物重要性状精准测定技术,实现对种质资源的深度评价;克隆具有自主知识产权、具有重大应用前景的抗虫、抗除草剂基因,创制一批优异新材料,为生物育种产业化提供基因支撑;构建规模化的基因组编辑和转基因技术体系,实现对重要农业生物育种性状的精准定向改良;发展高效单倍体诱导和加倍技术,实现单倍体育种技术规模化应用;构建加速育种技术体系,实现一年多代,大幅缩短育种周期;建立农业生物表型与基因型关联数据库,构建全基因组选择技术体系;构建高效的理化诱变、远缘杂交等种质创新体系,拓宽种质资源基础。(责任单位:省科技厅、省农业农村厅、新乡市政府)

5.选育一批突破性新品种。聚焦保障国家粮食安全和农产品有效供给对品种的重大需求,建立农业生物现代高效育种体系,培育优质高产、资源高效、环境友好、营养强化的突破性新品种。小麦重点突破赤霉病、茎基腐病等病害抗性,养分高效利用特性,质量与产量、抗病性协同改良技术;玉米重点突破青枯病、南方锈病、穗粒腐病等病害抗性,高温干旱、阴雨寡照、养分高效利用等非生物逆境胁迫,产量与品质、抗性、生育期、宜机收等性状协同改良技术;花生重点突破青枯病、网斑病、锈病和白绢病等病害抗性,优质专用新品种培育关键技术及产量、品质与抗病性协同改良等技术;大豆重点突破产量、蛋白质含量,耐密、抗病、抗虫与产量、品质协同改良等性状;芝麻重点突破抗除草剂、抗枯萎病、抗茎点枯病、抗青枯病、耐渍等突破性芝麻新种质,选育出高产、抗落粒、抗裂蒴、抗病耐渍、抗除草剂等适于机械化生产的芝麻新品种;棉花重点突破纤维品质与产量协同改良、抗逆性状突出、适宜绿色高效轻简化栽培管理的早熟型棉花新品种选育;树立大食物观,围绕果蔬优质抗逆高产、畜禽高产高繁节粮宜舍饲等开展联合攻关,选育一批突破性新品种。(责任单位:省科技厅、省农业农村厅、新乡市政府)

(三)高质量建设繁种制种基地。充分发挥种业基地光热资源充沛、地域代表性强、适宜种植区域广的资源禀赋,吸引集聚一批种业龙头企业,打造全国一流的强筋小麦、高油酸花生、高产大豆和优质水稻繁种制种基地,示范带动全省繁种制种产业发展。

1.科学布局规划繁种制种基地。在种业基地按照国际一流繁种制种基地标准建设200万亩高标准农田示范区,分区域规划小麦、花生、大豆、水稻等优势作物繁种制种区,根据各地自然资源禀赋在全省布局建设其他优势农作物特色繁种制种基地,形成种业基地以育种家种子和原种生产为主、全省统筹分布式建设原种和良种生产基地的种业基地

格局。（责任单位：省农业农村厅、新乡市政府）

2. 完善繁种制种基地基础设施。以政府为主导，依托种业龙头企业，发展高效节水灌溉，完善繁种田基础设施，推动基地管理智能化、生产监测实时化、预警发布精准化、质量追溯信息化；采用现代化信息技术对制种设备进行智能化改造和全自动控制，实现制种全过程机械化作业。（责任单位：省农业农村厅、新乡市政府）

3. 推进生产收储加工标准化。结合优势繁种制种区，分区域推进种子仓储、加工等基础设施设备的标准化建设，实现繁种、储存和加工的无缝对接。构建种业大数据平台，开发出整合多部门、多环节、多类型的涉种管理服务系统，将育种、制种、销售信息纳入平台，实现信息互联互通、共享共用，建立来源可查、去向可追、责任可究的可追溯体系，打造我国北方最大的标准化种子交易市场。（责任单位：省农业农村厅、新乡市政府）

4. 规划建设种业小镇。政府统一流转土地，吸引社会资本成立专业的代管公司运营，以种业企业为主导，吸纳有技术、有经验的制种大户参与，通过风险共担、利益共享的模式推进繁种制种产业发展，着力打造集育种研发、品种展示、成果转化、种子加工、仓储物流于一体的特色种业小镇。（责任单位：省农业农村厅、新乡市政府）

四、支持措施

（一）加大资金支持力度。

1. 加大财政资金投入。省财政、新乡市财政安排相关资金积极支持种业基地建设。对涉及种业基地建设的重大科技创新项目，报经省科技创新委员会同意后，按照"一事一议"的方式给予支持。支持面向种业基地谋划省重大科技项目，每个项目支持额度不低于1000万元。（责任单位：省财政厅、科技厅、新乡市政府）

2. 创新信贷金融支持。推动郑州银行加大政策性科创金融支持力度，推动河南省农业信贷担保有限责任公司开发种业基地专项担保产品，引导保险机构为种业品种、制种企业量身开发产量保险、品质保险等种业保险产品。省级安排科技信贷准备金，对合作金融机构面向种业高新技术企业、科技型中小企业开展的实物资产抵押不高于30%的科技信贷业务，根据种业企业营业收入规模给予30%—60%、单笔最高500万元的损失补偿。新乡市对获得新增银行贷款的种业企业，按照同期贷款基准利率的20%—40%给予补贴，单个企业每年最高补贴不超过50万元。符合条件的种业企业发行债务融资工具、资产证券化产品，省财政分别按照其实际支付中介费用的50%给予补助，每户企业每类产品最高补助不超过100万元。（责任单位：省财政厅、省地方金融监管局、新乡市政府）

（二）优化人才政策。

1. 支持引进种业创新人才。吸引中国农业大学、西北农林科技大学、中国农科院等高校、科研院所和先正达集团等种业龙头企业高层次人才团队入驻种业基地，对具备国际一流水平的顶尖人才团队,按照"一事一议"的方式给予科研经费支持。对种业基地全职引进和新当选的顶尖人才、领军人才和拔尖人才,经认定后,新乡市分别给予600万元、300万元、60万元奖励支持;对经综合评估认定的高层次人才(团队)创业项目,新乡市按照人才类别分别给予不低于300万元、200万元、100万元的项目启动扶持资金;对新获批组建的院士工作站、博士后科研工作站、中原学者工作站,新乡市分别给予最高100万元的资金支持。(责任单位:省科技厅、新乡市政府)

2.加强种业优秀人才培养。实施农科生"订单式"培养计划,对录取前签订三方就业协议并且毕业后到种业基地工作的相关专业本科生、研究生,给予学费免除;促进高校与科研机构、种业企业创建联合育才机制,支持相关高校在种业基地建立育种实训基地,鼓励更多的遗传育种和种子科学与工程等专业毕业生到种业基地就业。(责任单位:省教育厅、新乡市政府)

3.强化人才安居保障。对经认定的顶尖人才、领军人才、拔尖人才等种业领域高层次人才,其本人或配偶在工作单位所在县(市、区)购买首套商品住房的,新乡市按照类别给予一次性50万元、20万元、15万元购房补贴。为高层次人才提供相应职级的医疗保健服务,并在新乡市三级甲等医院开通就医"绿色"通道。对义务教育阶段的高层次人才子女,新乡市按其意愿安排到市属学校就读。高层次人才配偶在机关事业单位工作的,按对口部门予以安排;其他类型的优先推荐就业。(责任单位:新乡市政府)

(三)培育种业企业创新主体。

1.引育头部种业企业。支持种业企业在种业基地设立地区总部,对全球20强、全国10强种业企业,新乡市采取"一事一议"的方式给予政策支持。对落户的种业企业,年营业额达到3亿元以上、经认定为总部型企业的,新乡市按照"一事一议"的方式给予补贴。鼓励种业企业在沪深交易所主板、科创板、创业板及北交所上市,对成功上市的企业,新乡市奖励500万元。(责任单位:新乡市政府)

2.鼓励种业企业加大研发力度。种业企业独立或牵头承担国家重点研发计划项目的,根据项目合同实施进展绩效,省财政按项目上年实际国拨经费的3%—5%奖励研发团队,每个项目最高60万元,每个单位最高500万元。按照"一事一议"的方式,推动省财政与种业企业共同出资设立科技研发计划联合基金,引导和带动更多社会资源投入种业创新领域,完善多方参与支持种业基础研究的新机制。(责任单位:省财政厅、省科技厅)

3.支持种业企业向科技型企业转变。加强对种业企业申报高新技术企业的业务指导,鼓励地方财政对首次和连续三次认定为高新技术企业的企业给予奖补。对种业企业申报省级工程技术研究中心、重点实验室等研发平台实行"达标即建",实现种业领域高新技术企业省级研发机构全覆盖;对主要依托企业建设的省级重点实验室通过承担重大科技项目等方式予以支持;对高层次人才(团队)在新乡新组建并获批的国家级、省级种业创新平台,新乡市一次性分别奖励 100 万元、30 万元。(责任单位:省科技厅、新乡市政府)

4. 支持组建高能级创新联合体。支持按照种业创新龙头企业牵头、高校和科研院所支撑、各创新主体相互协同的模式,组建"体系化、任务型、开放式"的高能级创新联合体,对产学研用深度融合、产业链上下游联合攻关并取得重大突破、实现成果行业共享的创新联合体给予资金支持。(责任单位:省科技厅)

5. 开通职称评审"绿色"通道。种业企业符合我省企业家高级职称申报评审直通车政策的,企业相关负责人、核心研发人员可直接申报评审相应高级职称。支持国家种业阵型企业、种业龙头企业按程序开展初、中级职称自主评定,对经过评定的职称,人力资源社会保障部门给予备案。(责任单位:省人力资源社会保障厅)

(四)加速成果转移转化。

1. 实施品种推广后补助。对注册地在新乡市的科研机构自主选育的品种或自主研发的与行业相关、有重大应用价值的发明专利,围绕品种品质、产量、抗性、生育期、适应性或特殊用途等方面,以创新性和技术水平为主要指标,实施突破性新品种或重大发明专利推广后补助,每年遴选补助 5 个,每个补助 50 万元;以推广面积、经济效益为主要指标,实施优良大品种推广后补助,每年遴选补助 5 个,每个补助 100 万元。(责任单位:新乡市政府)

2. 支持引进先进技术成果。支持企业积极参与科技计划成果"进园入县"行动,推动种业领域国家重点研发计划项目在种业基地内转移转化。对注册地在新乡市的种业企业购买境内外先进科技成果并在种业基地转化、产业化的,省财政按其上年度技术合同实际成交额(依据转账凭证和发票)给予最高 10% 的奖补,每家企业每年不超过 100 万元。(责任单位:省财政厅)

3. 构建科技成果展示交流平台。支持种业龙头企业联合优势科研机构,与国家和我省行业主管部门积极对接,在新乡组织全国性种业创新成果展览活动。凡在种业基地与国际机构、国家级学会(协会)合作举办的国际性、全国性种业科技创新论坛,根据其影响力,政府给予一定的资金补贴。(责任单位:新乡市政府)

(五)强化要素支撑保障。

1. 保障用地需求。将种质资源保护、关键技术攻关、育种研发、加工仓储等所需的建设用地纳入国土空间规划,挂牌认定并给予优先保障。对种业科研机构开展田间试验和种子、种苗、种畜生产所用土地给予倾斜支持,30 年内不改变土地性质。种业企业开展仓储加工设备设施购置、改扩建的,新乡市按当年实际投资额给予不超过30%补贴。为种业基地项目开辟用地预审、规划选址、用地审批"绿色"通道。统筹运用农用地征收、农用地转用、农用地流转、设施农业用地等综合用地保障形式,提高土地利用效率。(责任单位:省自然资源厅、新乡市政府)

2.推进公益性平台共享。发挥神农种业实验室、国家生物育种产业创新中心等重大种业创新机构的公益属性,科研仪器设施面向社会共享共用,为种业研发机构提供从基因到表型的技术服务,省财政每年根据实际运行情况提供一定的资金支持。利用财政资金建设的各类种子、种苗、种畜种质资源库(圃、场)应发挥公益服务功能,无偿为种业研发机构提供所需的种质资源和种质资源保存空间,省财政每年根据实际运行情况为公益性种质资源保存机构提供一定资金支持。(责任单位:省财政厅、科技厅)

3.搭建对外开放平台。鼓励新乡市积极申建河南自贸试验区开放创新联动区、中欧班列郑州集结中心二级节点,申请设立新乡综合保税区、出口监管仓库和保税仓库,促进种业跨境贸易向种业基地集聚,提升国际影响力和吸引力。积极推动省内相关口岸业务向种业基地拓展,设立进境动植物繁殖材料隔离检疫圃(场)、实验室和繁育基地。(责任单位:省发展改革委、郑州海关)

4.优化创新发展环境。健全种业知识产权综合管理体制,增强系统保护能力。重点加强动植物新品种权保护执法,依法从严从重打击侵权假冒及无证经营行为,进一步优化种业创新发展营商环境,为种业科技创新活动保驾护航。(责任单位:新乡市政府)

五、组织实施

(一)加强组织领导。由"中原农谷"领导小组统筹指导和推进种业基地建设工作,领导小组定期或不定期召开会议,解决种业基地建设中的重大问题。要统筹相关支持政策,充分发挥政策的导向作用,解决政策落地"最后一公里"问题。"中原农谷"领导小组各成员单位要明确主体责任,加强协作配合,形成工作合力。

(二)创新推进机制。坚持项目化实施,聚合资金、技术、人才,推进项目清单化、清单责任化;完善市场主体参与机制,积极引入金融资本参与基地建设运营;鼓励新乡市和平原示范区积极探索,在目标定位、工作机制、建设标准、建设方式、融资方式、支持政策、管护机制等方面创新方法、大胆实践。

河南省人民政府

2022 年 12 月 28 日

河南省人民政府关于加快推进农业高质量发展建设现代农业强省的意见

豫政〔2020〕21 号

各省辖市人民政府、济源示范区管委会、各省直管县（市）人民政府、省人民政府各部门：

推进农业高质量发展，是实施乡村振兴战略的重要支撑，是建设现代农业强省的必由之路，是实现中原更加出彩的必然选择。为加快推进农业高质量发展，建设现代农业强省，现提出以下意见，请认真贯彻落实。

一、总体要求

以习近平新时代中国特色社会主义思想为指导，深入学习贯彻习近平总书记关于"三农"工作的重要论述和视察河南重要讲话精神，践行新发展理念，坚持科技引领、创新驱动和质量兴农、绿色兴农、品牌强农，以农业供给侧结构性改革为主线，以"四优四化"（优质小麦、优质花生、优质草畜、优质林果，布局区域化、经营规模化、生产标准化、发展产业化）为重点，做强做优高效种养业和绿色食品业，推进农业发展质量变革、效率变革、动力变革，推进农业由增产导向向提质导向转变，推进我省由农业大省向现代农业强省转变。

二、发展目标

到 2025 年，农业发展基础更加牢固，农业发展质量显著提高，现代农业强省建设取得明显进展。

——产品质量高。产品质量档次明显提升，产品品质优良、安全可靠、营养健康，满足人民群众对美好生活的需要，绿色食品发展到 5000 个以上。

——产业效益高。农业比较效益明显提高，产业链条不断完善，业态更加多元，增值空间不断拓展，农林牧渔业增加值达到 6000 亿元左右。

——生产效率高。现代农业科技装备和先进技术广泛应用，规模化、集约化水平不断提升，第一产业从业人员每人每年创造产业增加值达到 2.8 万元以上。

——经营者素质高。农民科技文化素质普遍提高，新型农业经营主体和农业社会化服务组织不断发展壮大，培育高素质农业生产经营者 100 万人以上。

——市场竞争力高。"豫字号"农产品市场占有率和产品认可度明显提高，品牌价值显著提升，省级以上农业品牌发展到 1500 个以上。

——农民收入高。农村居民人均可支配收入增速持续高于城镇居民收入增速，城乡居民收入比缩小到 2.1∶1 以内，农村居民人均可支配收入接近全国平均水平。

三、发展方向

（一）布局区域化。落实粮食生产功能区和重要农产品生产保护区（以下简称两区）制度，完善种植目标作物政策，引导粮食、油料生产向两区集中，建设一批粮食、油料生产大县。根据资源禀赋、生态条件和产业基础，因地制宜布局畜牧、蔬菜、林果、茶叶、食用菌、中药材、水产等优势特色农业，创建一批特色农产品优势区。在城市近郊积极发展都市农业、观光农业和生态休闲农业，在山区、丘陵地区发展沟域经济，在黄河滩区打造百万亩优质草业带。（责任单位：省农业农村厅、自然资源厅、水利厅、林业局）

（二）生产标准化。完善标准体系，制定符合绿色发展要求的现代农业生产技术标准、农业基础设施标准和农业机械化标准。加快标准推广应用，全面推行绿色食品、有机农产品、地理标志农产品生产，推动农业企业、农民专业合作社和家庭农场等新型农业经营主体按标生产，鼓励农产品出口企业开展农业良好规范（GAP）认证，建设一批农业标准化示范基地。推行标准化管理，推动"菜篮子"大县、农产品质量安全县、现代农业产业园等整建制开展标准化建设。到2025年，地方标准达到600个以上。（责任单位：省农业农村厅、市场监管局）

（三）经营规模化。巩固和完善农村基本经营制度，进一步放活土地经营权，加快土地托管和流转，开展单品种集中连片种植，发展多种形式的适度规模经营，到2025年，土地适度规模经营面积占比达到80%以上。发展规模化养殖，支持规模养殖场建设，发展畜禽养殖合作组织，到2025年，畜禽规模化养殖率达到80%以上。根据不同种养品种、技术水平和生产方式，合理确定适度规模经营面积。在引导土地资源适度集聚的同时，通过农民合作与联合、开展社会化服务、发展订单农业等多种形式，带动小农户发展，提升农业规模化经营水平。（责任单位：省农业农村厅、供销社）

（四）发展产业化。以市场为导向，以效益为中心，跨界配置农业和现代产业要素，推动种养加、产供销、贸工农有机结合，延长产业链，提升价值链，打造供应链，促进产业深度交叉融合。加快农业产业化主体培育，重点培育一批影响力大、带动力强、发展势头好的农业产业化龙头企业，建设一批农村一二三产业融合发展示范区、田园综合体等。持续推进产业转型升级，建设"大粮仓""大厨房""大餐桌"。到2025年，省级以上农业产业化龙头企业发展到1000家以上。（责任单位：省农业农村厅、工业和信息化厅、粮食和储备局、文化和旅游厅、商务厅、发展改革委、财政厅、林业局）

（五）方式绿色化。树牢绿色发展理念，推动生产、生活、生态协调发展。加强农业资源保护和高效利用，大力发展节水、节肥、节药、节地农业。积极发展生态循环农业，推进畜禽粪污、秸秆、农膜、农产品加工副产物等资源化利用。探索农业绿色发展机制，严格落实生态保护红线、环境质量底线、资源利用上线和生态环境准入清单管理制度，建设一批各具特色的农业绿色发展先行区。到 2025 年,主要农作物化肥利用率达到 41% 以上,农药利用率达到 42% 以上,畜禽粪污综合利用率达到 83% 以上,秸秆综合利用率达到 93% 以上。(责任单位:省农业农村厅、生态环境厅)

(六)产品品牌化。大力培育农业品牌,加强农产品区域公用品牌、企业品牌、产品品牌培育,把产品优势转化为品牌优势。加强品牌保护,建立健全农业品牌监管机制,严格监测抽检和执法检查,加大对套牌和滥用品牌行为的惩处力度。积极宣传农业品牌,讲好品牌故事,塑造品牌形象,全面提升全省农业产业整体知名度。到 2025 年,省级以上农产品区域公用品牌、企业品牌、产品品牌分别发展到 200 个以上、400 个以上和 900 个以上。(责任单位:省农业农村厅、市场监管局、粮食和储备局)

四、发展举措

(一)实施粮食生产核心区建设行动。加强耕地保护,守牢耕地红线,严格保护基本农田。以两区为重点,启动新一轮高标准农田建设,到 2025 年,高标准农田保有量达到 8000 万亩以上,高效节水灌溉面积达到 4000 万亩左右。保护提升耕地质量,加强耕地质量监测评价,持续提高耕地地力,强化耕地污染防治和源头管控,深入推进农用地分类管理和利用工作。深入实施"四水同治",推动小浪底南、北岸灌区等重大水利工程建设,加快大中型灌区现代化改造。编制新时期国家粮食生产核心区建设规划,建设全国重要的口粮生产供给中心、粮食储运交易中心、绿色食品加工制造中心、农业装备制造中心和面向世界的农业科技研发中心、农业期货价格中心。推动科学技术与粮食产业深度融合,建设"中国粮谷"。到 2025 年,粮食综合生产能力稳定在 650 亿公斤以上,基本建成产业链健全、价值链高效、供应链完善的现代粮食产业体系。(责任单位:省发展改革委、农业农村厅、自然资源厅、水利厅、粮食和储备局、工业和信息化厅、科技厅、商务厅、地方金融监管局)

(二)实施高效种养业发展行动。在稳定粮食生产的基础上,加快调整种养结构,优化品种、提升品质。发展现代畜牧业,做强生猪产业,做大牛羊产业,做优家禽产业,加快恢复生猪生产,确保生猪年出栏量稳定在 6000 万头左右。建设优质专用小麦、花生、草畜、林果、蔬菜、花木、茶叶、食用菌、中药材、水产品十大优势特色农产品基地,到 2025 年,优质专用小麦发展到 2000 万亩,优质花生发展到 2500 万亩,新增优质肉牛 120 万头、优质生鲜乳 100 万吨、肉羊 230 万只,优质饲料作物发展到 600 万亩,优质林果发展到 1500 万亩,设施蔬菜发展到 450 万亩,优质花木发展到 300 万亩,优质茶叶发展到 250 万亩,优质食用菌产量达到 700 万吨,稻渔综合种养面积发展到 150 万亩左右,优势特色农业产值提高到 6500 亿元以上。(责任单位:省农业农村厅、林业局)

(三)实施绿色食品业转型升级行动。以"粮头食尾""农头工尾"为抓手,加快推进企业升级、延链增值、绿色发展、品牌培育、质量标准等重点工作,做优面制品,做强肉制品,做精油脂制品,做大乳制品,做特果蔬制品,推进绿色食品业高端化、绿色化、智能化、融合化发展。到2025年,规模以上面制品营业收入达到3200亿元,肉类制品营业收入达到3400亿元,油脂制品营业收入达到600亿元,乳制品营业收入达到400亿元,果蔬制品营业收入达到1300亿元左右。实施农产品仓储保鲜冷链物流设施建设工程,推动农产品主产区和交通枢纽城市农产品冷链物流设施升级。加快建设中国(驻马店)国际农产品加工产业园。到2025年,农产品加工转化率达到75%,增值率达到3.2∶1以上。(责任单位:省农业农村厅、工业和信息化厅、粮食和储备局、商务厅)

(四)实施优势特色产业集群培育行动。发挥区域特色资源优势,推进全产业链开发、全价值链提升,打造结构合理、链条完整的优势特色产业集群。推动产业形态由"小特产"升级为"大产业",空间布局由"平面分布"转型为"集群发展",主体关系由"同质竞争"转变为"合作共赢"。积极培育豫西南黄牛、伏牛山香菇优势特色产业集群,支持速冻食品、休闲食品、调味品和肉牛、奶牛、花生、茶叶、苹果、食用菌、中药材等产业基础好、发展潜力大、集中连片的地区开展优势特色产业集群创建。到2025年,培育2个千亿级产业集群、20个百亿级产业集群。(责任单位:省农业农村厅、财政厅、科技厅)

(五)实施现代农业产业园创建行动。立足县域产业,按照主导产业突出、地域特色鲜明、创新创业活跃、业态类型丰富、利益联结紧密的要求,大力发展"一县一业",建设现代农业产业园。以规模种养为基础,以精深加工为重点,以科技集成为动力,以品牌营销为牵引,推进"生产+加工+科技+品牌"一体化。构建国家、省、市三级现代农业产业园体系,打造高起点、高标准的现代农业发展先行区。到2025年,创建一批国家级现代农业产业园、100个省级现代农业产业园,有特色主导产业的县(市、区)达到100个以上。(责任单位:省农业农村厅、财政厅)

(六)实施农业产业强镇培育行动。以镇(乡)为载体,聚焦农业主导产业,聚集资源要素,大力发展"一乡(村)一品",建设一批农业产业强镇。以农村一二三产业融合发展为核心,强化创新引领,激发创新创业活力,延长产业链,提升价值链,促进产业链条深度融合。推动业态模式融合、产村产城一体,打造主业强、百业兴、宜居宜业的乡村产业发展高地,培育乡村产业增长极,示范带动乡村产业转型升级。到2025年,创建300个以上国家级、省级农业产业强镇。(责任单位:省农业农村厅、财政厅)

(七)实施数字农业建设行动。加快农业农村信息基础设施建设,推进"全光网河南"全面升级,建设农业生产经营、管理服务、农产品流通等大数据平台。发展智慧农业,推动5G、北斗导航、遥感和物联网等技术在农业农村应用,建设智慧农(牧)场,推广精准化作业。培育壮大农业农村数字经济,支持骨干优势企业做大做强,引进国内外知名数字经济龙头企业,鼓励企业加快农业农村数字化技术创新和产品研发,打造20家以上行业领先、技术优势明显、市场占有率高的领军企业。到2025年,建设一批数字农业试点县和数字乡村示范县。(责任单位:省农业农村厅、通信管理局、大数据局、发展改革委、工业和信息化厅、科技厅、气象局、林业局)

(八)实施农产品质量安全行动。强化质量安全监测,加强检测能力建设,推行"双随机"抽样,扩大检测覆盖面。加强质量安全追溯管理,以蔬菜、林果、肉蛋奶等"菜篮子"产品为重点,有序扩大农产品追溯管理范围。实行食用农产品合格证制度,探索推广"合格证+追溯码"管理模式,开展绿色食品、有机农产品、农产品地理标志认证。强化质量安全监管,加强种子、农药、化肥等农资生产销售监督检查,加大农兽药残留整治力度,推进农产品质量安全县(市)创建。落实"四个最严"(最严谨的标准、最严格的监管、最严厉的处罚和最严肃的问责)要求,切实守住不发生系统性区域性食品安全风险的底线。到2025年,80%以上的农业规模经营主体基本实现农产品可追溯,50%以上的县(市、区)达到国家级农产品质量安全县标准。(责任单位:省农业农村厅、市场监管局、工业和信息化厅、商务厅、粮食和储备局、卫生健康委、林业局)

(九)实施新型经营主体提升行动。规范发展农民专业合作社,引导农民专业合作社完善章程制度,合理分配收益,依法自愿组建联合社。扎实推进农民专业合作社质量提升整县试点工作。到2025年,农民专业合作社发展到25万家,省级以上农民专业合作社示范社发展到3000家以上。加快培育家庭农场,建立健全家庭农场名录管理制度,把符合条件的种养大户、专业大户纳入家庭农场范围,引导家庭农场开展联合与合作,整县推进家庭农场示范创建。到2025年,家庭农场发展到30万家,县级以上示范家庭农场达到1万家。积极发展农业产业化联合体,培育龙头企业带动、农民专业合作社和家庭农场跟进、小农户参与的农业产业化联合体。到2025年,培育农业产业化联合体500个以上。(责任单位:省农业农村厅、市场监管局、供销社)

(十)实施农业科技支撑行动。支持高校、科研院所、农业高新技术企业组建产业创新联盟、创新中心、重点实验室等,加快建设国家生物育种产业创新中心、国家农机装备创新中心、国际玉米小麦研究中心、省农业供给安全重点实验室,推动建设国家级小麦种质资源库,构建农业科技园区体系,完善现代农业产业技术体系,争创国家农业高新技术产业示范区,打造农业科技创新平台。开展农业全产业链科技攻关,以良种繁育、农机装备、农产品加工等为重点,突破一批关键技术。加快农业科技成果转化应用,强化农技推广网络建设,构建农科教推、产学研用推广新机制,深入推行科技特派员制度。强化科技人才培育,依托高校、科研院所加快培育创新人才,实行定向招录、定向补贴,优化涉农专业设置,扩大高职院校在农村招生规模。实施"一村一名大学生"培育计划。开展高素质农民培育,推进农民技能培训与学历教育有效衔接。到 2025 年,农业科技进步贡献率提高到 67%。(责任单位:省农业农村厅、科技厅、发展改革委、工业和信息化厅、教育厅、人力资源社会保障厅、农科院)

五、保障措施

(一)加强组织领导。省乡村产业振兴专班统筹协调推进全省农业高质量发展工作。各地要建立健全推进机制,加强统筹协调,确保各项工作落到实处。各部门要高度重视,把推进农业高质量发展作为实施乡村振兴战略和县域经济高质量发展的重要举措,抓实抓细,确保取得实效。

(二)强化政策支持。加大财政资金统筹整合力度,集中支持农业高质量发展重大工程项目建设,有序扩大地方政府债券发行规模用于支持乡村振兴。创新农村金融支持政策,推广金融扶贫卢氏模式、兰考普惠金融模式,创新农业信贷产品,增加农业信贷规模。发挥政策性农业信贷担保作用,稳步扩大政策性业务规模。推动农业保险扩面、增品、提标,完善风险保障机制。支持符合条件的涉农企业上市或在新三板挂牌。引导鼓励工商资本加大投入,投身农业高质量发展。严格落实设施农业、畜禽水产养殖等用地政策,优先保障用地需求。持续推进农村电网建设改造,提升农村电网供电保障能力。(责任单位:省财政厅、发展改革委、自然资源厅、农业农村厅、扶贫办、电力公司、地方金融监管局、河南银保监局、证监局、人行郑州中心支行、省农业信贷担保公司、中原农业保险公司)

(三)健全服务体系。以涉农公共服务机构为依托、农村集体经济合作组织为基础、农业产业化龙头企业为骨干、其他社会力量为补充,加快构建公益性服务和经营性服务相结合的新型农业综合服务体系。立足服务农业生产全过程,大力发展农资供应、农机作业、农产品初加工、农产品流通和销售等农业生产性服务。支持农村集体经济合作组织开展农业生产性服务,支持肥料、农兽药、饲料、疫苗等农资生产企业向生产服务一体化方向转型发展,培育一批农业科技服务企业、服务型农民专业合作社,搭建区域性农业社会化服务平台。(责任单位:省农业农村厅、供销社)

(四)深化农村改革。保持土地承包关系稳定并长久不变,稳步推进农村承包地"三权分置"改革。全面完成农村集体产权制度改革试点工作,建立健全集体资产管理制度。跟进落实农村集体经营性建设用地入市配套制度。严格农村宅基地管理,扎实推进宅基地使用权确权登记颁证工作,深化农村宅基地制度改革试点。加快推进供销社、国有农场、国有林场、集体林权制度、农业水价等改革。(责任单位:省农业农村厅、发展改革委、财政厅、自然资源厅、水利厅、林业局、供销社)

(五)扩大开放合作。支持有条件的企业积极参与"一带一路"国际农业合作,抓好境外重点农业合作园区建设。积极发挥郑州粮食、肉类、水果等口岸作用,持续扩大业务规模。积极对接京津冀、长三角、粤港澳大湾区,深化农业合作,建设合作平台。突出招大引强,积极引进国内外科研机构和高端农业人才以及国内外知名农产品加工、装备制造企业。(责任单位:省农业农村厅、商务厅、财政厅、教育厅、发展改革委、工业和信息化厅、郑州海关)

(六)强化风险防范。加强农业防灾减灾能力建设,提升灾害治理、灾后恢复能力。健全动植物疫病防控体系,加强疫情测报和病虫害防治。加强市场风险应对能力建设,健全农产品市场风险监测分析预警机制。建设乡村振兴气象保障示范省,提高农业气象预警能力。(责任单位:省农业农村厅、市场监管局、商务厅、气象局、国家统计局河南调查总队)

河南省人民政府

2020 年 7 月 7 日

河南省人民政府关于坚持三链同构加快推进粮食产业高质量发展的意见

豫政〔2020〕18 号

各省辖市人民政府、济源示范区管委会、各省直管县(市)人民政府,省人民政府各部门:

为认真落实习近平总书记在参加十三届全国人大二次会议河南代表团审议和视察河南重要讲话精神,深入贯彻李克强总理关于加快建设粮食产业强国的批示要求,抓住我省粮食这个核心竞争力,加快推进粮食产业高质量发展,现提出如下意见。

一、总体要求

(一)指导思想。坚持以习近平新时代中国特色社会主义思想为指导,认真贯彻党的十九大和十九届二中、三中、四中全会精神,牢固树立新发展理念,全面落实乡村振兴战略,牢牢扛稳粮食安全重任,以农业供给侧结构性改革为主线,以科技创新和制度创新为动力,坚持产业链、价值链、供应链"三链"同构,坚持绿色化、优质化、特色化、品牌化"四化"方向,坚持优粮优产、优粮优购、优粮优储、优粮优加、优粮优销"五优"联动,全面提升粮食产业质量效益和竞争力,加快实现我省由粮食资源大省向粮食产业强省转变。

(二)基本原则。

1.坚持政府引导、市场主导。坚持问题和目标导向,聚焦短板,更好发挥政府在规划引导、政策扶持、监管服务等方面的作用。充分发挥市场在资源配置中的决定性作用,激发各类市场主体的活力,提高资源配置效率。

2.坚持突出重点、融合发展。抓好"粮头食尾"和"农头工尾",以小麦、玉米、稻谷、油料等四大产业为重点,统筹兼顾杂粮、薯类等特色粮食产业,着力延链补链强链,促进产业转型升级,推动一二三产业融合发展。

3.坚持科技支撑、创新驱动。推进粮食科技进步,加速成果转化应用,提高科技水平。引进新技术,培育新产业,强化新动力,激发新活力,提高粮食产业质量和效益。

4.坚持龙头带动、集聚发展。发挥粮食龙头企业和产业园区示范带动作用,实现项目集中、产业集聚、要素集群、资源集约,着力打造产业链集群、价值链枢纽、供应链纽带。

(三)主要目标。到2025年,全省粮油加工转化率达到90%以上,主食产业化率达到65%以上,粮油精深加工产值占粮油加工业总产值的比重达到50%以上;粮食产业经济总产值达到4000亿元以上;打造一批全国知名粮油加工龙头企业,大幅提升绿色优质粮油产品供给能力,基本建成以小麦、玉米、稻谷、油料等为重点的产业链健全、价值链高效、供应链完善的现代粮食产业体系,加速我省由"中原粮仓"到"国人厨房"和"世界餐桌"的转变。

二、加快延伸产业链

（一）延伸小麦加工链。方向与重点是提升面制主食产业化水平。优化面粉产品结构，提升专用面粉加工能力。强化以优质专用小麦粉为原料，发展高档优质营养面条类、馒头类、烘焙类、速冻类、特色风味类等面制主食，以及小麦淀粉、小麦蛋白等深加工产品。鼓励小麦加工副产物综合利用。支持小麦加工企业发展优质小麦基地、中央厨房、品牌快餐连锁、商超电商销售等上下游产业。到2025年，小麦加工企业工业总产值达到2000亿元，培育年产值10亿元以上的企业25家。（省粮食和储备局、发展改革委、交通运输厅、工业和信息化厅、农业农村厅、商务厅等负责）

（二）延伸玉米加工链。方向与重点是提升玉米精深加工水平。优化玉米食品和饲料产品结构，提升高端食品、饲料、宠物食品加工能力。强化以玉米及副产物为原料，发展玉米淀粉、糖、生物产品、医药产品、化工产品等深加工产品。支持以不符合食用和饲用标准的玉米为原料，发展酒精、沼气和有机肥料等产品。到2025年，玉米加工企业工业总产值达到1000亿元，培育年产值10亿元以上的企业10家。（省农业农村厅、工业和信息化厅、粮食和储备局、发展改革委等负责）

（三）延伸稻谷加工链。方向与重点是提升米制主食加工及稻谷副产物综合利用水平。优化大米产品结构，提倡大米适度加工。强化以大米为原料，发展汤圆、米粥、米粉、米乳和方便米饭等米制主食；以稻谷副产物为原料，发展米糠油、能源产品、板材、纤维素、化工产品等深加工产品。到2025年，稻谷加工企业工业总产值达到500亿元，培育年产值10亿元以上的企业5家。（省粮食和储备局、发展改革委、工业和信息化厅、农业农村厅等负责）

（四）延伸油料加工链。方向与重点是提升花生、大豆、芝麻，以及茶籽、核桃、牡丹籽等木本油料精深加工水平。优化植物油产品结构，提升各类特色植物油加工能力。强化以各类油料及油脂加工副产物为原料，发展方便、休闲、保健食品和医药产品、美容护肤品等深加工产品。到2025年，油料加工企业加工业总产值达到500亿元，培育年产值10亿元以上的企业10家。（省粮食和储备局、发展改革委、工业和信息化厅、农业农村厅等负责）

三、着力提升价值链

（一）提升绿色化水平。以创建国家级绿色工厂、绿色设计产品、绿色园区、绿色供应链管理示范企业为重点，构建绿色粮食产业体系。引导原粮生产和收储绿色化发展，加强农田面源污染治理，推广绿色种植和收储新技术，增加绿色有机粮油供给量。加快粮油加工和产品包装绿色化，促进优粮优加。以"吃干榨净"为目标，支持发展粮食绿色

循环经济。（省粮食和储备局、农业农村厅、工业和信息化厅、生态环境厅等负责）

（二）提升优质化水平。加强优质粮油品种研发推广，优化优势区域布局和专业化生产格局，打造一批粮油生产优势区。建立标准"领跑者"激励机制，鼓励省内科研单位、高等院校、质检机构、大型企业积极参与国家标准和国际标准制修订，推动我省优势领域标准上升为国家标准、行业标准。深入实施优质粮食工程，统筹推进粮食产后服务体系、粮食质量安全检验监测体系建设和"中国好粮油"行动计划实施，增加绿色优质粮油产品供给。（省粮食和储备局、农业农村厅、市场监管局、科技厅、教育厅等负责）

（三）提升特色化水平。支持企业规模化生产知名、特色米面、花生、芝麻等名优食品，开发生产儿童系列、月子系列、老年系列、低糖系列、低脂高蛋白系列等个性化、功能性特色粮油产品，满足消费者的多元化需求，解决产品同质化竞争问题。挖掘粮食文化资源，发展"粮食+文化+旅游"产业和工业观光、体验式消费等新业态，建设粮食特色文化小镇3～5个。（省粮食和储备局、发展改革委、文化和旅游厅、工业和信息化厅、商务厅等负责）

（四）提升品牌化水平。实施"河南粮油"品牌培育计划，开展品牌宣传和产品推介，每年培育3～5个全国性、区域性知名品牌，擦亮"河南粮食王牌"金字招牌。深入开展"一县一品"品牌行动，打造"正阳花生""平舆芝麻""原阳大米"等县域知名粮油品牌。支持创建小麦、花生等大宗产品区域公共品牌。支持企业参加中国粮食交易大会、中国国际农产品交易会等知名展会，提升我省粮食品牌影响力。（省粮食和储备局、农业农村厅、工业和信息化厅、商务厅、市场监管局等负责）

四、积极打造供应链

（一）打造优质原粮供应体系。支持国家生物育种产业创新中心、省部共建小麦玉米作物学国家重点实验室等国家级涉粮科研创新平台建设，加强优质原粮品种选育和优质高效配套栽培技术研究推广，鼓励育种、加工、种植等各类经营主体组建产业化联合体，完善利益联结机制，扩大优质粮油作物种植面积，促进优粮优产，努力打造全国口粮生产供应中心。支持企业通过定向投入、定向收购和订单生产、领办农民粮油合作社等方式，选择合适地区建设标准化、规模化种植基地。到2025年，全省优质原粮种植面积达到5000万亩。（省农业农村厅、科技厅、省农科院、粮食和储备局等负责）

（二）打造现代仓储物流体系。推动粮油仓储设施现代化、发展集聚化和布局合理化，实施"绿色储粮"工程，促进优粮优储。建设面粉散装运输体系。规划建设一批冷链仓储中心、物流中心、配送中心，完善粮油食品冷链物流体系。支持进境粮食指定监管场所现代化建设。围绕我省跨省粮食物流通道，支持平顶山、南阳、漯河、周口、信阳、永城等地的航运码头建设，提升码头粮食专业装卸能力；发挥我省铁路运输优势，加快完善公铁水无缝衔接的多式联运物流体系,努力打造全国重要的粮食储运中心。到 2025 年,全省浅圆仓、立筒仓等机械化程度较高的仓容突破 1000 万吨,绿色储粮仓容突破 1000 万吨;具备粮食专业装卸能力的 500 吨级码头泊位达到 20 个。(省发展改革委、粮食和储备局、交通运输厅、商务厅、市场监管局、郑州海关、中国铁路郑州局集团公司,有关市、县政府等负责)

(三)打造粮油市场供应体系。建设布局合理的粮油交易市场网络,支持郑州商品交易所、河南省粮食交易物流市场、郑州粮食批发市场等粮油期货和现货市场发展,努力打造全球粮食交易和期货价格中心。加快发展粮超对接、粮批对接、粮校对接等直采直供模式,畅通粮油产品供应渠道。实施"数字豫粮"工程,推动粮食购销业务线上线下融合发展,培育电子商务市场主体,打造电子商务龙头企业和品牌,促进优粮优购、优粮优销。(省粮食和储备局、河南证监局、郑州商品交易所、省商务厅、教育厅、市场监管局等负责)

(四)打造质量安全保障体系。建立从田间到餐桌的粮食质量安全追溯体系,强化粮食种植、收购、仓储、加工、物流、销售等环节监管。制定超标粮食处置办法,实施市县为主、省级补助的处置费用保障政策。提升粮油企业和粮食质检机构检验检测能力,支持河南省粮油饲料产品质量监督检验中心创建国家小麦质量安全检验监测中心。健全进口粮食联合监管体系,完善联防联控机制,强化外来植物有害生物防控管理,督促进口粮食储备、加工企业落实安全风险防控制度。(省农业农村厅、粮食和储备局、财政厅、市场监管局、郑州海关、发展改革委、农业农村厅、科技厅等负责)

五、重点举措

(一)实施示范创建行动。择优选定粮食产业发展示范县(市)、示范园区或示范企业,通过示范带动,做强一批粮油加工基地、产业园区、龙头企业,努力打造全国重要的粮油食品产业制造中心。支持中国(驻马店)国际农产品加工产业园建设。(省粮食和储备局、财政厅、农业农村厅、工业和信息化厅等负责)

(二)实施内联外引行动。深化粮食企业改革,以市场化方式整合相关资源,打造竞争力强的大型粮油企业集团。支持小麦产业化联合体建设,鼓励各类涉粮市场主体组建粮食产业联盟。围绕深度参与"一带一路"建设,依托开放通道和开放平台,支持省内大型粮油加工企业"走出去"开发国外市场,建立生产和加工基地,培育一批跨国"大粮商"。落实招商引资优惠政策,吸引更多国内外粮油加工知名企业来豫投资。(省发展改革委、商务厅、省政府国资委、财政厅、粮食和储备局、工业和信息化厅、农业农村厅等负责)

(三)实施科技创新行动。落实"科技兴粮""人才兴粮"战略,加大粮食科技投入,加快建立产学研深度融合的粮食科技创新体系,努力打造全国重要的粮食科技研发中心。

高标准建设"中国粮谷",支持国内外涉粮院校、科研机构与粮油企业合作,开展粮油科学研究、产品研发、技术创新、科技成果转化和推广,培育一批创新型粮油科技企业。加强粮油专业人才和技能工人培养。(省科技厅、粮食和储备局、发展改革委、教育厅、人力资源社会保障厅等负责)

(四)实施装备提升行动。支持国家农机装备创新中心、国家粮食加工装备工程技术研究中心等建设,加强粮油机械制造自主创新,开发具有自主知识产权和核心技术的粮油加工成套装备,培育壮大粮机制造产业,努力打造区域性粮食装备制造中心。支持粮油加工企业实施设备智能改造、绿色改造和技术改造,提高产品质量和市场竞争力。(省工业和信息化厅、发展改革委、农业农村厅、粮食和储备局、科技厅等负责)

六、保障措施

(一)加强组织领导。各地要研究制定本地粮食产业高质量发展实施意见或专项规划;要建立粮食产业高质量发展联席会议制度,协调解决重大问题。提高粮食产业高质量发展相关指标在粮食安全市(县)长责任制考核中的权重,强化考核结果运用,对考核先进的地方在省级分配资金时给予倾斜。建立粮食产业统计部门协调联动机制,加强统计数据共享,提升统计质量和服务水平。省直有关部门要加强协调配合,发挥职能作用,合力推动粮食产业高质量发展。(市、县级政府,省粮食和储备局、发展改革委、财政厅、农业农村厅、工业和信息化厅、统计局、商务厅、自然资源厅、科技厅、交通运输厅、生态环境厅、市场监管局等负责)

(二)加大财税扶持力度。发挥各级财政奖补政策激励引导作用,促进粮食产业高质量发展。优化商品粮大省、超级产粮大县和产油大县奖励资金使用方向,各地政府获得的一次性奖励资金用于支持粮食产业发展的比例不低于60%。探索设立粮食产业发展省级专项资金,鼓励各地设立粮食产业发展专项资金。积极争取国家政策和资金支持粮食产业发展示范县(市)、示范园区、加工基地、龙头企业建设和发展。落实企业研发费用税前加计扣除政策,符合条件的国有粮食购销企业,依法享受增值税、房产税、城镇土地使用税、印花税等税收优惠政策。各地财政资金、政府债券资金、政府投资基金等要加大对粮食产业项目的支持力度。(市、县级政府,省财政厅、税务局、发展改革委、粮食和储备局等负责)

(三)强化金融信贷服务。鼓励金融机构加大对粮油企业信贷的支持力度,提升信贷额度,适当降低贷款利率。农发行要发挥政策性银行优势,加大对粮食产业发展的资金支持力度。各地政府性融资担保机构要放宽粮油企业担保条件,扩大有效担保物范围。对通过在资本市场上市挂牌、发行债券融资工具和资产证券化产品等实现融资的企业,省财政按照省级金融业发展专项奖补资金标准给予补助,市、县级财政要给予适当补助。

（市、县级政府，省地方金融监管局、人行郑州中心支行、河南银保监局、证监局、省财政厅、粮食和储备局、农发行河南分行等负责）

（四）落实用地政策。加大粮食主产区建设用地保障力度，产粮产油大县新编县乡级国土空间规划应安排不少于5%的建设用地指标，重点保障粮食产业用地。在安排土地利用年度计划时，对粮食产业发展重点项目用地予以倾斜支持。支持国有粮食企业依法依规将划拨用地转为出让用地，依法处置土地资产，土地出让净收益（扣除上缴或上级政府应计提的费用）原则上通过支出预算安排用于企业发展。对接县域产业集聚区用地规划，推动粮油加工企业向园区集中。（市、县级政府，省自然资源厅、财政厅、发展改革委、粮食和储备局等负责）

河南省人民政府

2020 年 6 月 3 日